KB102350

──────────── 님의 소중한 미래를 위해
이 책을 드립니다.

다가올 5년,
미래경제를
말한다

경제의 신은 죽었다

다가올 5년, 미래경제를 말한다

유신익 지음

메이트북스

메이트북스 우리는 책이 독자를 위한 것임을 잊지 않는다.
우리는 독자의 꿈을 사랑하고,
그 꿈이 실현될 수 있는 도구를 세상에 내놓는다.

다가올 5년, 미래경제를 말한다

초판 1쇄 발행 2024년 4월 12일 | **초판 3쇄 발행** 2024년 5월 10일 | **지은이** 유신익
펴낸곳 (주)원앤원콘텐츠그룹 | **펴낸이** 강현규·정영훈
편집 안정연·신주식·이지은 | **디자인** 최선희
마케팅 김형진·이선미·정채훈 | **경영지원** 최향숙
등록번호 제301-2006-001호 | **등록일자** 2013년 5월 24일
주소 04607 서울시 중구 다산로 139 랜더스빌딩 5층 | **전화** (02)2234-7117
팩스 (02)2234-1086 | **홈페이지** matebooks.co.kr | **이메일** khg0109@hanmail.net
값 21,000원 | **ISBN** 979-11-6002-427-2 03320

진정한 변화는 위기상황에서만 나타난다.

• 밀턴 프리드먼 (미국의 경제학자) •

요즘같이 하루가 다르게 급변하는 시기 속에서 과거의 경제 원론과 금융 이론으로는 현 경제 흐름을 이해하고 따라가기에는 많이 부족하다. 그러던 차에 만난 유신익 박사님의 이 책은 마치 나의 갈증을 미리 알아차린 듯한 착각이 들게 한다. 새로운 관점에서 지금의 경제를 보고 이해할 수 있도록 잘 정리한 이 책을 만났을 때 감사한 마음이 먼저 들었다.

30년 동안 저금리를 유지해온 일본의 변화 가능성과 미국의 과다한 부채 규모, 재정적자로 인한 신용등급 하락과 같은 국제 경제 측면의 이슈, 가자지구에서의 이스라엘·하마스의 전쟁과 같은 지정학적인 문제까지 다양한 이슈들이 표면화되고 있다. 세계는 많은 혼란 속에 있고, 한국 역시 어려운 코로나19 시기를 지나면서 급격히 늘어난 부채, 고물가 그리고 정치적·경제적으로 대립하는 국제 정세의 변화 속에서 WGBI 가입과 달러-원 현물시장의 24시간 개방을 시도하는 등 많은 변화를 도모하는 중요한 시기를 맞고 있다.

이 책은 '현대화폐이론'을 기반으로 전통적인 경제 이론을 비교하면서 금융·정치·국제·경제 등 다양한 측면을 다루고 있기에, 현재 금융시장에 대한 새로운 시각과 유연한 사고를 제공한다. 현대 사회는 주식, 채권, 환 그리고 파생상품과 같은 금융상품에 직접 혹은 간접투자를 통해 개인의 자산을 적극적으로 관리하고 증가시키는 시대로 접어들고 있기에, 현재의 경제 상황을 정확히 이해한 후 현명한 투자가 필수인 시대가 되었다. 유신익 박사님의 경제에 대한 깊은 지식과 많은 경험이 녹아든 이 책은 독자에게 경제에 대한 새로운 시각과 더불어 현재 경제 상황에 대한 바른 이해를 가질 수 있도록 많은 도움을 줄 것이라 믿는다.

- 임재영(오스트레일리아 뉴질랜드 은행, 트레이딩 부문 대표)

현재까지 일어나고 있는 미국 자본주의의 기이한 경제 사건들, 글로벌 정치 불안 등 우리가 궁금해하는 것들을 가장 현실적으로 분석한 책이라 생각한다. 특히 현실적인 분석뿐 아니라 향후의 대책과 대응의 방편까지 제시한 점은 매우 실용적이라 하겠다. 이 책이 많은 독자들에게 전파된다면, 우리나라의 경제·금융의 지식도 한 차원 진일보할 것이라 사료된다. 특히 책에서 이야기하는 '꿀벌의 비밀, 극단적 붕괴론을 피할 것, 새로운 양적완화의 비밀' 등에 대한 내용은 매우 혁신적이었다. 그간 자산운용을 전문으로 해온 사람으로서 이러한 철학 기반이 밑받침될 때 더 현실적인 투자와 믿음을 지닐 수 있을 것이라는 생각도 했다. 왜 이런 책이 이제야 나왔는지 아쉬울 따름이다.

그동안 투자신탁, 은행, 연기금, 자산운용사에서 자산운용 업무를 하면서 유신익 박사를 종종 만나곤 했다. 항상 그는 우리가 생각하지 못하는 사안들을 깊고 세밀하게 생각해내고, 때로는 엉뚱한 발상도 제시했다. 이러한 유 박사의 비범한 특성들이 이 책에 상당 부분 담겨 있는 듯하다.

단순히 유신익 박사를 오래 알아온 선배이자 지인으로서가 아닌 금융·경제 분야에서 오랜 기간 몸담은 자산운용전문가로서 자신 있게 추천한다. 이 책은 최소 앞으로 10년간은 새로운 금융적·경제적 사건이 일어날 때 현명한 해결 방법을 제시해줄 것이라 믿는다. 글로벌 정세는 앞으로 더욱더 다이내믹해질 것이다. 부디 이 책에서 그 해결책을 찾으시길 기원한다. **- 최영권 (우리자산운용 전 대표)**

코로나19를 기점으로 기존 경제이론은 모두 무너졌다. 아니, 정확히 말하면 이미 붕괴되고 있었던 경제학에 코로나19가 쐐기를 박았다고 봐야 한다. 케인스학파? 신고전학파? 좌파경제학? 중앙은행의 통화정책? 정부의 재정정책? 이제 세상은 우리에게 익숙해져 있던 이론이나 통계, 인과관계로 '전혀' 설명되지 않는다. 솔직히 미국 연방준비은행이 기준금리를 6%로 올려도 인플레이션을 제대로 잡을 수 있을지 모르겠다.

이런 가운데 유신익 박사의 책은 경제를 읽어내는 새로운 해법을 제시한다. 현대화폐이론을 기반으로 우리가 궁금해하는 다양한 경제 분야의 질문들에 대해 담담하게 답한다. 특히 미국과 달러의 운명, 부채와 디지털 화폐의 향후 흐름 등을 근간으로 마치 '의식의 흐름'처럼 이야기를 풀어나가는 모습이 매우 신선하다. 33조 달러가 넘는 미국의 정부부채를 보면서 향후 달러화가 어떻게 될지 궁금한

가? 중동 지역에서 전쟁이 발생했는데도 국제 유가는 오히려 떨어지는 상황이 이해가 되지 않는가? 당장 내년에 세계경제가 폭망할 것 같은 두려움에 떨고 있는가? 이에 대해 그 어디에서도 명쾌한 해답을 찾지 못했다면 이 책을 통해 복잡해진 세계 경제를 읽어내는 통찰력을 얻을 수 있을 것이다. **- 정철진(경제평론가, 진 투자컨설팅 대표)**

경제 지식이 미천한 나는 항상 의문이었다. 1903년 마샬이 경제학과를 설립한 지 100년이 넘어섰는데도 대부분의 경제학자들은 경제위기를 반복적으로 발생하게 방치하고 있는가? 해답은 없는 것인가? 아니면 해답을 알고 있지만 기득권의 탐욕을 위해 프로그래밍된 자본주의 경제를 유지하기 위한 것일까? 부자는 더 부자가 되고 중산층은 점점 감소하는 양극화 현상을 빚는 지금의 자본주의 경제는 과연 케인스의 '유동성 함정'에서 벗어나기가 이렇게 어려울까?

저자 유신익은 니체의 '초인'이라는 가치를 현재 경제 상황에 투영해 새로운 시각에서 재정정책과 통화정책의 상관관계를 다뤘다. 기축통화국의 경제정책 방향에 따른 글로벌 국가들의 통화 주권의 중요성을 강력하게 분석하고 대안을 제시했다. 또한 미 연방준비은행이 만들어낸 물가 인플레이션과 자산 인플레이션의 문제에 대해 많은 경제 석학들이 무수히 문제점을 지적하고 건전재정을 기반으로 한 대안들을 제시하고 있으나 명쾌한 결론은 보이지 않는 상황에서 세계 통화의 패권을 장악한 미국 달러와 세계 경제의 상관성, 미국 붕괴론의 허와 실을 다루고 그 실제적인 전망을 가한 점은 시사하는 바가 크다. 이 책은 미국 경제와 금융시장의 흐름 그리고 앞으로 펼쳐질 미국의 금융통화정책, 통상정책을 이해하는 데 현 시점에서 최고의 지침서가 될 것이다. 격동하는 세계 경제의 흐름을 알고자 하는 모든 분께 일독을 권한다.   **- 한문도(한국부동산경제협회 회장)**

　돈은 세상 모든 사람들의 관심사다. 돈의 흐름과 금리를 알면 금융시장에서 큰돈을 벌 수 있다. 그러나 돈의 속성과 그 이면에 있는 돈의 패권을 이해하는 것은 쉽지 않은 일이다. 경제학을 전공한 사람들에게도 화폐와 금융은 어렵다.

　일례로 2008년 글로벌 금융위기 때 미국은 돈을 풀어 위기를 극복했다. 다음 차례는 돈을 거두어들여야 할 순서인데, 코로나 위기가 발생하면서 다시 천문학적 돈을 풀었다. 문제는 학교에서 우리는 배우길, 돈을 이렇게 풀면 많은 문제점이 발생한다는 것이다. 이러다가 화폐가치가 떨어지고 심각한 인플레이션이 발생하고 결국 글로벌 금융시스템이 붕괴하는 것은 아닐까 많은 사람들이 걱정한다. 최근에 화두인 현대통화(화폐)이론(MMT)은 혼란한 글로벌 금융 시스템을 치료할 수 있는 약일까? 미국의 달러는 앞으로도 여전히 패권을 유지할 수 있을까? 우리나라와 같은 약소 통화국들은 어떻게 이러한 변화에 대응해야 할까? 이러한 궁금증에 대해 우리시대 친절한 경제 선생님인 유신익 박사가 자세한 설명을 내놓았다. 그의 설명을 통해 우리 모두 화폐에 대한 새로운 개념을 알고 이를 투자에 활용할 수 있기를 소망한다.   **- 예민수(머니투데이 방송 앵커, 경영학 박사)**

우리는 하루하루 수많은 결정을 하면서 살고 있다. 하지만 마음 한쪽에서는 끊임없이 불안을 느낀다. 잘 알지 못하면서 떠밀려서 하는 결정이 대부분이기 때문이다. '주식은 팔아야 할까? 집을 지금 사야 하나? 이 회사에 계속 다녀야 할까?' 등등 나를 기다리는 중요한 결정을 하려면, 글로벌 경제가 어떻게 움직이고 우리나라 경제가 어떻게 변화할지에 대한 나만의 답이 있어야 한다.

이러한 나의 결정 불안에 힘이 되어줄 책이 바로 유신익 박사의 이 책이다. 이 책은 누구나 한번쯤 생각해보았던 글로벌 경제에 대한 다양한 질문과 그에 대한 명쾌한 답으로 구성되어 있다. 모두 평소에 궁금했던 주제들이고 쉽게 이해되는 설명으로 하루 만에 읽게 되는 흡인력 있는 책이다. 특히 사회생활을 시작하는 20대와 30대 직장인들에게 적극 추천한다. **- 김세완(이화여자대학교 경제학과 교수)**

이 책을 읽으면서 '경제의 신은 왜 죽었을까?'라는 의문을 품게 되었다. 현재 경제가 좋지 않아서 경제의 신이 죽었는가? 아니면 우리가 경제를 바라보는 관점이 잘못되어서 경제의 신이 죽어야만 하는가? 질문에 대한 답을 얻기 위해 현재의 경제 환경과 다양한 경제 정보를 생각하며 이 책을 읽어보았다. 저자는 세계의 경제 흐름과 세계 화폐의 현재 및 미래의 모습을 구체적인 사례와 역사적 맥락까지 아울러 보여준다. 이를 통해 우리 경제와 나의 삶에 미칠 영향과 그에 대처하는 자세까지 제시하고 있다. **- 안성진(41) 금융계 종사 독자**

경제 수난의 시대를 이겨내는
구체적인 노하우!

최근 수년간 많은 독자분들은 경제·금융 관련 뉴스와 정보를 접하면서, 희망, 기쁨, 행복, 환호, 절망, 슬픔, 불행, 공포 등과 같은 수많은 감정을 느끼셨을 것입니다. 특히 2022년 이후 최근까지는, 이전과는 또 다른 불안과 공포를 겪으셨으리라 생각합니다. 하지만 시간이 지나면서 그러한 감정과 불안의 마음이 '현실에서 그렇게 유용하지 않다는 것'을 느끼시고, 스스로 경제·금융을 판단하려는 마음의 문까지 닫게 되신 분도 많으실 것입니다.

현실에서 수많은 경제 정보를 듣고 실망한 분들이 스스로 판단하려는 마음을 닫고, 역설적으로 소위 유명하다는 사람들의 예견을 따라다니는 아이러니한 상황이 반복되는 것입니다. 결국 경제·금융 문제는 현실 생활에서 무엇보다 중요한 문제임에도 오히려 가장 남들에게 의존하는 분야가 되었습니다. '유명한 투자자인 A씨가 여기에 투자하면, 노후 자금을 불릴 수 있다고 했어!' '유명한 금융기관에서 이런 투자를 하고 있으니, 나도 해야겠어!' '저명한 경제학자 말로는 앞으로 경제가 이렇게 변모하니, 이제는 새로운 분야에서 사업을 펼치면 성공할 거야'라는 식으로 내 삶의 경로를 남에게 맡깁니다.

나의 경제·금융 활동의 경로를 타인의 판단과 예측에 맡겨 피해를 보는 일들이 너무나 많습니다. 금융권에서 유행했던 펀드의 몰락, 누구나 유망한 것으로 전망한 블록체인 사업의 실체, 고급 정보로 취득했던 새로운 상권 지역의 몰락, 미래 먹거리 사업으로 여겨진 새로운 자영업의 악화 등 정보와 현실이 괴리가 나는 경우가 많습니다. 여기에 한때 유행한 위기론, 붕괴론, 미국 주가지수의 몰락 가능성 등까지 생각해보면 사실상 우리가 접하는 많은 정보들이 유용하게 맞아 떨어진 적은 적습니다.

이러한 경험을 반복한 분들은 한 차원 더 나아가 '차라리 미래의 내가 타임머신을 타고 와서 미래를 말해 주면 좋겠다'라거나 '용한 무당이 있는데, 그 사람의 말을 참고해야겠어'라는 생각을 갖기도 할 것입니다. 하지만 경제·금융에서 정확한 답과 예측은 항상 존재하지 않는 듯합니다. 경제·금융은 매 순간이 중요한 타이밍이고, 항상 반대의 저편에서는 또 다른 관점으로 정책을 시행하는 일종의 다중차원의 게임입니다. 이 때문에 한순간의 사건과 우리가 이미 확인한 과거의 사실들로만 향후의 경제·금융을 바라보면 미래와는 차이가 날 가능성이 큽니다. 그러므로 생동하는 경제의 DNA에 편승하는 것이 매우 중요합니다. 이를 위해서는 과거의 저명한 이론, 이성으로 해석되는 정론 등에 집중하기보다는 '변화하는 세상과 신이론을 받아들이는 마음'을 갖추는 것이 중요할 것입니다.

'원래 경제는 이러했어' '원래 경제 이론으로 맞지 않는 정책은 쓸모없어'라는 고정된 생각에 스스로를 구속하는 자세를 지양해야 합니다. 변화하는 것을 받아들이고 그 변화의 다음에 다가오는 물결을 '그림으로 그려보는' 역동적인 마음이 더 바람직할 것입니다.

이제는 과거에 통용되는 '경제의 신'처럼 군림하던 논리와 체계는 끝났습니다. 경제의 신이 죽은 시대로 접어들고 있다는 것입니다. 이처럼 경제의 신이 몰락하는 구간에서는 각 국가들이 새로운 DNA를 발전시키면서 각자가 스스로 강해질 수 있는 방안을 찾게 됩니다. 즉 국가별로 강한 요소를 스스로 찾아 무기화하는 것입니다.

일본은 '엔화를 이용한 경제 부양과 미국과의 협력 강화, 경제적 탈아시아를 통한 국제화 시도', 신흥국은 '원자재 수출금지', 미국은 '달러의 패권을 지속시키기 위해 새로운 디지털 달러와 정치적 위력의 강화', 중국은 '공산권적 마인드로 연대국과의 통치력 강화', 유럽은 '각 국가별 생존 전략 피력과 분열 속에서의 정중동' 등입니다. 우리는 매 십 년의 시기마다 새로운 노멀을 접하고 있으며, 시기가 한참 소요된 이후에나(4~5년이 지난 이후에나) 변화의 흐름을 감지하곤 합니다.

저는 이 책을 통해서 여러분들과 '현실에 존재하는 많은 현상들의 이면의 원리를 자세히 알아보고, 그것이 어떻게 작동 가능한지'를 이야기해보고자 합니다. 또한 이러한 내용들을 접하면서 자신만의 경제관·금융관을 갖추어서 앞으로 다가올 많은 사건들에 대해서도 의연히 대처하시기를 바랍니다.

　스스로 많은 사건들을 해석하고 대처할 수 있는 관점을 지닌다면, 감정의 소용돌이에서 좀 벗어나 평안함을 이룰 수도 있을 것이라 생각합니다. 우리는, 우리가 익숙하지 않고 새로운 것에는 호기심도 품지만 두려움을 느끼기도 합니다. 하지만 스스로의 대처력을 믿고 자신의 지각과 각성을 신뢰하면 이성으로 감정의 소용돌이를 충분히 통제할 것입니다.

　이른바 '경제 수난의 시대, 정보의 홍수·미디어의 확장 시대' 속에서 많은 일들이 반복되고 있습니다. 때로는 처음 겪는 경제 사건에 놀라고, 때로는 과장적 정보와 극단적 붕괴론에 두렵기도 하셨을 것입니다. 저는 이 글을 통해 구체적인 노하우, 현실적인 방편, 미래를 받아들일 수 있는 시각 확대에 기여하고자 노력했습니다. 저의 노력이 '이성으로 감정을 충분히 컨트롤하고 평안함을 얻는' 데 도움이 되길 바랍니다. 더욱 '현명하고, 차분한, 그리고 자신의 이성을 믿고 삶을 주도적으로 컨트롤하는 삶을 사시길 기원하며 이 글을 드립니다.

유신익

차례

1장

미래경제를 따라가려면 생각과 논리를 바꿔야 한다

4장

빚에 허덕이는 운명을 극복하기 힘든 국가들

5장

미국의 새로운 경제 기법과 진화하는 DNA

6장

자신만만한 미국, 왜 스스로를 무너뜨리고 있나?

9장

미국이 전 세계 1등을 유지하는 기법들

10장

앞으로 10년간 꼭 유의해야 할 경제 문제들

11장

신흥국을 괴롭혀 자국의 이익을 도모하는 미국

12장

미래경제에서 살아남기 위한 한국의 전략

THE FUTURE ECONOMY

1

THE FUTURE ECONOMY

1장의 핵심 메시지는 '경제의 신은 죽었다'이다. 미래경제를 해석하고 대응하기 위해 과거의 고리타분한 경제 원론에서 벗어나야 한다. 우리가 익히 알던 경제의 신은 죽었다. 경제의 신이 몰락하는 구간에서는 각 국가들이 새로운 DNA를 발전시키면서 각자가 스스로 강해질 수 있는 방안을 찾게 된다. 즉 국가별로 강한 요소를 스스로 찾아 무기화한다. 미국은 '달러의 패권을 지속시키기 위해 새로운 디지털 달러와 정치적 위력의 강화', 중국은 '공산권적 마인드로 연대국과의 통치력 강화', 유럽은 '각 국가별 생존 전략 피력과 분열 속에서의 정중동' 등이다.

미래경제를
따라가려면
생각과 논리를
바꿔야 한다

'경제의 신'은 죽었다

우리를 지배하던 신비로운 경제 리더들의 정책은 허상이었다.
하나의 신은 죽었다. 변화한 세상을 읽어야 할 때다.

지주의 마법은 없다

그대들은 밝은 아침에 등불을 켜고 시장으로 달려가 쉴 새 없이 이렇게 외치는 미치광이에 대해 들어본 적이 있는가? "나는 신을 찾는다! 나는 신을 찾는다!"

신은 어디에 있지? 그는 부르짖었다. 내가 가르쳐주리라. 우리가 신을 죽여버렸다. 너희와 내가! 우리 모두는 신을 죽인 자들이다! 그러나 우리는 어떻게 이런 일을 행하였단 말인가? 어떻게 우리가 바닷물을 전부 마셔버릴 수 있었단 말인가? 누가 우리에게 지평선 전체를 쓸어내어 버릴 스펀지라도 주었는가?

아직도 사토장이들이 신을 땅에 묻고 있는 소리가 들리지 않는가?

아직도 신이 부패해가는 냄새가 나지 않는가? 신 또한 부패한다.
신은 죽었다. 신은 죽어 있다. 그리고 우리가 그를 죽여버렸다.

— 프리드리히 니체, 『즐거운 학문』 중에서

과거 그리스도교가 주류이던 때에는, 현실의 삶보다 내세의 삶(천국)을 더 강조하곤 했습니다. '현실에서의 실용적인 삶'에 대한 욕구가 무시당하고, 많은 사람들은 '현실의 욕망을 버리고, 이상적인 규범에만 따라야 하는' 불편한 생활을 이어 갔습니다. 이에 니체는 이러한 '신' 개념의 비합리성을 지적하면서 '우리는 신을 죽여야 한다. 우리는 신을 죽였다!'라고 주장하게 된 것입니다.

우리는 많은 경제 원론, 경제 이론, 경제 리서치 보고서 등에서 '이상적인 경제는 이래야만 한다!'라는 글을 많이 봐 왔습니다. 그 주장대로라면 글로벌 경제 중에서 현재까지 건재할 만한 경제권은 많지 않을 것입니다. 특히나 전 세계 많은 국가의 '자산시장과 금융'은 시스템적으로 이미 몰락했어야 합니다.

하지만 최근의 경제와 금융은 더 이상 과거의 이상적인 논리와 경제 원론적 개념이 통하지 않는 새로운 시스템적 전환기에 놓여 있습니다. 이제는 경제 원론으로 현실을 분석할 수 없는 시점에 온 것입니다. 여기서 한번 묻고자 합니다. 일본의 붕괴론, 중국의 부채 붕괴론, 달러 패망론, 유럽의 재정위기의 재현 같은 주장들이 현실화되었습니까? 아니면 근시일 내에 그러한 일들이 벌어질 가능성이 높을까요?

과거 로마 시대에 부유한 지주와 가난한 소작농들이 있었습니다. 지주는 소작농들에게 항상 '하늘에 기도하라! 그러면 우리에게 식량을 내어주실 것이다!'라고 했고, 소작농들은 이에 열심히 기도했습니다. 기도 탓인지 매년 풍년이 들어 소작농들은 지주를 존경했고, 소작농은 열심히 일하는 평화의 시기를 지낼 수 있었습니다.

그러던 어느 해 갑자기 극심한 가뭄이 들기 시작합니다. 가뭄인데도 지주는 소작농들에게 기도하기를 강요했습니다. 그런데 어쩐 일인지 가뭄인데도 풍년이 들었습니다. 사람들은 기도를 열심히 하라고 한 지주 덕분이라고 생각했습니다. 그런데 이때 한 소작농은 의문을 품습니다. '가뭄으로 농작물이 자랄 수조차 없었는데, 어떻게 풍년이 든단 말인가? 지주가 어디에서 농작물을 가져온 것이 아닐까?' 의심을 품은 소작농은 지주의 저택 지하에 잠입했고, 그곳에서 '금'을 제조하는 기계를 발견합니다. 알고 보니 지주는 소작농들의 존경심을 잃지 않기 위해 금을 제조해서 이웃 나라에 그 금을 팔아 농작물을 사 온 것이었습니다. 이렇게 지주는 자신을 '신격화'하면서 자신의 체제를 유지시켜온 것입니다.

지주의 말이 거짓임을 깨달은 소작농은 자신도 지주의 방식으로 다른 마을에서 기계를 이용해 금을 제작하기 시작합니다. 동시에 금으로 농식물을 유통하면서 자신이 신격화되는 체제를 만들기 시작했습니다. 이러한 소작농이 하나, 둘 늘면서 새로운 마을 시스템이 생겨나기 시작합니다. 결국 그러한 마을이 우후죽순 늘면서 기존의 지주 중심의 마을 시스템이 깨지기 시작합니다.

🪙 변화를 읽는 힘

바로 우리의 현재 경제와 금융 시스템은 이러한 처지에 놓였습니다. 과거에 절대적인 기준과 규범으로 여겨진 원칙들이 깨지기 시작했고, 새로운 집단이 형성되어 새로운 규칙들을 만들어가고 있습니다. 혹자는 이러한 새로운 규칙들을 낯설게 느끼고, 이에 곧 세상이 무너질 것 같은 불안감까지도 느낍니다. 하지만 우리가 불안을 느끼는 것에 비해 경제와 금융은 새로운 시스템 체계로 진화하면서 나름의 균형을 유지해가고 있습니다.

누군가는 이러한 '현재의 균형도 곧 깨질 것이다'라고 주장할 수 있습니다. 하지만 그러한 붕괴론적인 접근은 시스템의 변화를 감지하지 못하게 하는 방해 요소가 될 뿐입니다. 오히려 원론적인 이론을 바탕으로 한 붕괴론은 시야를 가려 '새로운 시스템에서의 진짜 위기'를 감지하지 못하게 할 수 있습니다. 이제는 과거 특정 국가의 전유물로만 여겨지던 많은 경제정책과 경제학적 논리들이 더 이상 신비로운 도구로 여겨지지 않습니다. 이제는 과거 지주만이 지녔던 '마법 기계'의 존재를 모두가 알고 있으며, 과거 지주의 시스템에서 한 차원 진보된 체계를 만들고자 고군분투하고 있습니다.

이 책에서는 '과거의 경제학적 도구의 한계' 그리고 '신뢰성 저하의 근원과 대책' 등의 차원에서 다양한 이야기를 하고자 합니다. 보다 새로운 시각과 변화하는 현상에 대한 유의점을 공유하고자 합니다. 또한 더 많은 세계관을 배우는 기회로 삼고 싶습니다.

꿀벌과 스웨덴

현실 경제는 고정된 시선으로 해석되지 않는 경우가 많다.
이해되지 않는다고 위기론을 주장하는 건 무책임하다.

꿀벌이 나는 법

꿀벌은 어떻게 날 수 있을까요? 본래 신체구조학상으로 보면, 꿀벌은 몸통이 크고 날개가 작기 때문에 비행하기 힘든 구조입니다. 그럼에도 꿀벌은 자신의 신체적 단점을 극복할 만한 날갯짓을 함으로써 시간당 15~20마일을 날 수 있습니다. 꿀벌은 몸에 꽃가루가 가득 차 있을 때는 시속 약 12마일의 속도로 비행하기 위해 보통 분당 1만 2,000~1만 5,000번의 날갯짓을 한다고 알려져 있습니다.

현실의 경제에서도 우리가 원론적으로 아는 지식과 다른 현상들이 종종 나타나곤 합니다. 그것을 어찌 보면 기존의 지식으로 정의할 수 없는 표준(normal)이라고 할 수 있습니다. 종종 스웨덴을 이런 꿀벌에 비유합니다.

1900년대 이후 2000년대에 이르기까지 스웨덴의 세율은 미국보다 높은 수준이었습니다. 이를 기반으로 범국민적인 금융 지원, 은퇴 후 지원, 실업수당, 의료 지원 등 다양한 방면에서 국민들에게 복지 정책을 취하고 있습니다.

2000년 초반까지 스웨덴은 불평등 지수가 낮고, 경제성장률은 양호했습니다. 우리는 그동안 유럽과 관련해 '유럽 재정위기, 포퓰리즘의 폐해' 등의 이야기를 많이 들어왔습니다. 그 연장에서 스웨덴의 높은 복지 지원과 높은 세율은 결국 성장을 저해하는 요인으로 판단하곤 했습니다. 하지만 스웨덴은 높은 복지율에도 자신들만의 경제와 사회적 균형을 지속하면서 양호한 경제 규모를 지속하고 있습니다. "꿀벌을 생각해보세요. 지나치게 무거운 몸체와 작은 날개로 인해 날 수 없을 것 같지만 실제로는 날 수 있습니다."[*]

💰 스웨덴 경제의 다채로움

스웨덴의 복지경제 모형이 성공한 이유에 대해서는 다양한 분석이 있습니다. 우선 스웨덴이 1980년대와 1990년대에 광범위한 구조 개혁을 시행했기 때문입니다. 높은 수준의 경제성장과 소득의 분배를 통해 평등 수준을 높였는데, 이는 경제 금융 분야의 통합적인

---

[*] Göran Persson, Thakur et al., 2003

구조 개혁과 이에 대한 국민적 지지가 있었기 때문입니다. 누진적인 세금을 부과하는데도 국민들의 조세저항이 강하지 않았고, 다양한 노동정책으로 노동자와 기업 사이에 균형이 형성되었습니다. 이외에도 국민적인 여론과 토론을 기반으로 진보적인 정책이 꾸준히 시도되었습니다.

이에 학자들은 높은 수준의 국민적 인식이, 다양한 부문에서 경제적 비용을 최소화하고 경제 발전을 촉진한 것으로 분석했습니다.[*] 여기에 합리적인 사회적 규범이 국민의 안정적인 정서에도 기여한 것으로 보고 있습니다. 결국 스웨덴의 경제적 번영과 평등화는 단순히 경제정책뿐 아니라 사회를 아우르는 법과 규범이 병행되어 국민의 적극적 참여를 이끌어냈기에 가능했습니다.

물론 스웨덴의 경제적·사회적 합의와 효율성은 하루 아침에 이루어진 것은 아닙니다. 1800년대에는 토지의 임대료 상승으로 소작농들이 퇴거 위협을 받으며 갈등이 빚어지기도 했습니다. 이를 해결하기 위해 스웨덴 정부는 농지개혁을 통해 토지를 보다 공평하게 할당해 농민들에게 평등하게 나누어주었습니다.

또한 1970년대에는 높은 한계세율로 인해 국민들의 반대와 조세회피 행동이 발생하기도 했습니다(급여세율은 1970년 12.5%에서 1979년 36.7%로 증가하고, 같은 시기에 누진 소득세도 급격히 증가). 하지만 정부의 정책에 신뢰가 있던 정책에 신뢰가 있던 국민들은 조세저항 운동을 짧은 기간에 마무리하고, 다시 성실한 납세자로 돌아갔습니다. 과거에

---

[*] Heckelman, 2000; Dawson, 2003; Abdiweli, 2003

【 스웨덴의 세금 비율(GDP 대비) 변화 】

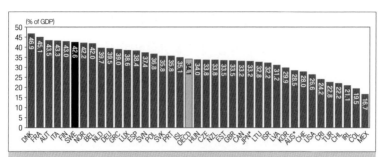

42.3%(2020년)에서 42.6%(2021년)로 소폭 상승. 같은 기간 동안 OECD 세금 비율(평균)은 33.6%에서 34.1%로 소폭 증가했다. 과거 2000년 스웨덴의 세금 비율은 50%에 육박했다.

자료: OECD

【 1970~2011년에 20~64세 스웨덴 국민이 받은 복지 혜택의 비중 】

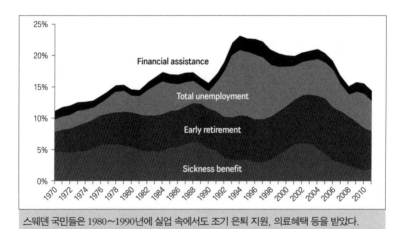

스웨덴 국민들은 1980~1990년에 실업 속에서도 조기 은퇴 지원, 의료혜택 등을 받았다.

자료: Statistics Sweden

스웨덴 정부가 시행한 공교육의 확장, 여성에 대한 상속권 부여, 능력 위주의 정부 관료 채용 등의 경제정책이 성공적이었다고 믿은 국민들은 이후의 정책에 대해서도 동조해 참여하게 된 것입니다. 특히 스웨덴 정부는 사회복지주의적 정책을 시행하면서도 정부와 공무원의 능력주의 원칙을 고수해 정책의 '실기' 혹은 '실패'를 막을 수 있었습니다.

스웨덴 정부는 국민들에게 확장재정을 시행하면서도, 자원 부국으로서의 경쟁력을 높일 수 있는 방안을 지속적으로 고민하고 실행한 것입니다. 이러한 다양한 정책과 방안들은 국민에게 신뢰를 얻게되었고, 그것이 경제적 규칙과 사회적 규범으로 이어지는 긍정적인현상이 나타났습니다.

한 국가의 막연한 '위기설'은 지양해야

스웨덴의 사례를 참고해보면, 2010년대 중반 이후 나타나는 한국가의 막연한 '위기설'은 지양할 필요가 있습니다. 각 나라마다 경제를 지탱하는 요소와 정책이 효과를 발휘하는 부분이 각기 다릅니다. 과거 그리스가 과도한 재정을 시행해 국가가 부도 위기에 몰린것을 볼 때, '스웨덴도 곧 부도에 이를 것'이라는 식의 단순한 논리는 합당하지 않고, 현실적이지도 않습니다.

예를 들어 일본은 누적된 자국 내 과도한 부채와 디플레이션으로2000년대 이후 항상 '위기가 닥칠 것이다'라는 비판을 줄곧 받아왔습니다. 하지만 일본은 자국 금융기관의 채권에 대한 소유 구조,미국과의 협조적인 교역 관계, 환율정책에서 미국에 큰 간섭을 받지 않는 점, 통화정책이 자국의 기업들 살리기에 집중되어 있는 점

등으로 인해 여전히 그들만의 안정적인 경제 체제를 유지하고 있습니다.

몸에 맞지 않는 옷은 부작용을 가져옵니다. 반면에 남에게는 잘 맞지 않는 옷이 나에게 잘 맞을 때에는 더할 나위 없이 좋은 효과를 낼 수 있습니다. 국가마다 처한 정부의 상황과 구조, 국민의 여론과 감성적인 유대, 경제정책에 대한 신뢰성과 효율성 등이 모두 다 다릅니다. 어느 한 가지 사건과 사안만을 근거로 어떠한 국가가 위기로 내몰릴 수 있다고 비판하는 것은 전혀 설득력이 없습니다.

'정량'이 안 되면 '정성'으로

일본 경제가 무너진 상태로 지속되어 왔다는 주장은
경제를 바라보는 시각이 한쪽에 치우쳐 있을 가능성이 크다.

일본 특유의 경제 유지 비법

글로벌 경제에서 자국의 순수한 경제력보다는 금융·정치·외교적 수단을 기반으로 자국의 통화가치를 지켜나가는 경우들이 있습니다. 그 대표적인 나라가 일본입니다.

일본의 경우 과거 대비 반도체·자동차의 기술력, 브랜드 가치 등이 많이 저하된 상태입니다. 경상수지도 적자를 이어가고 있으며, 내수의 정체도 오랫동안 지속되어 왔습니다.

하지만 일본은 경상수지 적자로 인해 크게 벌어들이지 못하는 외화를 보충하기 위해 다른 전략을 취합니다. 바로 해외 금융자산, 채권 등에 투자해 달러 이자를 얻는 방식입니다. 일본의 순대외 자산 규모는 2023년 상반기 말 기준 3조 1,000억 달러 정도입니다. 일본은 자국의 경쟁력 약화를 대비해 오래전부터 금융자산의 거래에 집중했고, 최근에는 그로 인한 이자 이익 규모만 2,000억 달러 내외를 기록하고 있습니다. 금융 거래를 통한 이자 수취 규모가 늘어나다 보니, 일본의 외환 보유액도 1조 1,000억 달러 수준으로 전 세계 4위 규모를 유지하고 있습니다.

일본은 금융 거래를 통해 축적한 달러를 기반으로 금융계정상의 또 다른 거래를 일으킵니다. 이는 일본의 미국 국채에 대한 투자입니다. 일본의 입장에서 미국 국채 투자에 따른 효과를 생각해보면 다음과 같습니다.

첫째, 미국 채권의 가격은 달러의 가치가 일부분 반영됩니다. 금리가 오르는 시기에 채권의 절대 가격은 떨어지지만, 달러 가치는 일반적으로 오르는 경향이 있기 때문에 미국 국채 투자를 통한 헷지가 가능합니다. 미국 국채를 다량으로 보유함으로써 엔화의 가치가 떨어짐으로 나타날 금융계정의 평가 금액 축소를 헷지하는 것입니다. 좀 더 쉽게 표현하면, 일본의 외화 포트폴리오를 달러에 연동시켜 균형을 맞추는 것입니다.

둘째, 미국 국채 투자를 통해 미국과 우호적인 외교 관계를 지속하고, 이 가운데에서 경제적 기회를 모색합니다. 미국의 입장에서도 일본은 자국의 채권을 구입하는 중요한 바이어(buyer)입니다. 외교적으로나 경제적으로 미국은 일본의 손을 놓아서는 안 되는 상황입니다.

그런 이유로 각종 무역 거래 및 외환정책에 있어서 미국은 일본을 배려하려는 입장을 취합니다. 미국이 구성한 '반도체 동맹' 등의 관계에서도 미국은 일본의 반도체 수출에 큰 도움을 주고, 일본의 기업이 미국에 진출하는 데 큰 도움을 주는 정책을 시행합니다. 물론 일본 역시 과거 아베 총리의 시절부터 큰 규모의 미국 내 직접 투자(공장 건설 등)를 시행하며, 미국에 우호적인 태도를 유지해왔습니다.

이처럼 상호적인 투자 및 경제적 유대 관계를 지속하면서 일본은 〈미국 재무부의 환율 관찰 보고서〉에서도 항상 긍정적인 결과를 받아왔습니다. 미국 재무부가 내세우는 대미 무역수지, GDP 대비 경상수지, 외환 개입의 규모 등을 고려하면, 사실 일본은 이 3개의 요건 중 2개 정도는 항상 위반하는 것으로 분석됩니다.

하지만 2000년대 초반의 일본 동해 대지진 직후의 엔화 약세 유도 정책, 아베 총리의 무제한 양적완화 정책을 통한 엔화 약세, 코로나19 시기 동안의 추가적인 양적완화와 엔화 약세 유도, 2022년 이후 고인플레이션 시기에서의 일본은행(BOJ)의 환시 개입 등에 대해서 미국은 부정적인 코멘트를 하지 않습니다. 실질적으로 일본은 미국이 내세우는 '글로벌 외환시장에서의 규칙'에 어긋나는 사례가 많았지만 그에 대해서는 오히려 '비정상적 상황이니 이해된다.' '일본 자국의 문제이니 지켜볼 필요가 있다'는 정도로 미국은 그 발언 수위를 제한해온 것입니다.

🪙 많은 문제가 곧 위기는 아니다

일각에서는 '일본이 잘못된 정책으로 디플레이션에서 벗어나지 못하고, 이로 인해 잃어버린 30년 이후에 붕괴된다'는 식의 매우 부정적인 분석을 하기도 합니다. 하지만 일본은 자국의 경제적 약화를 다른 요소로 커버해 엔화의 국제적 패권력을 유지시켜온 대표적인 국가입니다. 엔화의 패권력을 유지시키기 위해 통화 패권 국가인 미국과의 조화로운 관계를 유지함으로써 미국 시장 진출의 기회까지도 포착하고 있습니다.

이처럼 통화 패권력을 강화하는 데는 무조건적으로 높은 경제적 위상과 큰 규모의 경제가 필요한 것은 아닙니다. 일본의 사례가 보

【 일본의 명목 GDP 추이 】

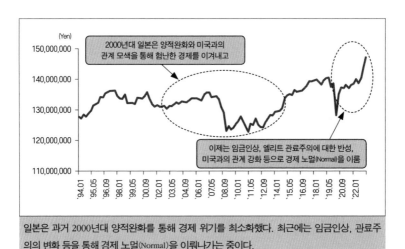

일본은 과거 2000년대 양적완화를 통해 경제 위기를 최소화했다. 최근에는 임금인상, 관료주의의 변화 등을 통해 경제 노멀(Normal)을 이뤄나가는 중이다.

자료: BOJ

여주듯 '정량적인 대응이 되지 않으면, 정성적 노력으로 대체한다' 는 인식의 전환이 매우 중요합니다. 국제사회에서는 정치와 외교 능력은 자국의 경제적 성장 규모 못지 않게 경제 위상을 결정하는 중요 요소인 것입니다. 일각에서 주장하는 '일본 붕괴론'은 적어도 달러 패권이 유지되는 동안에는 일어나지 않을 '비현실적인 소설' 인 것으로 판단됩니다.

미국 경제가 붕괴할까?

극단적인 폭망론은 경계할 것! 대책 없는 경제 붕괴론을 믿기보다는
변화를 읽고 새로운 트렌드를 받아들이는 자세가 중요하다.

과도하지만 감당 가능한 이자

미국은 자본계정을 통해서 해외 국가를 대상으로 채권을 발행하고 그 대가로 현금을 받습니다. 그런데 여기서 한 가지 의문점이 생깁니다. 과연 미국처럼 대규모의 부채 국가가 채권 투자자에게 지불하는 이자는 얼마나 될까요? 2023년 기준 미국 재무부가 발행한 채권에 대해서 갚은 이자만 2023년 3/4분기 기준 9,800억 달러입니다. 명목 GDP 기준으로 매년 폴란드(8,400억 달러), 대만(7,500억 달러), 벨기에(6,200억 달러) 등의 GDP에 맞먹는 규모가 이자로 지급되는 것입니다.

미국의 부채가 늘어날수록 외부로 지급하는 달러 이자 규모는 매

년 커질 수밖에 없습니다. 아마도 달러로 지급되는 이자 규모가 매년 늘어나다가, 특정 시점을 지나면 전 세계의 달러 보유량도 이자 규모에 비례해 급증할 수밖에 없을 것입니다. (물론 해외로 지급되는 이자는 해당 국가가 그대로 보유하지 않고, 자국의 채무 이행을 위해 달러를 사용하곤 합니다. 이에 미국 정부의 이자 지급 규모만큼 해외에서 돌아다니는 달러 양도 바로 급증하지는 않습니다. 하지만 특정 시점에서 주요 국가들의 채무 상환 규모가 적어지는 때가 동시에 도래하면, 외부의 달러 통화량은 급증할 수 있습니다.)

해외에서 돌아다니는 달러의 양이 많아지면, 당연히 달러 가치는 지속적으로 떨어질 것입니다. 하지만 이러한 달러 가치의 하락 현상이 바로 나타나지 않는 이유가 있는데, 이는 미국과 미국 이외의 국가가 지불하는 채무에 대한 금리 수준이 다르기 때문입니다. 미국 정부가 자금을 조달한 이후에 채무 이자를 갚는 이자율과, 글로벌 달러 시장에서 달러를 빌리려는 신흥국의 이자율 구조 사이의 차이를 생각해보면 이를 쉽게 알 수 있습니다.

대체로 미국이 외국에서 빌린 돈의 대가로 지불하는 이자율은 그들이 해외 시장에서 달러를 빌려준 대가로 받는 이자율보다 훨씬 낮습니다. 신흥국들의 경우에는 국가 경제에 대한 신뢰도가 약하고, 신흥국의 채무에 대한 위험도 크게 인식되기 때문에 더 높은 이자율을 지급할 수밖에 없습니다. 여기에 신흥국들의 경우 대체로 물가 불안이 내성화되어 있어서 자국 인플레이션 통제를 위해서도 금리를 높게 유지하는 것이 일반적입니다.

한편 최근 미국의 경우 과다한 부채 규모와 재정적자 등으로 신용

등급이 하락했습니다. 그 이전보다는 미국 채권에 매겨지는 신뢰도
가 떨어지고 있는 것입니다. 하지만 그럼에도 미국이 보장하는 달러
채권에 대해서는 신용등급과 무관하게 수요가 지속되고 있습니다.
예를 들어 S&P 기준의 "신용등급 A+의 일본 채권, AAA의 캐나다
채권, AAA의 독일 채권, AA+의 미국 채권 중에서 무엇을 살까요?"
라는 질문을 해보면 답은 명쾌합니다. 대부분의 중앙은행과 금융기
관들조차도 안전성, 현금화 가능성 등을 종합 고려할 경우 미국 채
권을 우선적으로 편입하고 있습니다.

미국의 경우에는 실질 경제성장률(실질 GDP: 인플레이션 요인을 제거한 성장
률)보다 대체로 낮은 수준의 실질이자율(명목이자율, 즉 시장금리 수준에서 인
플레이션 수준을 제거한 금리)을 지속하고 있습니다(2023년 실질 GDP 2.5%, 10년
물 실질이자율 1.7%). 실제 성장하는 수준을 고려하면, 이보다는 낮은 수
준의 이자율이 유지되고 있습니다. 아무리 미국 부채와 재정에 대한
비판이 늘고 있어도 미국은 경제 규모에 비해서는 차입의 비용(추가
적인 프리미엄 비용)이 작다는 것입니다.

실질이자율이 낮게 유지된다는 것을 다른 시각으로 재해석해보
면, 그만큼 수요가 유지되기 때문에 채권의 가격이 안정적으로 유지
된다는 것입니다. 그럼에도 어떤 이들은 미국의 재정적자와 부채 증
가로 미국 채권시장이 당장 붕괴될 것처럼 이야기합니다. 물론 이러
한 달러 중심의 비합리적 체계에서 만일 미국 가계조차 정책을 신뢰
하지 않게 되면 채권시장에도 큰 혼란이 올 수 있습니다.

🪙 2% 이자와 2% 이상의 수익

하지만 미국인들의 정부 정책에 대한 저항, 미국에서의 외국 자금 이탈, 채권시장의 붕괴 등은 달러 패권이 유지되는 이상 그저 시나리오에 불과할 뿐입니다. 특히나 아직까지도 미국은 외국에서 유통되는 달러 공급량을 조절할 수 있는 능력이 있습니다. 과거에는 미국의 수입 규모를 축소(해외로 나가는 돈의 규모가 많아져서 자본수지가 악화되면, 수입을 줄여 경상수지 적자 규모를 줄임)하거나, 사우디 등의 중동에 대한 채권 매입 권유를 통해 달러의 가치를 적정한 수준으로 유지했습니다. 최근에는 사우디의 탈달러정책 등으로 미국과 사우디의 관계가 예전처럼 우호적이지는 않습니다

하지만 미국은 여전히 자본수지와 경상수지를 조절할 수 있는 능력이 있는데, 이 수단은 바로 '미국에 대한 제조업 투자 원칙과 관세조정'의 정책입니다. 미국 시장 내에서 활동하려는 기업들에게 미국 내부에 일정 규모 이상의 투자를 전제로 함으로써 외부에 유출되는 달러의 순규모를 조절할 수 있습니다. 또한 이제는 당연시 여겨지는 미국의 고율 관세를 통해서 미국 기업들의 해외 국가에 대한 수입 규모도 일정 수준 조절할 수 있습니다.

미국이 특정 국가와의 관계가 소원해지더라도, 가장 큰 시장을 보유하고 있는 이점 때문에 달러의 유입량, 유출량을 조절할 수 있는 경제적 수단이 충분히 존재합니다. 물론 이러한 정책 수단이 때로는 비합리적으로 보이고, 자유무역주의 원칙에 어긋나는 것처럼 보일

때도 있습니다. 하지만 결국 그러한 수단들로 인해 미국은 달러 패권과 달러 조절력을 유지할 수 있고, 글로벌 경제도 시스템 불안과 붕괴는 현실화되기 힘든 것입니다. 한마디로 말해 '미국 달러 시스템이 붕괴될 수 있다'라는 극단적 예상은 사실상 그저 말일 뿐인 흑백 논리에 불과할 가능성이 큽니다.

경제 이론과 현실

전통경제적 시각으로 해석되지 않는 것은 옳지 않은 것인가?
이론적으로 옳지 않다고 해서 현실에 도움이 되지 않는 것은 아니다.

전통에서 얻을 것과 버릴 것

신고전학파*의 화폐 및 금융에 대한 이론적 체계는 2008년 금융위기와 2010년 유럽 재정위기를 거치면서 그 가치를 상실했습니다. 신고전학파적 통화이론으로는 자본주의 경제는 본래 시장의 수요와 공급의 원칙에 맞추어 안정적인 성장 체계를 유지해나가야 합니다. 하지만 실상은 달라 2008년과 2010년 경제와 금융 시스템이 균형에서 벗어나 위기를 맞이했습니다.

*신고전학파 : 신고전학파는 새고전학파로 발전되어 시장경제 주체자들이 매우 합리적이기 때문에 자연스럽게 두면 안정적인 경제적 균형을 유지한다는 이론으로 이어진다. 또한 케인스학파는 시장경제에서의 불완전성 때문에 결국은 정부의 역할이 중요하다는 새케인스학파의 주장으로 연결되었다.

케인스적인 관점에서 화폐 공급은 자본주의 사회에서 경제적 무질서를 야기하고, 이는 인플레이션을 유발하는 원인이 된다고 비판했습니다. 이에 신고전학파는 국가의 사회적 지출을 줄이거나 제한해야 한다고 주장했습니다. 하지만 이러한 '케인스적인 화폐 공급 이론'과 '고전학파적 지출 이론'대로 하면, 최근 정부의 지출과 중앙은행의 경기 조절 정책은 모두 해서는 안 되는 일입니다. 반대로 말하면, 위기가 왔을 때 정부와 중앙은행이 할 수 있는 일은 하나도 없는 것입니다.

국가가 부채와 적자에서 벗어나지 못하고 경제를 증진시키지 못하면 이것은 경제적 실패입니다. 하지만 전 세계 국가들이 과거 준용되어온 새고전학파 혹은 새케인스학파적인 이론에만 의지할 경우, 문제들을 해결할 방법이 전혀 없게 됩니다. 이에 각 국가 정책자들은 과거의 논리에서 벗어나 새로운 시도를 하게 됩니다. '통화정책과 재정정책이 하나의 틀로서 작동해야 한다'는 현대화폐이론의 주장을 근거로 통합적 정책을 시행한 것입니다.

이러한 가운데 정부는 유동성을 투입해 금융기관들이 다시 살아날 수 있는 많은 정책을 시행했습니다. 하지만 이와 반대로 사회적 약자, 저소득 계층이 받을 수 있는 복지와 사회보장 등은 적어지면서 소외 계층의 불만은 매우 커졌습니다. 이들의 목소리는 그리스의 치프라스, 영국의 제러미 코빈, 스페인의 포데모스, 미국의 버니 샌더스와 같은 다소 사회주의적이면서도 사회약자 계층을 보호하는 일종의 '좌파' 경제학자들의 탄생을 이끌었습니다.

🪙 현대화폐이론

이른바 좌파 경제학자들도, 2010년대 초기에는 내핍(물자가 없는 것을 참고 견딤) 경제 속에서 허리띠를 졸라매고 부채와 적자를 줄여야 한다는 것을 원칙으로 했습니다. 이렇게 좌파 경제학자들이 조심스러워하는 동안 보수파 경제학자들은 국가의 재정을 금융기관, 기업에게 투입하는 일종의 '고성장 정책'을 추진했습니다. 좌파 경제학자들은 어느 정도 절제하면서 사회복지정책에의 집중을 요구하고 있었는데, 우파 경제학 정책자들은 다시금 부자들을 위한 정책을 실행하고 있었던 것입니다.

이러한 움직임이 결국 2015년 이후부터는 양측 간의 큰 갈등을 초래했습니다. 좌파는 '돈을 쓸 것이면 바르게 써라'라는 외침으로, 우파는 '우리가 쓰는 돈의 정책은 결국엔 모두를 위해 좋다'라는 외침으로 포장되었습니다. 결국 양 진영의 갈등 속에서 대안적인 정책이 필요해졌고, 이때 급부상한 것이 정부의 지출을 중앙은행이 도와줘도 된다는 '현대화폐이론'입니다.

다시 말해 기존의 전통경제학적 정책으로는 이미 전 세계 경제의 큰 틀을 유지할 수 없다는 한계 속에서, 사회적으로 커지는 두 갈래의 목소리를 모두 충족시키기 위한 대안으로 현대화폐이론이 부각되었습니다. 충분한 성장을 위해 재정정책을 실시하면서 부족한 부분은 통화정책으로 메꿔 나감으로써, 부자도 좋고 가난한 자도 좋은 이상적인 유토피아를 꿈꿀 수 있게 된 것입니다.

시각을 바꾸는 현대화폐이론

현대화폐이론이 부채를 허용한다고 해서 부채를 쓰기만 해서는 안 된다.
부채 사용에 따른 유동성 회수는 필수다. 파티가 끝난 후엔 반드시 청소!

화폐와 사회적 약속

현대화폐이론에서는 정통적 경제학파에서 찾아볼 수 없는 '화폐의 정의와 화폐의 특성'에 대해 정의하고자 합니다. '화폐는 무엇인가? 화폐가 어떠한 기능을 갖고 있는가? 화폐는 어떻게 사용되어야 하는가?' 하는 질문에서부터 모든 체계를 완성해갑니다.

만일 과거 화폐 1토큰으로 금괴를 살 수 있었는데, 금본위제가 폐지된 이후에는 1토큰이 얼마의 가치를 지닐까요? 우유 1리터가 과거에는 1토큰으로 구매가 가능했는데, 우유 1리터가 1.5토큰이 되면 이 경우 화폐의 가치가 떨어진 것일까요? 우유에 인플레이션이 생긴 것일까요? 실제로 베네수엘라는 물가를 통제하지 못해 2008

년 기존 통화를 새 통화로 1,000대 1의 가치비율로 디노미네이션했고, 2018년 8월 다시 10만 대 1의 가치비율로 조정했습니다. 그럼에도 베네수엘라의 물가는 2020년에 거의 3,000%를 기록하면서 실제 노동소득으로 벌어들이는 돈으로는 아주 기본적인 생필품조차 사기 힘든 여건이 이어지고 있습니다.

현대화폐이론에서는 화폐를 '꾸준히 지켜나가야 하고, 잘 조정해나가야 하는 사회적 약속'으로 정의합니다. 화폐의 신뢰가 잘 구축되고 유지되어야 경제 시스템이 정상적으로 작동할 수 있다고 현대화폐이론은 주장합니다.

이러한 현대화폐이론의 논리를 좀 더 쉽게 설명하면 다음과 같습니다. 만일 A라는 부자가 100만 달러라는 돈을 소유하고 있고, A는 자신이 부자라고 확신한다고 가정하겠습니다. 그런데 20년 후 경제 시스템의 혼란으로 화폐가 리디노미네이션된다면, A라는 부자는 결국 폐기처분될 화폐를 지니고 혼자 '부자'라고 착각 속에 살게 됩니다. 이러한 일이 발생하면 정부 혹은 중앙은행은 시스템의 근간이 되는 화폐에 대한 가치를 유지시키지 못했기 때문에 '경제적 실패'라고 정의하게 되는 것입니다.

결국 현대화폐이론에서는 화폐에 대한 가치 측정이 불가능하기에 화폐의 사회적 약속과 향후의 쓰여짐에 대해 더욱 큰 의미를 둡니다. 여기서 '사회적 약속과 향후의 쓰여짐'이라는 것은 경제정책의 효율성뿐 아니라 정치 사회적인 안정성 등의 총체적 개념을 내포합니다.

🪙 현대화폐이론도 절대적인 것은 아니다

현대화폐이론 학자들은 전통적인 경제학파들과 달리 '돈을 필요한 곳에 쓰고 잘 거둬들이는 것이 합리적'이라고 했습니다. 하지만 최근 미국은 초기에는 현대화폐이론에 맞게 돈을 풀었지만 돈을 거둬들여야 하는 시점에서는 이를 잘 지키지 않고 있습니다. 좋은 것을 취할 때는 이론을 근거로 들었지만, 숙제를 마무리해야 할 때는 아무런 말을 하지 않는 셈입니다(코로나 초창기에 돈을 적극적으로 풀 때에는 이론을 내세웠지만, 추후에는 세금으로 돈을 거둬들여 인플레이션을 막겠다고 했습니다).

미국은 2020년 적극적인 양적완화, 재정지출 이외에도 전 세계가

【 현대화폐이론 】

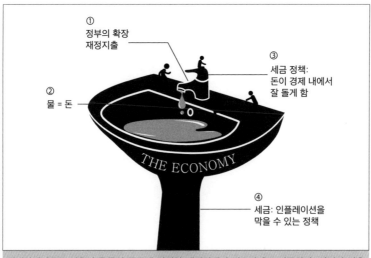

① 정부의 확장 재정지출

② 물 = 돈

③ 세금 정책: 돈이 경제 내에서 잘 돌게 함

THE ECONOMY

④ 세금: 인플레이션을 막을 수 있는 정책

현대화폐이론은 최초의 유동성 공급에 적절한 세제정책이 필요하다고 언급한다. 하지만 사후적으로 경제가 활력을 찾으면 유동성 회수를 위한 강건한 세제정책이 필요하다고 주장한다.

쓸 수 있는 돈을 공급하기 위해 통화스왑도 시행했습니다. 당시 미국 중앙은행(Fed)은 전 세계적인 책무와 위엄성을 지켜나가기 위해 돈을 공급하는 것이 당연하다고 언급했습니다. 이에 많은 국가들은 달러 채무를 지게 되었습니다. 이제 미국은 성장도 이루었고 글로벌 인플레이션 압박도 존재하니 세금을 올리고 돈을 거둬들여야 합니다.

2020년 당시 미국 정치권에서는 향후에 성장 목표를 이루고 나면 기업세율을 높일 것이라고 주장했습니다. 하지만 최근 기업세율 인상에 대한 논의는 수면 아래로 가라앉았습니다. 오히려 미국은 자국 내에서 세율을 높이지 않고, 다른 국가들에게 간접적인 세금을 거둬들이고 있습니다(미국은 진영을 같이하는, 그리고 통화의 패권력이 약한 국가들에게 간접세로 압박하고 있는데, 여기서 블록의 개념이 나옵니다. 블록의 개념은 추후에 상세히 이야기하겠습니다).

그럼 미국은 어떻게 타국에게 간접세를 매기는 것일까요? 바로 반도체 동맹과 IRA(인플레이션 감축법: 전기차 구매 인센티브) 법안 등이 그 방편입니다. 이 법안에서 미국은 제조업 투자를 명분으로 미국에 대한 직접적 투자를 장려(장려라고 표현하지만, 실질적으로 경제적 이득을 지키기 위해서는 강제적으로 투자를 해야 하는 것)하고 있습니다. 미국 내 투자 독려는 과거부터 미국이 주장해온 '미국의 제조업 회귀'와 일맥상통하는 점이 있지만, 사실상은 WTO의 규정(자유무역주의 원칙상 거래 상대방에게 경제적 의무를 부과하는 것은 안 됨)에 어긋나는 일입니다.

결국 전 세계는 2020년 이후 달러 기반의 신용 확대에 상당히 많은 의존을 해왔고, 그 기간 동안 미국은 달러 패권의 힘을 상당한 수준으로 높였습니다. 이 상황에서 미국은 전 세계의 신용 상황에 균형적인 도움을 주기보다는 자국의 경제 및 인플레이션 통제에만 집중합니다. 자국의 경제가 크게 나빠지지 않게 하면서 내수 물가와 수입 물가 등을 통제하는 이중적인 전략을 취하는 것입니다(Fed는 기준금리를 통해 인플레이션을 통제하지만, 실질적인 유동성 회수에는 적극성을 보이지 않고 있습니다. 동시에 미국 재무부는 적정한 규모의 재정지출을 지속하고 있습니다).

🪙 치료는 확실히

2024년 미국이 물가도 적당한 수준으로 통제하고, 경기도 극심한 침체를 피할 경우를 생각해보겠습니다. 미국의 입장에서는 좋은 것은 취하고 나쁜 것(인플레이션)은 통제했으니 더할 나위 없이 좋을 것입니다. 하지만 '달러 유동성 회수'의 관점에서 보면 또다시 고질적인 책무를 뒤로 미루게 되는 셈입니다.

여기서 더 나아가, 2024년 이후 미국이 인플레이션에서 벗어나 기준금리를 서서히 내리게 되면 어떻게 될까요? 그 뒤의 일은 '전 세계의 천문학적인 부채의 최고치 경신, 신흥국의 달러 부채 재증가, 가계의 부채 증가 속도 강화, 반향적으로 높아지는 달러의 패권' 등이 현실화될 것입니다. 미국은 또다시 급성 스테로이드성 약물 치료를 정리하지 못한 채 다음 세기를 맞이하게 됩니다.

물론 이러한 일들로 향후 10년 이내에 경제가 붕괴되거나 부채가 폭발하는 일은 생기지 않을 것입니다. 하지만 시간이 지날수록 전 세계에 쌓이는 달러 부채의 양은 어마어마해질 것입니다. 이처럼 과도하게 풀린 달러 부채는 결국 미국이 달러를 회수할 수 없는 기간에 이르러 큰 부작용을 초래할 것입니다.

최악의 부작용은 미국의 달러 가치의 컨트롤 능력 저하와 달러 가치의 균형 범위 이탈입니다. 이러한 현상은 미국으로 하여금 외부의 부채에 더욱 의존적인 상황을 만들며, 달러를 유휴자금(Idle money·노는 돈)으로 전락시킬 가능성이 큽니다.

이러한 최악의 상황을 방지하기 위해 미국은 세계 1등 경제강국의 지위 지키기, 미국에 투자하게 하는 정책 강요, 관세를 통한 달러 균형 컨트롤, 외교력으로 타국의 기업세율 조정하기 등의 일을 할 것입니다. 하지만 이것으로 본질적인 문제를 해결할 수는 없습니다. 고통의 기간을 감수하고 유동성을 거둬들일 때에만, 미국과 전 세계 경제의 '체질 개선'이 이루어질 것입니다.

2

THE FUTURE ECONOMY

2장에서는 통화 패권을 얻기 위해 달려가는 국가의 욕망을 조명해본다. 신용이 좋으면 부자가 될 수 있지만, 합의가 안 된 부자는 부자가 아니다. 국가의 욕망은 통화의 패권력이다. 파운드 블록과 달러 블록 중에서 누가 진정한 통화 블록으로 기억될까? 달러의 패권은 생각보다 단순한 곳에서 창출되었지만, 그래도 이것은 지켜야 한다. 미국 달러 패권과 국채 시장이 언뜻 위태해 보여도 수백 년 이내에 붕괴될 가능성은 없다.

통화 패권을 향한 전 세계 국가들의 욕망

진짜 부자의 조건

신뢰와 신용이 구축되지 못한 세계에서는 돈 많은 자의 영향력도 제한적일 수밖에 없다.
신용 기능이 좋은 화폐를 보유한 자가 진짜 부자다.

진짜 부자의 화폐

18세기 중상주의자인 제임스 스튜어트는 화폐 자체는 가치가 없고, 사회적으로 신용과 구매력 수준을 대변하는 토큰에 불과하다고 주장했습니다. 이러한 논의는 20세기 이후 많은 경제사상가 등에 의해서도 주장되었는데, 화폐 자체는 실물 경제를 뒤덮고 있는 포장지에 불과하며, 상품이 교환되는 약속의 수단에 불과하다는 논리입니다.[*]

물론 이러한 주장이 현대 경제에서 가장 중요한 수단이 되는 화폐를 완전히 부정하는 것은 아닙니다. 단지 화폐의 상품 교환 수단

---

[*] L. 랜덜레이, 『균형재정론은 틀렸다-화폐의 비밀과 현대화폐이론』, 홍기빈 역, 책담, 2017.

으로서는 명확히 개념이 존재하지만 화폐의 저장가치 기능, 즉 화폐 기반의 상품가치는 허상일 수도 있다는 것입니다.

이러한 논리를 현실 경제에 적용해보면 더욱 명확해집니다. 경제 내에 풀린 돈이 100원이고, 1원으로 거래되는 A상품과 10원에 거래되는 B상품이 있다고 단순하게 가정하겠습니다. 여기서 전 세계 정부와 중앙은행이 경제위기를 극복하기 위해 전체 돈을 200원으로 두 배로 늘린 경우를 가정하겠습니다. 이 경우 A상품은 1원에서 1.5원으로 상승하고, B상품은 10원에서 17원으로 상승했습니다. A상품 물가는 50% 상승했고, B상품 물가는 70% 상승했습니다. 이 경우 A상품, B상품의 가치가 각각 50%, 70% 상승한 것일까요? 아니면 화폐의 가치가 100% 하락한 가운데 물가는 각각 50%, 30% 하락한 것일까요?

물론 같은 상황에서 물가의 상승분과 화폐의 하락분을 명확히 구별해내는 것은 어렵습니다. 다만 동일한 화폐 구매에 과거보다 많은 화폐가 필요해졌으니, 화폐의 신뢰도는 떨어지고 상품의 신뢰도는 올라간 것은 명확합니다.

즉 현대화폐이론은 적정 수준의 범위를 벗어난 인플레이션을 '실패의 작품'으로 정의하지는 않습니다. 하지만 과도한 인플레이션은 화폐의 신뢰성을 하락시키는 계기로 작용하며, 인플레이션 기간이 길어질수록 해당 화폐를 기반으로 한 경제 시스템의 신뢰성도 저하되는 것으로 간주합니다.

추가적인 예시로 정부와 중앙은행이 전체 돈을 300원으로 늘리면서 A상품은 2원으로, B상품은 20원으로 상승한 상황을 가정하겠습니다. 상품 가격을 기준으로 보는 사람은 상품의 가격이 상승했다고 판단할 것입니다. 이들은 인플레이션이 발생했다고 주장할 것입니다. 이에 20원의 B상품을 지니고 있는 사람은 예전에는 10원이었는데 20원이 되었으니 100%의 가치가 올라 '나는 부자다'라고 생각할 수 있습니다. 하지만 화폐가 많이 풀리는 것을 관찰한 사람은 돈이 하도 풀려서 예전에는 10원으로 살 수 있던 B상품을 20원은 가져야 살 수 있다고 생각하게 됩니다.

즉 상품 보유자는 미판매된 상품의 가치의 수치 변화에 집중하고, 화폐 보유자는 미래에 지출할 화폐의 양이 늘어난 것에 집중합니다. 양측의 시각 차이가 이렇게 발생하는 이유는 갑작스러운 기간에 화폐량의 변화로 화폐와 상품 가치 변화에 대한 사회적 수긍이 이뤄지지 않았기 때문에 발생하는 것입니다. 인플레이션을 자연스럽게 받아들이려면 사회적 수긍과 시간의 고려가 필수적입니다.

화폐 보유자에게는 20원만큼의 화폐를 획득할 수 있는 시간과 기회가 필요하고, 상품 보유자에게는 'B상품=20원'이라는 과정에 익숙해지는 시간이 필요합니다. 구체적으로 상품 보유자의 입장에서는 B상품을 보유하는 데 드는 비용에 대해 적응하는 시간이 필요하고, 또한 B상품을 판매하는 데 소요되는 세금에 적응하는 시간이 필요합니다.

화폐 신용이 없으면 부자도 무의미

만일 이러한 사회적 수긍과 합의가 적절히 이루어지지 않으면, B상품 보유자는 20원의 가치가 있다고 주장하지만 화폐 보유자는 그것은 잘못되었다고 주장하며 구매를 미루게 됩니다. 양측의 수긍과 적응 과정이 이뤄지지 않는 상태가 지속되면, 상품은 판매되지 못하고, 화폐는 쓰여지지 않는 기간이 길어지면서 사회적 손실이 가중됩니다.

여기서 정부의 역할이 중요한데, 화폐 보유자에게는 소득을 충분히 증진시킬 수 있는 정책이 이루어져야 하고, B상품 보유자에게는 상품 판매 시의 세금에 대한 합의를 받아내야 합니다. 반대로 정부가 현재의 인플레이션 상황을 과거로 빨리 돌이키고자 한다면, 전체 화폐 유통량을 줄임과 동시에 화폐 유통량 축소에 따른 사회적 합의를 충분히 받아내야 할 것입니다.

【 미국 달러 발행 구조로 본 현대화폐이론 】

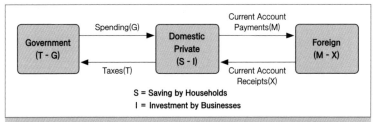

정부는 가계를 흑자로 만들고 가계는 소비를 한다. 다만 미국 정부는 가계의 잉여 흑자에 대해 충분한 세금을 부과하지 않고 있다.

자료: Wikipedia

결국 사회적 합의가 존재하지 않는 상황에서는 상품 가격은 허상에 불과할 가능성이 큽니다. 즉 사려는 사람도 별로 없고, 무리하게 팔려는 사람도 별로 없게 되면서 화폐의 사용량도 줄어드는 것입니다. 이러한 현상을 경제학적으로는 '화폐 유통 속도가 하락했다'고도 할 수 있습니다. 화폐 유통 속도 하락은 결국 인플레이션 혹은 디플레이션이 나타날 때 사회적 수긍과 적응이 이뤄지지 않아 돈이 쓰여지지 않고 수면 아래로 잠기기 때문입니다.

경제 내에 인플레이션(혹인 디플레이션)이 발생하면, 정부는 빠르게 사회적 수긍을 받아내야 합니다. 이러한 사회적 수긍이 원활히 이뤄지지 않으면 가계는 임금의 인상과 정부의 지원을 요청하게 되고, 기업은 비용 절감만을 주장하면서 수렴점이 없는 평행선에서 직간접적인 비용이 지속적으로 발생하게 됩니다.

국가가 통화 패권에 집중하는 이유

국가 경제, 대외 경제에서 통화가 차지하는 비중은 상상 외로 광범위하다.
사회, 경제, 금융, 정치, 심지어 문화 부문에까지 그 영향력을 미친다.

신용 있는 화폐, 신용 없는 화폐

과거엔 재무부가 화폐를 발행하고 중앙은행은 발행 화폐를 기반으로 통화정책을 실시하는 식으로, 주체별로 화폐 관련 역할이 명확했습니다. 민간의 노동자는 노동 대가로 화폐를 받아 세금으로 정부에 되돌려주는 관계로 상호 간의 의무와 권리 관계도 명확했습니다.

하지만 2010년대 이후부터 중앙은행이 재무부에 화폐를 지불하기도 하고(채권 등을 담보로 통화를 공급), 재무부 돈을 대신 수취하거나 재무부의 빚을 대신 갚아주기도 하면서 주체별 화폐 행위의 구분이 불명확해졌습니다. 현대화폐이론에서도 '현대 경제에서는 화폐 발행 주체와 화폐정책 시행 주체 간의 구분이 명확하지 않다'고 분석합니다. 이에 따르면 정부의 재정적자나 중앙은행의 정부에 대한 화폐 공급 등은 매우 자연스러운 일이 됩니다. 또한 다양한 화폐정책과 정부지출을 하는 과정에서 정부의 재정적자가 심화될 수도 있고, 부채가 크게 증가할 수도 있습니다. 현대화폐이론은 정부의 재정적자와 부채 증가 자체를 문제로 지적하진 않습니다. 오히려 정부의 기능적 역할과 신뢰성, 중앙은행의 정책 여력과 신뢰성 등이 무너질 때 큰 문제가 생긴다고 지적합니다. 적자나 부채 자체의 수치보다는 기능과 역할 등에 대해 더 큰 의미를 두는 것입니다.

반면에 전통적 경제이론에서는 정부에 적자가 나면 큰일 나는 것

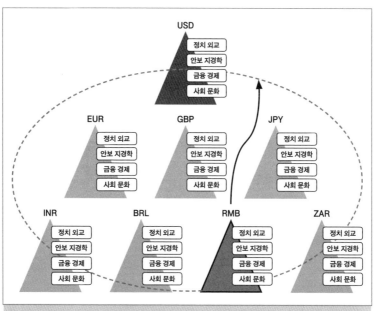

통화의 패권력이 여타의 다른 요소에 영향을 주곤 합니다. 하지만 역설적으로 정치·외교, 안보·지경학, 금융·경제 등의 힘이 통화의 패권력을 높이기도 합니다.

으로 경고합니다. 전통경제학자들은 최근 정부의 재정적자에 대해서 큰 비판을 하기도 합니다. 하지만 정부가 적자인 상황에서 채무 상환 시기가 돌아오면 모든 정부가 파산을 할까요?

적자 상황에서도 발권을 통해 채무를 상환하면 별 문제 없이 지나갈 수 있습니다. 또한 다른 국가에게 돈을 빌려서 별 문제 없이 지나갈 수 있습니다. 여기서 바로 사회·경제적 신용과 국가의 화폐에 대한 신용이 연결되는 것입니다. 많은 국가들이 사회·경제적 신용이 있는 화폐라고 인식하는 경우에는 해당 국가는 화폐를 발행해 위기를 넘길 수도 있고, 채무 만기 시에 또 다른 국가에게 새로운 빚을 지어 기존 빚을 대체할 수도 있습니다. 하지만 사회 경제적 신용이 없는 화폐라면 큰 문제가 발생합니다. 그러한 국가는 과다한 화폐 발행으로 화폐의 신뢰성이 저하되면서 가치가 붕괴되는 디노미네이션 과정을 겪을 것입니다. 바로 여기서 전 세계 국가들이 통화 패권(Monetary hegemony)을 장악하려는 욕망의 동기가 생기는 것입니다. 통화 패권을 얻기 위해 많은 국가들이 사회, 경제, 금융, 정치, 심지어 문화 부문에서까지 경쟁적 우위를 얻고자 노력하는 것입니다.

파운드 블록 vs. 달러 블록

과거에는 패권 통화가 파운드였습니다. 하지만 파운드 체제는 오래가지 못하고 결국 붕괴되었습니다. 그 이후 달러화가 전 세계에서 부채에 사용되면서 패권 통화로 자리잡았습니다.

1930년대 국가들이 금본위제를 포기하면서 환율 위기, 채무 평가액의 혼란이 가중되면서 위기에 봉착했습니다. 영국은 1931년에 금본위제를 포기했는데, 이를 계기로 대영제국(식민지) 기반의 스털링 블록* (파운드화 사용)을 구축했습니다. 스털링 블록 국가들은 스털링 준비금을 준칙에 맞게 보유했고, 영국의 지시에 맞게 정책을 꾸렸습니다.

스털링 블록 국가들은 다음의 과정을 통해 결정되었습니다. 영국과 이전부터 외교·정치적 관계를 맺었거나, 영국 시장을 대상으로 수출을 하는 국가들이 편입되었습니다.

스털링 블록은 1930년 초에는 대영제국과 덴마크, 이집트, 에스토니아, 핀란드, 이란, 이라크, 라트비아, 리투아니아, 노르웨이, 포르투갈, 태국, 스웨덴 및 기타 국가들로 구성되었습니다. 제2차 세계대전 이후 1939년 9월, 영국은 다양한 인프라 재건 정책을 추진하며 새로운 경제 재건과 성장을 꾀했습니다. 하지만 영국은 이 과정에서 대외부채(달러)에 크게 의존하면서 부채 누적 규모가 커졌습니다. 실제 성장의 속도보다 채무 증가의 속도가 빨랐고, 채무 부담이 커지기 시작했습니다. 영국 정부는 채무 부담에 따른 파운드 가치 하락을 막기 위해 스털링 블록 내에서 달러 사용을 금지하는 통제정책*까지 시행하게 됩니다.

하지만 영국의 문제는 영국 하나로 끝나지 않았습니다. 스털링 블록에 편입된 국가들은 1945년 말까지 전쟁 관련 부채가 매우 증가했고, 이에 달러 대비 파운드 가치가 하락했습니다. 파운드 환율의 큰 변동과 함께 스털링 지역의 교역도 크게 감소했습니다. 영국은 스털링 블록의 경제 손실과 자국의 경제 패권 약화를 막기 위해 스털링 블록 이외 국가와의 무역을 제한하게 됩니다. 이로 인해 일시적으로는 스털링 블록 내에서 파운드화 거래가 확대되는 효과를 보기도 했습니다.

> *** 통제정책**: 영국은 스털링 블록에서의 금융 거래 준칙과 무역 거래 제한 원칙을 세웠습니다. 이는 1932년 제정된 수입관세법과 외환관리법(외환 준칙을 안 지킬 경우 제재)으로 명명되었다. 이후 파운드 가치의 하락이 나타나자 영국은 1958년 모든 회원국에게 파운드 거래를 의무화하는 금융 거래 준칙을 만들기도 했다.

그럼에도 영국의 성장세 약화와 채무 불이행 위험은 지속되었고, 파운드는 동 기간동안 4.03달러에서 2.80달러까지 30.5%가량 가치가 하락했습니다. 호주, 인도, 파키스탄, 남아프리카 등 스털링 국가의 통화 가치도 급락했고, 이에 이들 국가들을 중심으로 스털링 블록의 결집이 흔들리기 시작했습니다. 그 와중에도 블록의 대부분 국가들은 런던 자본 시장을 통한 자금 공급 등을 기대하면서 여전히 스털링 블록을 지지했습니다.

하지만 파운드화가 세계 무역 결제에서 차지하는 비중이 1950년 10% 수준에서 1970년 6.2%로 감소했고, 영국의 길드화 채권에 대한 수요 감소로 영국 국채 이자율은 1950년 3%에서 1970년 9%로 급등했습니다.

🪙 파운드화의 몰락이 시사하는 것

이집트는 파운드화 가치의 급락 속에서 자국 경제를 보호하기 위해 준비금을 다양한 통화로 다변화시키기 시작했습니다. 영국은 이러한 이집트의 행동에 큰 불만을 가졌고, 이에 런던 금융 시장에서 이집트를 퇴출시켰습니다. 이집트의 사례를 본 많은 국가들은 블록에 남을 것인지, 탈퇴할 것인지 고민에 휩싸입니다. 서서히 블록은 와해되기 시작했고, 호주 등의 국가들은 준비금 포트폴리오에서 달러 보유량을 늘리며 스털링 블록 탈퇴의 수순을 밟게 되었습니다.

스털링 블록 국가들의 파운드 총자산 규모를 보면, 1968년 4월 1억 2,300만 파운드에서 1968년 8월 말 8,500만 파운드로 급감했고, 포트폴리오 구성은 금과 달러 등으로 이루어졌습니다. 스털링 블록 내의 국가 금융 포트폴리오에서 파운드화 비중도 77.3%에서 60%로 감소했습니다.

이후 1970년대에 대부분 국가들은 스털링 블록을 탈퇴했습니다. 동시에 영국은 스털링 패리티(Sterling parity: 각 국가의 통화가치를 파운드화에 고정하는 것) 정책을 폐지했습니다. 1985년 이후로는 IMF 회원국 중 어떠한 국가도 영국 스털링 패러티를 유지한 국가는 없었습니다. 파운드의 몰락과 함께 달러는 글로벌 금융 및 무역 거래에서 중요 비중의 준비금 통화 역할을 하게 되었습니다. 스털링 블록 시대의 종료와 함께 달러는 자연스럽게 전 세계 주요 통화로 자리잡게 되었습니다.

【 1948~1970년 동안 전 세계 통화 중에서 스털링(파운드)과 달러가 차지한 비중 】

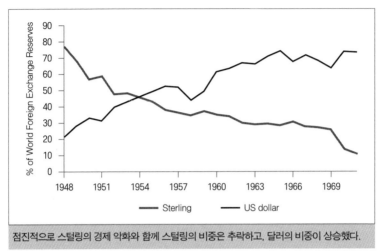

점진적으로 스털링의 경제 악화와 함께 스털링의 비중은 추락하고, 달러의 비중이 상승했다.

자료: Zombie International Currency: The Pound Sterling 1945-1971, Maylis Avaro, February 2020,
Eichengreen et al., share of globally disclosed foreign exchange rate reserves, current exchange rate, 2016.

【 영국의 달러 유동성 변화 】

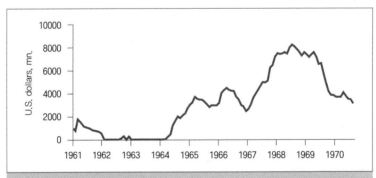

영국은 미국과 1961년 최초로 바젤 논의를 한 이후에 달러 유동성 지원을 받게 되었다.
1960~1970년 사이에 영국의 달러 등 유동성 사용 규모가 급격히 증가하는데, 이는 영국의 대
외부채 의존도를 심화시켰다.

자료: BIS archives

달러의 패권은 생각보다
단순한 곳에서 창출된다

달러 패권은 유지되는 것이 좋다. 다만 달러의 패권이 지속되려면
금융 시스템에서의 신용 기능도 강화되어야 한다.

화폐의 기본 기능

화폐에는 크게 세 가지 기능이 있습니다. 가치척도 기능, 교환매개
기능, 가치저장 기능이 그것입니다.

가치척도는 화폐가 상품을 계산하는 수단이 되는 것을 일컫습니
다. 원유 1단위를 구매하는 데 드는 비용이 1달러라고 할 때, 이를 가
치척도 기능이라고 합니다. 가치척도 기능을 유지하려면 시스템별
불변성 원칙이 지켜져야 합니다. 만일 원유의 품질은 동일한데 윗동
네에서는 1달러이고 아랫동네에서는 1달러 20센트라고 하면, 원유
시장과는 별개로 달러 화폐의 가치척도 신뢰성이 없는 것입니다.

교환매개 기능은 화폐가 상품 구매 수단이 됨을 뜻합니다. 말 그대로 물물교환에서 기준이 된다는 것인데, 이 기능을 충족시키기 위해서는 '화폐의 진실성, 화폐 발행 주체자의 원칙' 등이 연관됩니다. 즉 윗동네에서 발행한 달러와 아랫동네에서 발행한 달러가 달라서는 안 되고, 그를 보장하는 주체가 있어야 한다는 것입니다. 과거 제2차 세계대전 당시 나치는 영국 경제를 무너뜨리기 위해 위조지폐를 뿌린 적이 있습니다. 이는 화폐의 진실성에 위배되어 교환매개 기능이 없는 것으로 볼 수 있습니다.

최근에는 화폐의 교환매개 기능이 단순한 물물교환적 성격을 넘어서 화폐 결제 시스템(지급 결제 시스템)과도 연결됩니다. 달러가 상품을 교환하는 매개 수단으로서 잘 쓰이려면 구매 시스템도 잘 갖춰져 있어야 한다는 뜻입니다. 원거리에 있는 사람들끼리 상품 거래를 할 때에 해당 화폐로 결제할 수 있는 정교한 시스템이 갖춰져 있을 때에만 교환매개의 기능을 다한다고 할 수 있습니다.

마지막으로 가치저장의 기능인데, 1달러로 1단위 원유를 구매할 수 있으니 달러는 언제든 원유 1단위 가치를 지니고 있다고 정의하는 것입니다. 이는 과거 사우디가 원유를 달러로 결제할 수 있도록 하면서 창출된 개념입니다(그 전에는 파운드화, 네덜란드 길더* 등으로도 원유 결제가 가능해, 파운드와 길더의 가치저장 기능을 인정받았습니다.). 1974년 6월 사우디와 미국은 원유 대금을 달

*길더: 네덜란드 길더도 천연가스와 북해 석유 수출 시 결제에 쓰이면서 원유 거래 화폐로 인식된 바 있다. OPEC이 1970년 원유 가격을 인상할 때, 달러와 길더화는 원유 화폐라는 인식으로 다른 화폐 대비 강세를 보였다. 캐나다 달러 역시 캐나다 내의 오일샌드 결제에 쓰이면서 원유 화폐로 인식되기도 했다.

러로만 결제하고, 사우디가 미국으로부터 기술 및 안보를 보장받는 '페트로 달러 협정'을 맺음으로써 달러는 대표적인 가치저장 화폐로 인식되었습니다. 이 협정을 통해 달러로 살 수 있는 원유의 가치가 정립되면서 달러의 가치저장적 기능이 달러의 힘을 키우는 핵심 요인이 되었습니다.

2000년대 초반 이전까지는 미국과 사우디의 관계가 원만하게 유지되면서 글로벌 금융시장에서의 페트로 달러의 개념은 보다 확장되었습니다. 첫째, 달러는 산유국에 지급되는 화폐로 자리잡았습니다. 둘째, 달러는 석유 가격을 책정하는 계산화폐로서 명실상부한 화폐로 인식되었습니다. 셋째, 유가가 오를 때 다른 화폐 대비 가치가 잘 유지되는 강한 화폐로 인식되었습니다.

이처럼 세 가지 주요 기능을 지닌 달러는 많은 힘을 가지게 되었습니다. 이후 화폐의 역사에서 많은 사건들이 발생하면서 달러의 패권은 더욱 강력해지기 시작합니다.

1971년에는 닉슨 대통령이 달러의 금태환 정책(금을 일정 비율로 달러와 교환)을 폐지하고 스털링 블록의 파운드가 몰락하 면서 달러 패권은 더욱 강화되었습니다. 1980~1990년대에는 미국의 제조업 혁명(자동차, 철강 생산)으로 경제적인 힘이 강화되었고, 이에 달러의 결제 통화 기능도 한층 강화되었습니다. 또한 OPEC과 미국의 협력적인 관계 속에서 제조업에 필수적인 원유를 안정적으로 공급받고, 그 가격과 가치가 달러로 환산되는 '달러의 패권 시대'는 전성기를 맞이했습니다.*

요약하면, 달러는 화폐의 가치척도 기능, 교환매개 기능, 가치저장 기능을 가장 강력하게 보유하고 있기 때문에 미국은 재정적 자임에도 가장 중요한 성장 프레임을 유지해올 수 있는 것입니다. 또한 강력한 화폐인 달러를 보유하고 있다는 이유로 정치적으로 그리고 외교적으로도 항상 강한 힘을 지닐 수 있었습니다.

* 미국은 2000년대 초반부터 2010년대까지 셰일 오일을 개발해 다양한 석유 제품을 생산하기 시작한다. OPEC은 이로 인해 유가 통제 능력을 잃게 되었다. OPEC의 유가 통제 능력 저하는 자연스럽게 석유 수출국들의 재정 악화를 초래했고, OPEC 국가들과 미국의 관계를 소원하게 하는 계기가 되기도 했다.

🪙 전자금융시스템 시대와 달러의 과제

달러는 원유 계산 시 쓰이는 가치척도, 원유를 소유할 수 있는 가치저장 수단, 큰 경제 규모와 유동성을 기반으로 한 교환매개의 개념을 갖추었습니다. 그런데 이러한 세 가지 기능에서 금융 기능*으로까지 확장되면서 그 힘은 더욱 커집니다. Fed의 글로벌 국가 대상 유동성 공급, 이에 따르는 민간·공공 부문의 부채, 부채 상환을 위한 달러 준비금 보유 등이 대표적인 '금융 기능'이라 할 수 있습니다.

결국 전 세계는 교역 과정이든, 금융 거래 과정이든 달러를 일정

* 금융 기능: 현대 경제에서는 화폐의 세 가지 기능 이외에 신용화폐라는 개념이 탄생했다. 이는 일상적인 지폐로 교환하기 힘든 거금을 거래하기 위해서는 수표, 어음 등으로 현금 거래를 대체할 수 있다는 의미이다.

수준 보유하지 않으면 안 되는 '단일 달러 기반의 거대한 블록'이 형성되었습니다. 이러한 달러의 힘은 미국의 강한 안보력과 함께 그들의 가치와 의사에 반하는 일이 생기지 않게 방지하는 강력한 도구로 작용해왔습니다.

하지만 최근 들어 달러의 거대한 힘은 조금씩 약화되기 시작했는데, 이는 달러의 신용 가치에 금이 가기 시작했기 때문입니다. 이러한 신용화폐적 기능은 전자거래 시스템이 잘 구축되어 있을 때 가능한 기능입니다. 이 부문에서도 달러는 상업은행의 대규모 결제 시스템, 무역에서의 간편한 거래, 정산 시스템 등이 있었기 때문에 신용화폐의 기능도 막강했다고 볼 수 있습니다. 하지만 2008년 금융위기, 2023년의 중소형 은행 위기 등을 거치면서 미국 상업은행의 신용 창출 역할에 의문을 품기 시작합니다. 동시에 달러의 신용화폐적 기능에도 의문이 생긴 것입니다. 달러 신용을 창출하는 중요 기관이 자체적인 시스템의 문제, 자산의 부실, 손실 등의 측면에서 약점을 드러낸 것인데, 이는 달러의 신용화폐 기능을 퇴화시키는 결과를 낳았습니다.

미국 달러 패권과
국채 시장의 붕괴 가능성

패권의 힘과 신뢰의 수준은 시간에 따라 변할 수 있다.
하지만 패권과 신뢰가 한꺼번에 무너지는 건 현실적으로 불가능하다.

 달러를 대체할 통화는 아직 없다

과거 미국 상업은행은 일정 수준의 금액을 Fed에 예치했습니다.
이는 은행 예금과 유동성 부족 사태를 예방하기 위함이며, 이렇게
예치된 금액을 지급준비금이라고 합니다. Fed는 이러한 지급준비금
에 이자를 지급하는데, 지급준비금 이자율은 은행의 대출 활동에 많
은 영향을 미칩니다.

Fed가 지급준비금 이자율을 낮추면 은행은 당연히 최소한의 지
급준비금만을 Fed에 예치할 것이고, Fed가 이자율을 높이면 은행
은 많은 지급준비금을 예치할 것입니다. 그런데 2015년 이후부터는

지급준비금 이자율과 미국 채권 이자율의 차이가 크게 확대되면서 Fed의 지급준비금 이자율 조정에 의한 대출 컨트롤이 효과를 보지 못하고 있습니다.

예를 들어 Fed가 지급준비금 이자율을 낮추어서 은행에게 대출을 유도하는 경우를 가정하겠습니다. 이 경우 단기물 국채 이자율이 높으면 은행은 국채에 투자해서 높은 이자를 받으려는 동기가 커집니다. Fed는 지급준비금 이자율을 낮춤으로써 상업은행이 대출을 많이 하기를 기대하지만, 은행은 지급준비금 이자율보다 높은 국채에 관심을 갖게 되는 것입니다. 그러면 Fed가 설정한 지급준비금의 이자율과 채권 이자율 간에 차이가 크게 나타나는 것은 무엇 때문일까요?

Fed가 지급준비금 이자율을 낮추는 경우, 일반적으로 기준금리도 낮추게 됩니다. 지급준비금 이자율은 Fed가 정한 수준으로 정해지지만, 국채 이자율은 거시경제 상황(인플레이션 심리, 안전자산 선호 여부)에 의해 크게 변동합니다. 기준금리와 지급준비금 이자율 모두 낮추어도 채권의 금리는 상대적으로 높아질(0.1~0.2% 정도라도 높은 수준이 될) 가능성이 존재하는 것입니다. 이는 결국 은행이 대출을 해주기보다는 지급준비금 이자율보다 높은 채권에 단기적으로 투자하는 결과를 초래함으로써 Fed는 은행 대출 정책에서 원하는 바를 이루지 못하게 됩니다.

특히 2020년 이후에 Fed는 정부의 적극적인 재정정책에 맞추어 채권을 적극적으로 매입합니다. Fed는 본래 금융기관에 대한 최종

대부자 역할을 하는 것이 본연의 책무지만, 채권시장에 적극적으로 개입하면서 금융시장에 대한 최종대부자 역할까지 하게 된 것입니다. 이러한 환경에서 상업은행의 채권 보유 욕구는 더 커지게 됩니다. 단기적으로 채권을 매입하면 높은 금리 이자를 받을 수도 있고, 채권을 만기까지 보유하면 결국엔 Fed의 매입 수요로 인해 채권 가격이 비싸지기 때문입니다.

💰 달러와 미국 국채 붕괴를 논하기 전에 할 일

2020년 이후부터 미국 은행들은 투자 방편으로 채권을 계속적으로 매입합니다(사실 미국 정부의 위험자산에 대한 투자 규제 때문에 은행 입장에서도 채권 외에는 딱히 매수할 만한 자산도 없습니다). 물론 은행의 채권투자는 안전자산이고 현금화하기 쉬운 자산이기 때문에 그것이 나쁜 행위라고는 할 수 없습니다. 다만 다른 측면에서 보면, Fed가 채권시장이 과도하게 힘들어지는 것을 싫어한다는 것을 알게 된 은행들은 그들이 본래 보유하려던 목표보다도 채권을 더욱 많이 투자하는 경향을 띠게 된 것입니다.

그러면 자국 내에서 이렇게 단단하고 수요자가 견고한 미국의 채권시장은 어떤 신호가 나타날 때 위험해질 수 있을까요? 과거 영국의 파운드화의 붕괴와 길드 채권 수요 급감에 따른 재정 붕괴 사건을 되짚어보면 간단합니다. 금융 전문가들은 '통상 외환과 채권은 불가분의 관계입니다'라고들 말합니다. 그런데 영국 사례에서 굳이 우선순위를 따지자면 외환시장의 불안이 채권시장의 불안보다 먼저 나타나곤 했습니다.

달러에 대한 신뢰성(결제, 저장, 계산적 기능) 등이 상실되는 경우에는 미국 채권에 대한 수요도 크게 급감할 수 있습니다. 이는 대체적인 패권 통화를 창출함과 동시에 미국 달러와 미국 채권이 힘을 잃는 계기로 작용할 수 있습니다. 하지만 중요한 점은 '디지털 달러' 등 갖가지 방법으로 달러 패권을 지키려는 미국의 움직임을 볼 때 적어도 수백 년 동안은 달러와 미국 국채 시장이 빠르게 붕괴될 가능성은 매우 희박해 보인다는 것입니다.

3

THE FUTURE ECONOMY

3장에서는 달러 체계를 비난하지만 그래도 달러가 유일한 해법이 될 수밖에 없는 배경, 그리고 유로화의 본질적 문제점에 대해 알아본다. 미국은 표면적으로는 유럽과 함께하지만 오히려 유럽의 분열과 불안을 기반으로 달러 패권을 공고히 하는 아이러니한 전략을 표출하고 있다. 유럽은 외면적으로는 뭉쳐 있지만 실질적으로는 통화/재정 정책의 분열로 인해 유로화의 가치를 지지하지 못한다. 달러를 대체할 만한 기축통화는 존재하지 않으며, 달러에 도전하는 통화들은 당장은 이슈가 되어도 수년 이후 그 위상은 다시 떨어질 수밖에 없다.

달러가 1등 통화로
살아남기 위한
생존술

준기축통화 국가들의 전략

준기축통화처럼 강한 패권을 갖기 위해서는 어쩔 수 없이 기축통화국과
많은 경제적 협력을 해야 하는데, 이 과정에서 많은 희생이 발생할 수도 있습니다.

미국이 통화 패권을 잃지 않는 이유

달러는 G7(미국, 일본, 독일, 영국, 프랑스, 이탈리아, 캐나다) 국가들을 중심으로 '가치척도, 교환매개, 가치저장, 신용화폐'의 네 가지 기능을 담당하는 중요한 패권 통화입니다. 미국의 달러는 대부분의 국가들이 원하는 통화이기 때문에 설령 미국이 무역수지 적자가 오래 지속되어도 그 패권력을 쉽게 잃지는 않습니다.

달러로 발행된 채권은 해당 통화와 동일시(채권은 현금 등가성 자산)되고, 이에 미국은 채권을 발행할 때 항상 순조롭게 수요처를 찾습니다. 결국 기축통화를 보유한 국가 입장에서는 빚을 지고 경상수지가 적자여도 또 다른 채권을 발행해 외국인들에게 빚을 질 수 있습니

다. 이것이 기축통화 국가들이 마르지 않는 금융의 샘물을 보유하는 방식입니다.

이에 반해 여타의 수출 신흥국들은 채권 발행 시에 외국 통화나 외국 시장의 투자자들에게 빚을 지게 되므로 해당 빚을 갚을 때에는 항상 발행 시의 외국 통화로 갚아야 하는 의무를 집니다. 따라서 신흥국들에게는 수출을 통해 외국 통화를 저장하는 것이 매우 중요한 이슈로 작용하게 됩니다.

수출 신흥국들의 경우에는 언제든 원리금 상환 요구에 직면할 수 있고, 수출 신흥국 통화가 외국 통화로 좋은 조건으로 교환된다는 보장도 없습니다. 그러므로 수출 신흥국들의 입장에서는 상품수지 흑자를 통해서 항상 외국 통화를 일정 수준 보유해야만 하는 것입니다.

그러면 달러에 비해 상대적으로 교환매개, 가치저장의 기능은 약한 파운드, 유로, 엔화 등의 준기축통화들은 어떻게 인식될까요? 이런 통화들은 SDR(IMF의 특별인출권)에 포함된 통화이기도 한데, 각국 중앙은행들은 이와 같은 통화들을 보유해 유동성 조절정책에 대비하고, 포트폴리오상의 자산으로도 편입합니다. 다만 G7 국가 대부분이 달러를 결제 통화로 사용하기 때문에 파운드, 유로, 엔화 등은 달러에 비해 수요 강도는 약합니다. 즉 매매교환 통화로서의 기능이 약하다는 의미입니다.

이에 해당 국가들은 자국 통화 기반의 채권을 발행할 때 외국인의 투자 수요를 보장하기는 힘듭니다. 다만 국제 외환시장에서 해당 통화들은 달러와 거래되는 상대 통화로서 가장 많은 비중을 차지하고 있고, 달러와의 연계성이 높아 선호도가 유지됩니다.

준기축통화 국가들이 신뢰를 얻는 법

미국은 영국, 유럽, 일본, 캐나다, 스위스 등에게는 위기 시 언제든 달러를 빌려주는 통화스왑 제도를 운영중입니다. 경제적 위험 및 외환시장의 불안이 나타날 때에도 영국, 일본, 유럽 등이 결국 그 위험에서 벗어나는 이유가 바로 '미국과의 상설 통화스왑' 때문입니다. 이들 국가들의 통화는 완전한 기축통화라고 할 수 없지만 언제든 어려워지면 미국이 달러와 교환해주기 때문에 이에 대한 믿음이 있는 것입니다.

준기축통화들은 달러만큼의 가치척도, 교환매매, 가치저장 등의 기능을 모두 지니고 있지 않지만, 미국 달러 다음으로 거래되거나 달러로의 환전이 쉬운 통화입니다. 따라서 해당국들이 적자인 상황에서 부채 발행이 상대적으로 용이합니다.

브릭시트(Brixit) 이후에 경제가 어려워지던 영국이 2022년 트러스 총리의 잘못된 재정정책으로 위기에 처할 뻔한 적이 있습니다. 하지만 결국에는 파운드화와 달러와의 교환 가능성, 영국 채무 상환 능력에 문제가 없다는 점, 총리가 잘못을 시인하고 사퇴한 점 등으로 인해 영국의 위기는 현실화되지 않았습니다. 국가부채(GDP 대비)가

【 미국 달러 패권 속에서 준기축통화로 남기 위한 방편 】

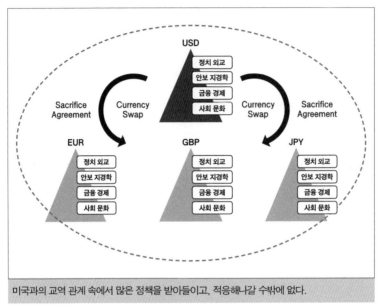

미국과의 교역 관계 속에서 많은 정책을 받아들이고, 적응해나갈 수밖에 없다.

자료: BIS archives

전 세계에서 가장 높은 일본이 그 많은 빚을 지고도 외환시장이 영속할 수 있는 중요 요인도 바로 미국과의 관계(미국과의 통화스왑 포함) 때문입니다. 그렇기 때문에 영국, 일본, 캐나다, 스위스 등은 항상 미국과의 무역관계나 많은 정치적 협정에서 크게 배척되는 행동을 하지 않으려 노력합니다. 결국 달러의 통화스왑 등의 경제적 요인이, 많은 국가들로 하여금 미국과의 정치 사회 교역 등의 관계를 원만하게 유지하게 하는 방패막으로 작용하는 것입니다. 이러한 국가적 집단을 이른바 '통화 블록'이라고도 칭합니다(최근에는 중국도 위안화를 중심으로 한 '통화 블록'을 형성하고자 노력중입니다).

현재 전 세계 외환시장의 90% 이상을 미국 달러가 지배하고 있습니다. 이에 미국의 달러 블록은 가장 신뢰할 수 있고, 누구나 원하는 경제 공동체적 관계를 형성하고 있습니다. 다만 우리가 여기서 기억해야 할 점은 이미 달러 블록의 주인공으로 편입되어 있는 일본, 영국, 유럽 등의 국가도 그러한 달러의 공동체적 관계를 유지하기 위해 보이지 않는 부분에서 수많은 양보와 희생을 강요당하고 있다는 것입니다.

유로화의 이상과 현실

유로화의 신뢰성과 패권은 그리 높지 않다. 유럽 국가들이 자의 반 타의 반으로
사용하는 통화에 불과하다. 서로의 약속이 지켜지기 힘든 구조이기 때문이다.

유로화가 실패한 이유

유럽은 준기축통화로 유로화를 출범했습니다. 그 취지는, 독일처
럼 강한 경제 국가가 존재하니 유럽이 뭉쳐서 이상적인 통화를 만들
수 있을 것이라는 기대에서 출발한 것입니다. 그럼에도 매 시기마다
유럽은 재정적자로 불안한 현상을 겪습니다. 이는 유럽 국가들이 연
합이라는 형태로 결합되어 있으나 통화정책과 재정정책이 분리되어
정책의 일관성이 떨어지기 때문입니다. 돈의 공급과 통화정책의 역
할은 유럽중앙은행(ECB)이 전담하지만 재정정책은 각 국가별로 개
별적으로 이루어집니다. 또한 국가의 재무부는 자체적으로 채권을
발행해 재정자금을 조달해야만 합니다. 유럽 각국에도 중앙은행(독일

은 분데스방크)이 존재하지만, 각 나라의 중앙은행 기능은 정부 재정정책을 민간 은행에게 실행시키는 중개자(청산자) 역할로만 국한됩니다.

이처럼 유럽 전체 통화정책을 관할하는 ECB, 국가별 재무부와 중앙은행 등 정책 관련 기관이 세 부분으로 나눠져 있어 정책의 혼선이 생기는 것입니다. 세금을 징수하고 재정을 꾸리는 정부는 자국 내에 있는데, 통화정책을 결정하는 기관은 국가 외부에 있습니다. 미국과 달리 ECB는 각 국가들의 의회의 요구나 법안 제정에 응할 필요가 없습니다. 이는 유럽 개별 국가에 위험한 상황이 발생해 의회가 지원 정책을 결정한다고 해도 ECB는 전혀 다른 정책을 시행할 수 있음을 의미합니다.

유럽 각 회원국 입장에서는 재정정책과 통화정책 간의 디스매칭이 자주 일어나면서 환율 변동성도 커집니다. 더 간단히 표현하면, 유럽 국가들은 유로화의 사용자에 국한되고 발행자는 될 수 없기 때문에 유로화를 이용한 적정한 정책 대응이 힘든 것입니다.

과거에 유럽의 PIGS[유럽 국가 가운데 심각한 재정적자를 겪고 있는 포르투갈(Portugal), 이탈리아(Italy), 그리스(Greece), 스페인(Spain)의 머리글자에서 따온 말이다.] 국가의 재정적자 심화와 ECB의 통화긴축이 상충되면서 유로화는 불안정한 양상을 나타내곤 했습니다. 불안정성이 반복되다 보니 유럽기구(EC)에서는 재정적자를 GDP의 3% 이하로, 국가부채를 GDP의 60% 이하로 지키게 하는 안정성장협약(SGP: Stability and Growth Pact)을 제정하기도 했습니다. 하지만 현실적으로 제조업 경제가 튼튼하고 재정준칙을 잘 지키는 독일과, 서비스 수지에 주로 의

존하고 재정지출에 크게 의존하는 스페인 같은 국가의 경제 실정은
다를 수밖에 없습니다.

안정성장협약이 제정되었음에도 이 약속은 잘 지켜지지 않고 있습
니다. 결국 이는 자국의 통화정책과 재정지출 정책 간 일관성이 유지
되고, 자국의 통화가 다른 외부 정책에 크게 휘둘리지 않을 시스템이
존재해야 함을 의미합니다. 특히 일정 수준의 부채를 지니고 경제를
운영하는 시스템하에서는 적어도 세금 징수를 위해 통화정책과 재정
정책에 대한 권한은 국가 내부에서 최소한으로 갖고 있어야 합니다.

유럽의 불안정성이 높지만, 그나마 유럽은 ECB에 유로화의 발권
력이 있고 Fed와 통화스왑을 맺고 있어 극도의 파산 위기는 피할 수
있습니다. 또한 경제가 지나치게 힘든 국면으로 빠지는 회원국들에
게 ECB가 돈을 공급해줄 수 있다는 가능성, 미국과 유럽의 연대(미
국채를 ECB가 사 주는 효과) 등으로 인해 유럽 경제는 명맥은 유지하고 있
습니다.

🪙 신흥국도 통화만 바꾸면 부자 나라가 될 수 있다

신흥국의 통화는 발행 과정에서부터 신뢰가 약한 시스템을 기반
으로 시작되었습니다. 이 때문에 신흥국은 경제적으로 발전을 이루
어도 항상 통화에 대한 신뢰는 낮은 상태가 지속됩니다.

기축통화 국가, 준기축통화 국가, 신흥국 등의 정부가 대외부채를

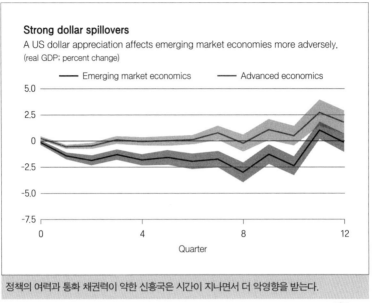

정책의 여력과 통화 채권력이 약한 신흥국은 시간이 지나면서 더 악영향을 받는다.

자료: IMF

발행하는 과정을 살펴보면, 세 국가 모두 크게 다르지 않습니다. 모든 정부는 자국 통화를 기반으로 하거나 자국 통화를 외국 통화로 환산해 부채를 발행합니다. 이러한 국가부채는 결국 자국의 민간 부분에 예산으로 쓰여지고, 이는 민간의 가계와 기업에게 흑자를 창출하게 하는 동인으로 작용합니다. 부채가 발행되고 민간에서 쓰여지는 과정은 어떠한 나라이든 크게 차이가 없습니다. 다만 국가별로 예산이 쓰여지는 과정에서의 부담과 쓰여진 후 감당해야 하는 결과에는 차이가 있습니다.

기축통화 국가이거나 준기축통화 국가일 경우, 차후에 빚을 지는 과정에 부담이 없으므로(결국 기축통화, 준기축통화 채권이니 수요가 뒷받침될 것이라는 예상), 예산을 편성할 때에도 과감하고 적극적으로 할 수 있습니다. 물론 최근에는 중국이 미국채를 선호하지 않고, 아시아권에서는 유럽채를 선호하지 않는 등의 현상이 나타나고는 있습니다. 하지만 미국, 유럽, 일본 등은 자국의 중앙은행의 발권력을 기반으로 자국의 채권을 외국에서 사주지 않으면 자국의 중앙은행이 살 수 있는 법들을 제정해 그 수요를 충당하고 있습니다.

결국 수요자가 조금 달라졌을 뿐 기축통화나 준기축통화 국가들의 경우에는 예산을 끌어오는 부분에서 크게 걱정할 일이 발생하진 않습니다. 그들은 정부와 중앙은행이 결합된 예산 조달 방식에서도 현대화폐이론을 근거로 하면 별 문제가 없다고 자신합니다. 하지만 기축통화(준기축통화) 국가들이 돈을 끌어올 때는 언제쯤 어떠한 방식으로 돈을 회수하고, 그것으로 예산 수입으로 충당할지에 대해서는 구체적으로 계획하지 않습니다.

반면 신흥국들은 국가 재정자금을 부채로 조달할 때에는 항상 압박감을 가질 수밖에 없습니다. 신흥국들이 부채를 발행할 때에는 항상 그 부채를 수출에 의한 외화로 충당할 수 있을지 고민해야 하기 때문입니다. 아니면, 내수에서 경제가 폭발적으로 성장하고 신용이 크게 팽창되어 이를 세금으로 충분히 거둬들이는 경우에 그 돈으로 원리금을 상환해야 합니다.

다만 여기서 문제가 하나 있습니다. 신흥국 입장에서 세금으로 돈을 거둬들인 후에 충분히 좋은 조건으로 외화와 바꿀 수 있다는 보장이 없다는 것입니다. 전 세계 금융시장에서 신흥국들의 통화는 항상 기축통화, 준기축통화에 비해 거래가 적은 규모로만 이뤄지기 때문에 좋은 조건으로 환전할 수 있는 기회를 못 찾을 경우 원리금 상환의 부담은 지속됩니다.

이 때문에 일부 신흥국들은 항상 상품 수출을 통해서 외화를 벌어들여 원리금을 상환하는 것을 관례화하고 있습니다. 그 결과 이 국가들은 적극적인 재정 조달과 예산 편성을 할 수 없게 되고, 항상 소극적인 정책만을 시행하곤 합니다.

유로화가 달러를 대체할 수 없는 이유

경제 체력이 다르면 필요로 하는 통화정책, 재정정책의 방향도 다르다.
연합이라는 이름으로 묶여 있지만 유럽연합은 하나의 경제권이라 할 수 없다.

가까이 하기에는 너무 먼 사이

유럽은 제2차 세계대전 이후 각 국가들이 경제적 공동체를 형성해 경제적으로, 안보적으로 함께 뭉쳐야 한다는 인식을 함께했습니다. 1952년에는 유럽석탄철강공동체(ECSC)가 발족되었고, 1958년에는 유럽경제공동체(EEC)와 유럽원자력공동체(EURATOM)가 만들어졌습니다. 1967년에는 유럽석탄철강공동체, 유럽경제공동체, 유럽원자력공동체 등이 유럽 공동체(EC)로 통합되어 출발했습니다. 1980년대부터는 경제적 위기를 함께 해결해나가자는 취지하에 유럽공동체의 경제 통합에 대한 논의도 본격화되었습니다. 이후 유럽의 경제 정치 통합을 목적으로 1992년 체결된 마스트리히트 조약

(정식 명칭은 '유럽연합조약')을 바탕으로 1993년에 유럽연합(EU)이 탄생 했습니다.

유럽연합의 바탕이 된 마스트리히트 조약의 근간은 '유럽 의회에 거부권을 부여하고, 국가 상호 간의 협력 절차를 지원하는 민주적 의사 결정 체계'였습니다. 유럽연합 집행위원회는 회원국들의 자율 성과 다양성을 존중하고, 연합의 형태에서도 초국가적인 체제를 완 성하고자 했습니다.

하지만 이러한 자율성과 통합을 목표로 한 유럽연합은 초기 출발 시점부터 어려움을 겪기 시작합니다. 1999년 3월 유럽연합 집행위 원회에서 예산안을 유럽 의회에 상정했는데, 의회는 비합리적인 운 영 방식, 혈연·지연에 따른 등용의 부조리 등을 근거로 거절했습니 다. 이에 의회는 유럽연합 집행위원회의 예산안에 대한 부조리함을 파악하기 위해 위원회를 발족해서 1999년 3월에 보고서를 제출했 습니다.

이 사건은 유럽연합 집행위원회에 매우 치명적이었고, 당시 집행 위원회와 뜻을 같이하던 사회당마저 지지를 철회하는 계기가 되었 습니다. 유럽 공동체 출범 전까지는, 유럽 국가들은 서로 연합을 하 면 시너지 효과가 크게 나타날 것으로 기대했습니다. 하지만 국가들 간의 경제 실정의 차이가 크고, 필요한 예산의 부문이 서로 달라 갈 등이 많았습니다. 게다가 유럽연합 집행위원회는 각자의 사적인 이 익 충족을 위해, 혹은 자신의 국가적 이익만을 위한 의사 결정을 하 기도 했습니다. 유럽연합은 출발 직후부터 의심과 회의 속에서 불안한 경제 체제를 지속했습니다.

그럼에도 많은 유럽 국가들은 유럽연합에 가입하기를 희망했는데, 그 이유는 가입하지 않았을 때의 이익의 상실이 가입해서 나타나는 부작용보다 더 크게 느껴졌기 때문입니다. 실제로 유럽연합 집행위원회는 과거의 석탄철강공동체 등의 관리 권한을 모두 지니고 있었습니다. 유럽연합은 여전히 원자력뿐 아니라 모든 전통 에너지와 관련된 인프라 시설, 공급 체계 등에 중대한 영향을 미치고 있었고, 유럽연합에 가입되지 않는 국가들은 항상 피해를 볼 수밖에 없었습니다.

💰 유럽이 일치된 경제권역일 수 없는 이유

2000년대 이후 서비스 중심으로만 성장했던 회원국들은 재정적자가 심화되는 한편, 독일 등의 제조업 국가들은 재정준칙*을 바르게 준수하면서 양호한 성장을 이룰 수 있었습니다. 서비스업 중심의 유럽 국가는 다른 제조업 중심의 유럽 국가에게 상품 수입을 의존할 수밖에 없었고, 이에 제조업 국가는 흑자재정을, 서비스업 국가는 적자재정을 이어갔습니다. 유럽연합은 특정한 제조업 강국만을 더욱 부강하게 만드는 형태가 되었고, 이에 유럽연합

> * **재정준칙**: 유럽연합은 1997년 이후 과도한 재정적자와 국가부채를 지양하는 '안정과 성장에 관한 협약(SGP: Stability and Growth Pact), 재정적자 3%-부채 비율 60%를 기준으로 삼고 지금까지도 그 기준에 맞추고자 노력해오고 있다.

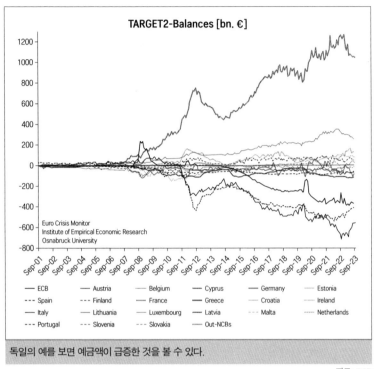

TARGET2-Balances [bn. €]

독일의 예를 보면 예금액이 급증한 것을 볼 수 있다.

자료: ECB

내에서 서비스업 중심의 국가는 항상 어려움이 지속되었습니다.

2000년대 중반 이후 독일은 서비스 수지에만 의존하고 방만한 재정정책을 지속하는 PIIGS(Portugal, Italy, Ireland, Greece, Spain) 국가들을 비난했습니다. 반면에 PIIGS 국가들은 상품수지 흑자를 기반으로 원칙적인 재정정책만을 고집하는 독일을 비난했습니다.

하지만 2022년에 벌어진 우크라이나-러시아 전쟁과 에너지 정책을 둘러싼 갈등(독일은 러시아에게 지속적으로 에너지를 수입하고자 하지만 다른 국

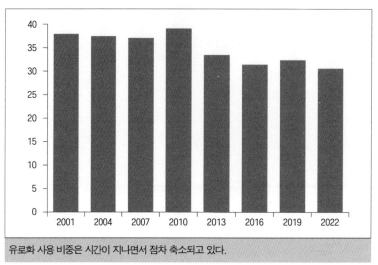

【 글로벌 OTC 시장(Over the Counter Market: 장외 시장)에서의 유로화 사용 비중 】

유로화 사용 비중은 시간이 지나면서 점차 축소되고 있다.

자료: ECB

가들은 이에 대해서 비난) 사례에서도, 서로 간의 협의와 협력은 잘 이루어지지 않습니다. 어려운 시기에도 독일은 재정준칙을 주장했고, 경제적으로 힘든 회원국들은 재정준칙을 지키라는 독일의 요구에 거부감을 지녔습니다. 이런 입장 차이 때문에 유럽연합의 '안정과 성장에 관한 협약'은 사실상 협약을 지키려는 기준이 되기보다는, 어떠한 문제가 발생했을 때 회원국에게 지원을 거부하는 수단으로 전락하게 되었습니다.

2000년대 이후 유럽 경제가 호황을 보이는 것은 매우 힘들어지고, 독일만이 유럽 내의 상품 수요로 건전한 재정수지와 내수 경제를 유지해오고 있습니다. 결국 유로화는 글로벌 금융시장에서 달러 다음으로 많이 쓰이긴 하지만 유로화가 달러를 대체할 수 없는 결정적인 이유가 바로 '유럽연합의 갈등'입니다. 항시 반복적으로 일어나는 유럽 회원국들의 통화주권의 약화, 각 재정정책과 통화정책의 분열 등으로 유럽은 전 세계 경제 불안의 단초를 제공하곤 합니다. 이쯤 되면 유럽연합이 왜 존재해야 하는가에 대한 의문을 강하게 품을 수밖에 없습니다.

유로화는 실패한 통화다

'서로 다른 정책'을 지향하는 각각의 '다른' 나라들이
'하나의 통화'를 사용한다는 것 자체가 모순이다.

하나의 경제권, 하지만 서로 다른 재정정책

과거 재정위기로 유럽은 채권시장 붕괴를 경험한 바 있습니다. 당시 유럽은 미국과의 통화스왑 제도를 통해 충분한 달러를 공급받아 부채 상환을 할 수 있었습니다. 그런데 왜 위기가 발생했을까요? 2000년대 중반, 유럽의 재정적자나 부채 규모를 보면 미국이나 일본에 비해 그렇게 높은 수준도 아니었습니다. 그런데 왜 유독 유럽 경제만 이 부채에 취약했을까요?

1999년 유로화를 출범할 때에는 유럽 회원국들이 서로 돕는 경제권역을 구축하면 경제도 좋아지고, 단일 통화인 유로화에 대한 수요도 증가할 것으로 기대했습니다. 하지만 그 결과는 반대였습니다.

유럽 국가는 자국 화폐를 포기하고 유로화로 전 세계 시장에서 거래했는데, 문제는 각 국가들의 재정 상황에 큰 차이가 있었습니다.

유럽 국가들은 자국 화폐로 채권을 발행해 외국에서 자금을 조달하거나, ECB에서 돈을 공급받아 재정자금을 조달했습니다. 그런데 이 부분에서 문제가 생깁니다. 유럽 국가 중에서 독일 채권에 대한 수요는 양호하지만, 그 외의 서비스 중심 국가들은 경제 체력이 약해서 외국인의 유로화 수요를 제한한 것입니다. 유로화 하락 가능성 때문에 독일 채권에 투자하는 외국인들은 기대수익이 낮아질 수밖에 없습니다. 단일 통화를 사용함으로써 개별 국가의 채권에 대한 수요까지 제한하게 된 것입니다.

또한 ECB의 유동성 공급 측면에서도, 유럽 내 회원국 간 많은 이해관계가 존재하기 때문에 항상 합리적인 방식으로 배분되기 힘들었습니다. 이를테면 스페인은 유동성이 부족한 국가인데, 유럽연합에서 목소리가 가장 큰 독일이 프랑스에게 유동성을 공급하게끔 조정하기도 했습니다.

중요한 것은 통화정책과 재정정책의 합치

유럽 회원국들은 재정자금 조달에 있어 원하는 만큼을 채우지 못하게 되고, 자기의 부채로 자금을 조달할 때에도 항상 자금 부족에 직면합니다. 이를 벗어날 수 있는 유일한 해결책은 경상수지 흑자를

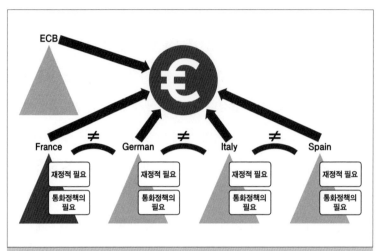

【 유럽 연합의 국가별로 상이한 재정적 환경과 통화정책상의 방향성 】

통화정책상 각 국가의 상황에 부적합할 가능성이 항상 존재해, 이는 유로화 가치에는 부정적 영향(비통일적 정책)을 끼친다.

통환 외화 획득입니다. 하지만 유럽연합에서 독일, 프랑스를 제외하고는 대부분이 서비스 수출 중심 국가이고, 이러한 서비스 수출은 트렌드를 타기 때문에 항상 유럽 회원국들은 유동성 부족에 직면하곤 합니다.

　결국 유럽은 국가 경제의 기본이 되는 재정정책과 통화정책이 분리됨으로써 재정 통화에 대한 컨트롤 능력도 상실되고, 회원국별로 경제 상황이 크게 달라 전체적으로는 취약한 상황을 이어가게 된 것입니다. 유럽의 저성장 국가가 원하는 것은 확장재정인데, ECB는 금리를 올리고 있으니 채권 발행을 통한 예산 확보에 어려움을 겪는 것입니다.

여기서 주목할 점은 최근처럼 재정의 역할이 중요하게 대두되는 시기에는 국가의 통화정책과 재정정책이 흐름을 같이하는 환경이 매우 중요하다는 것입니다. 통화정책과 재정정책이 합치되면, 경제 시스템의 불안과 정책의 부작용을 낮추고 해당 국가의 통화와 경제의 신뢰성을 높일 수 있습니다.

세계 1등 통화의 조건

많은 국가들이 자국 통화를 국제화하려고 노력한다. 하지만 그들 국가도 아직은
금융 거래, 무역 거래에서 달러 이외의 통화를 쓰고자 하는 욕구는 적다.

통화의 '가치저장 능력'이 의미하는 것

달러는 원유를 결제하는 가장 중요한 통화이고, 달러 보유 시 언제든 원유로 바꿀 수 있다는 '가치저장'의 기능이 존재합니다. 가치저장의 기능은 바로 가치척도로 연결되는데, 원유 및 각종 원자재 등을 거래할 수 있는 현물 및 파생상품 시장 등에서 달러로 계산되어 거래됩니다. 다음으로 매매교환 기능인데, 달러는 스위프트 시스템*을 통해서 무역, 금융 결제에서 가장 많이 이용되는 통화입니다.

> * **스위프트 시스템**(Swift System): 금융 기관에서 송금의 과정을 처리하기 위해 빠르고 정확하게 송수신하는 메시징 네트워크다.

그러면 달러의 대안이 될 수 있는 통화는 무엇이 있을까요? 달러

다음으로 많이 쓰이는 유로화에 대해 먼저 살펴보겠습니다. 유로화는 결정적으로 가치저장 기능이 없습니다. 구체적으로 유로화로만 결제되는 현물시장(특히 에너지)이 존재하지 않습니다. 게다가 유럽 경제 내에는 구조적으로 힘든 국가들이 많아, 유로화 채권을 구입하면 언젠가는 유럽 경제가 미국만큼 크게 성장할 것을 기대하기가 힘듭니다.* 이에 유로화와 유로화 채권에 대해서는 수요가 제한되고, 유로화의 가치저장 기능은 더욱 떨어진다고 할 수 있습니다.

다음으로 중국 위안화는 달러의 대안으로서 어떠할까요? 최근 중국과 사우디는 에너지 결제 수단으로 위안화 이용에 합의했습니다. 에너지 결제를 위안화로 직접 하는 것을 보면 위안화에도 가치저장 기능이 보장되는 것으로 생각할 수 있습니다. 그동안에는 원유 결제를 달러로만 했는데, 위안화로도 원유 결제가 가능해지니 페트로 달러(유일하게 원유 결제를 하는 달러를 상징)만의 장점이 다소 약해지는 것은 사실입니다.

그런데 위안화가 원유 결제 수단으로 가치저장 기능을 갖더라도, 위안화가 가치척도와 매매교환 통화가 되기에는 큰 한계점이 존재합니다. 중화권 내에서는 위안화로 표시되는 원자재 상품들이 존재하고 있으니 일부분 충족시킬 수 있습니다. 하지만 위안화 표시 원자재 상품

* 대표성: 만일 동일 상품에 대해서 위안화 표시 가격과 달러 표시 가격이 차이 난다면 시장 참여자는 둘 중에 어느 쪽에 더 신빙성을 둘까? 당연히 거래량이 압도적이고 시장 참여자가 많은 달러 표시 상품 시장에 집중할 것이다.

가격들은 달러 표시 가격과 차이가 나는 경우가 많습니다. 즉 중화권에서는 위안화가 가치척도의 기능을 담당하지만 대표성*이 부족합니다.

💰 위안화의 한계

다음으로 매매교환의 기능인데, 중국도 스위프트 시스템에 대응해 중국 위안화로 주로 결제하는 CIPS(Cross-Border Interbank Payment System: 위안화 국제 결제 시스템)가 있습니다. CIPS도 시스템상 결제와 청산이 빠르게 이뤄지는 편인데, 한 가지 문제는 위안화의 가치 변동에 있습니다. 위안화를 중국인민은행이 주기적으로 고시해 환율을 관리하는 인위성이 존재하고, 역외 위안화(중국의 역외에서 거래되는 위안화)의 가격 변동성이 높아서 매매 결제 시스템상의 불확실성이 높습니다.

A라는 채권자가 B에게 원리금을 받으려고 하는 경우를 생각해보겠습니다. 이 경우 A와 B 모두 사용하는 은행이 CIPS에 가입되어 있을 때만 양측 간에 위안화로 거래가 가능해집니다. 그런데 중화권을 제외하고는 글로벌 금융시장에서 CIPS가 적용되는 은행은 달러 스위프트 시스템을 채택한 은행에 비해 너무 적기 때문에(10배 이상 차이) 사실상 위안화가 거래의 대표 통화가 되기 힘듭니다. 특히 위안화를 고시하는 중국 인민은행은 위안화 환율 책정의 기준을 비정기

【 주요 환율의 턴오버 비중 】

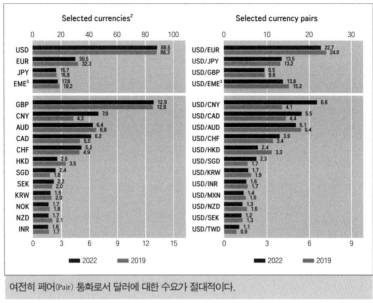

여전히 페어(Pair) 통화로서 달러에 대한 수요가 절대적이다.

자료: BIS

【 전 세계의 외화 보유액 비중 】

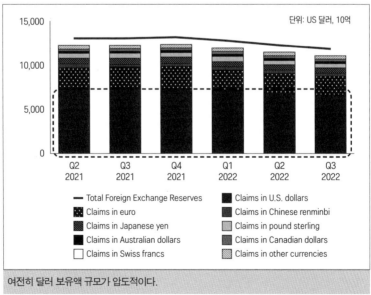

여전히 달러 보유액 규모가 압도적이다.

자료: BIS

적으로 바꾸는 데다가 그 계산 방식도 불투명해서 신뢰성을 갖기에는 문제가 있습니다.

결국 일부에서 제기되는 달러의 위상 하락의 의미는 '달러가 항상 1등 통화인 것이 다소 부럽기도 하고 얄밉다'라는 측면에서 나온 비난일 가능성이 큽니다. 적어도 전 세계의 많은 금융기관들과 기업들은 아직도 달러 스위프트를 통해 거래를 하는 것이 신속하고 편리합니다. 게다가 여기에 디지털 달러 체계까지 구축된다면, 아마도 달러에 대한 신뢰성과 사용 빈도는 더욱 압도적으로 증가할 가능성이 있습니다.

'달러 회의론'의 근거를 찾아서

달러의 신뢰성이 저하된 것은 미국이 경제정책을 과도하게 사용했기 때문이다.
그럼에도 수십 년 이상은 달러의 국제 통화로서의 위상이 계속될 것이다.

벤 버냉키의 오판

달러는 현재까지도 가치척도, 매매교환, 가치저장의 기능을 지닌
전 세계에서 가장 강력한 기축통화입니다. 특히 글로벌 경제의 불안
발생 여부와 무관하게 중앙은행·금융기관·기업까지도 달러를 가장
많이 보유하고자 합니다.

다만 최근 들어 중국이 에너지 등을 위안화로 직접 결제하면서 위
안화 시스템에서 편익을 누리려는 신흥국이 늘고 있습니다. 특히 일
부 신흥국의 경우에는 달러 빚에 대한 압박과 정부의 외채 문제를
해결하기 위해 달러 질서의 시스템에서 벗어나고자 노력하기도 합
니다.

이 때문에 혹자는 이런 주장을 합니다. '달러를 바탕으로 한 미국 정책의 신뢰성에 금이 가기 시작했고, 여기에 중국의 위안화 패권 제패 노력까지 가해지면서 달러는 위기를 맞고 있다.' 이러한 달러 위기론은 미국 정부의 외환·경제정책이 비합리적이라는 부분 때문에 발생한 것입니다. 물론 미국의 현재까지 정책은 신뢰를 잃을 만하기도 합니다. 하지만 이러한 신뢰 저하가 위기론, 붕괴론 등으로 연결되기는 힘들어 보입니다.

미국은 2008년 유례없는 대형 금융기관의 파산을 처음 겪었습니다. 당시 미국의 많은 경제학자들은 현대화폐이론을 근거로 삼아 유동성을 투입해 금융과 경제를 살리는 데 집중했습니다. 당시에 현대화폐이론가들이 주장한 것은, 우선 중앙은행이 정부와 합심해 시장에 돈을 충분히 투입해서 경기를 살리는 데 집중하라는 내용이었습니다. 이후 경기가 회복되면 내수의 생산과 소득 증대로 세수를 원활히 확보하고, 그때 그간 풀어놓은 유동성을 회수하면 된다는 논리였습니다.

하지만 미국의 정책은 현대화폐이론가들이 주장한 본질에서 조금씩 어긋나기 시작합니다. 유동성을 공급하는 방식에서 미국의 정책은 본질(실물 살리기)에서 벗어나 금융 살리기에만 집중한 것입니다. 당시 벤 버냉키 전 Fed 의장은 경제 전체의 효율성을 유지하고 구조적 안정성을 지속시키기 위해서는 금융기관에 유동성 공급이 이루어져야 한다고 주장했습니다. 그리고 Fed의 많은 돈을 금융기관에 공급했습니다. 존 버냉키 의장은 대마불사식으로 미국 대형 금융기관에 광폭적으로 유동성을 공급했고, 그의 논리를 이어받은 정책자들도 금융기관에 유동성을 공급하는 것이 민간 신용에 긍정적인 영향을 미친다고 역설했습니다.

벤 버냉키 의장의 '금융기관 유동성 지원 이론'은 매우 간단합니다. 미국의 중소형 은행에서 시작되는 신용 증대의 영향은 우선적으로 지역경제를 살리는 역할을 하고, 대형 은행의 신용 증대에까지 연결되며 민간 신용을 확장시키는 역할을 한다는 것입니다. 이 과정에서 미국 경제는 신용을 중심으로 돈이 필요한 곳에 적절히 배분되어 경기가 순환적으로 회복된다고 그는 주장합니다.

이러한 버냉키식의 유동성 공급 정책은 '역선택과 선택의 오류'라는 큰 치명적 약점을 지닐 수밖에 없었습니다.

첫째로 미국 상업은행의 역선택이 발생했습니다. 은행의 입장에서 건전성을 지키기 위해 정말 '필요한 곳'보다는 '자금 회수가 가능한 곳'에 돈을 공급함으로써 지원 계층을 잘못 택하는 '역선택'이 나타난 것입니다. 상업은행은 '실제로 돈이 필요한 취약층'보다는 '돈이 충분하고 갚을 능력이 충분한 능력 계층'에 집중했습니다. 이는 정부가 해야 하는 취약층에 대한 지원을 중앙은행과 금융기관이 충분히 대신할 수 있다는 '기대'에서 벗어난 결과입니다. 돈이 충분한 곳에는 돈이 더 쌓이고, 돈이 부족한 곳에는 돈이 계속 부족한 '양극화' 현상을 부추기게 되었습니다.

둘째로 상업은행의 '선택 오류와 군집화 현상'입니다. 쉽게 말해서, 상업은행 몇 군데가 좋다고 평가한 기업·자산군에 유동성을 공급함으로써 기업이나 자산의 가치에 버블을 만든 것입니다. 가까운 예로 2023년 실리콘밸리은행(SVB)이 파산된 사례가 있는데, 이 은행은 실리콘밸리의 스타트업에 투자하는 '신비즈니스 모델'의 스타 은행이었습니다. SVB가 스타트업에 투자하는 펀드를 만들고 이를 통해 자산을 관리하는 것은 기존의 상업은행 체계에서는 다소 위험한 행태입니다. 하지만 이러한 중소형 은행의 변신 사례가 칭송받으면서 많은 중소형 은행들도 작은 스타트업에 투자하면서 자산의 부실화를 키웠습니다.

셋째로 Fed의 과다한 미국 채권 선호에 따른 채권의 과수요 현상입니다. 버냉키 방식으로 Fed가 유동성을 공급하는 데 가장 중요한 매개체는 미국 채권입니다. 다수의 금융기관이 보유하는 미국 채권과 모기지 채권 등을 Fed가 유동성 공급의 명목으로 꾸준히 매입하는 것입니다. 이렇게 되면 Fed가 보유하거나 발권된 현금은 금융기관으로 다시 흘러 들어가게 되고, 이는 민간에 유동성을 늘리는 역할을 합니다.

결국 버냉키 방식의 유동성 공급 정책은 정부가 할 일을 Fed와 민간 금융기관에 맡김으로써 정확한 지원을 하지 못한다는 부작용을 만든 것입니다. 실제로 금융위기 이후 최근까지 미국의 기준금리는 두 번의 인상기와 두 번의 인하기를 겪었습니다. 하지만 기준금리의 변화와는 무관하게 많은 유동성을 획득하게 된 상업은행들은 국채 및 모기지 채권 등에 집중적으로 투자했습니다. 장기로 보유할 경우 채권의 충분한 이자도 획득할 수 있고, 먼 미래에는 채권의 가격도 상승할 수 있을 것이라는 믿음 때문입니다. 게다가 언제든지 Fed는 경기부양의 명분으로 채권을 사줄 것이니 상업은행 입장에서 채권 투자는 매우 매력적인 투자처인 셈입니다.

내겐 너무 부족하지만 그들에겐 너무 많은

미국의 역선택, 선택의 오류, 채권시장의 과다한 수요 집중에 따른 부작용에 대해 2000년 중반까지만 해도 많은 국가들은 인식하지 못했습니다. 하지만 금융위기, 코로나 위기, 인플레이션 위기 등을 겪으면서 달러 기근 현상으로 경제 난국을 맞는 신흥국이 많아지면서 신흥국들은 우의 부작용을 몸소 느끼게 되었습니다. 이 와중에도 미국의 많은 기업과 금융기관은 항시 넘쳐나는 달러를 바탕으로 상대적으로 좋은 경제 상황을 유지했습니다. 게다가 중남미 국가들의 만기 부채 연장과 관련된 사안에서 미국의 채권 투자 전문 금융기관들은(JP Morgan) 어려운 조건을 내걸어 부채 만기를 연장해주기도 했습니다. 이에 많은 국가들이 달러 시스템에 대한 회의론을 갖게 된 것입니다.

즉 신흥국 입장에서 나에게는 절박한 달러가 미국 그들에게는 너무나 풍요롭다는 인식이 확산된 것입니다. 과거 로마 시대에 일부 농민들이 포도 하나를 먹기 위해 피땀 흘려 노력했던 사례를 생각해 봅니다. 그 농민들은 처음에는 자신들도 노력하면 포도 나무를 심을

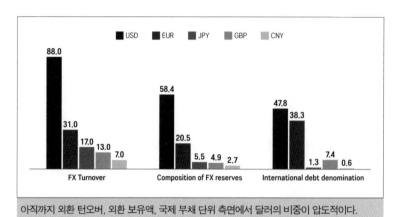

【 달러와 여타 통화들의 국제적 포지션별 비중(2022년) 】

아직까지 외환 턴오버, 외환 보유액, 국제 부채 단위 측면에서 달러의 비중이 압도적이다.

자료: IMF, https://www.rolandberger.com/

【 전 세계의 외환 보유액 중에서 달러의 비중 】

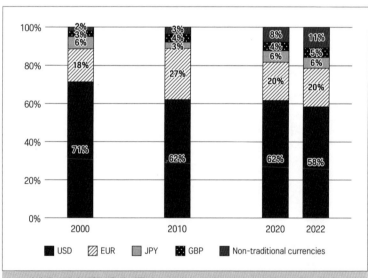

2000년대에는 달러 외환보유액 비중이 71%였다. 현재는 과거 대비 달러 비중이 떨어지긴 했으나 여전히 58% 수준으로 압도적이다.

자료: IMF, rolandberger

수 있을 것이라 꿈을 꿨습니다. 하지만 시간이 지나 그것이 꿈에 불과하다는 것을 깨달은 농민들은 다른 생각을 하게 됩니다. 얻기 힘든 포도 나무를 심는 것에 힘을 쏟기보다는 자신이 곡물을 재배해 돈을 모아 노예에서 해방되겠다는 생각입니다.

신흥국들의 달러 부채 압박에 따른 몸부림은 당장은 큰 영향을 미치지 못하더라도 새로운 패권 디지털 통화 등에 대한 욕망을 불러일으킬 수 있습니다. 아직은 달러 패권을 대적할 만한 통화가 없지만 이제는 자신들도 주체가 될 수 있는 새로운 통화체계에서 경제적 여유를 누리고 싶은 국가가 많아질 수 있습니다. 이러한 현상이 가속화될수록 달러에 대한 신뢰에 서서히 금이 가고, 이는 결국엔 달러의 역할을 조금씩 제한하는 현상으로 이어질 수 있습니다.

4

THE FUTURE ECONOMY

4장에서는 아무리 기를 써도 경제적 운명을 극복하기 힘든 국가들에 대해 조명해본다. 유로 본드는 매우 합리적인 것 같아도 사실상 신흥국을 상대로 달러 빚에 허덕이게 만드는 요소일 뿐이다. 미국 돈에 기반한 경기부양책, 이제는 강을 건너 되돌아오기 힘들다. Fed의 양적완화, 이제는 새로운 양적완화가 시행될 것이다. 미국 정부는 게을러진 미국 노동자들을 대신해, AI 로봇 산업의 혁명을 일으키고자 노력하고 있다. 미국 노동자들이 못하는 부분을 신기술 혁명으로 대신하면서도, 가계의 부를 유지하고자 하는 투 트랙 전략을 취하고 있다.

빛에 허덕이는 운명을
극복하기 힘든
국가들

유로 본드의 함정

신흥국이 다른 선진국 통화로 채권을 발행하게 하는 유로 본드 시스템은
신흥국의 부채를 줄이지 못하게 하는 요인 중 하나다.

빌릴 때는 좋았지만

달러 패권 시대에서 통화주권력이 약한 국가들은 어려운 점이 많습니다. 내수 경제를 잘 관리하더라도, 만일 미국과의 금리 차이가 커지거나 글로벌 금융시장에서의 안전자산 선호 현상이 강해지면 다음과 같은 일들이 발생하곤 합니다.

첫째, 통화에 대한 수요가 줄어 통화가치가 하락할 가능성이 큽니다. 둘째, 통화가치가 하락할 경우 자국 내에 투자되는 외화자금이 이탈되어 금융시장이 경색될 가능성이 있습니다. 셋째, 통화가치 하락을 막기 위해서는 외환시장 개입 정책을 실시하거나 금리를 높여서 환율 방어에 나서야 합니다. 하지만 내수 경제가 튼튼하지 못한

경우에는 달러 준비금이 부족해 외환시장에 적극적으로 개입하는 데 실패하곤 합니다. 게다가 신흥국은 내수 경제가 금리에 매우 민감하기 때문에 환율 방어의 목적으로 금리를 쉽게 올리기도 힘듭니다. 이 때문에 결국 대다수의 신흥국들은 상품을 팔거나 관광 수입을 늘려 외화를 확보하는 데 집중할 수밖에 없습니다.

이에 자국의 환율 변동성이 크고 글로벌 시장에서 외국인 투자금을 유입시키기 힘든 국가들은 유로 본드를 사용하곤 합니다. 유로 본드는 유로화 채권으로 발행한다는 뜻이 아니라, 자국 통화가 아닌 다른 선진 통화로 채권을 발행하는 것을 뜻합니다.

예를 들어 남아시아 신흥국처럼 자국의 통화는 존재하지만 해당 통화에 대한 신뢰가 약해 유로화나 달러로 표기된 채권을 발행하는 것입니다. 사실 많은 신흥국들은 자국 통화로 표기된 채권을 발행할 때 통화에 대한 신뢰성이 낮아 좀 더 높은 금리를 지불해야만 합니다. 만일 해당 신흥국이 달러 표기로 채권을 발행할 때에는 자국 통화 표기 채권보다 낮은 금리로 발행이 가능합니다.

이 때문에 신흥국이나 통화주권력이 약한 국가는 채권 발행으로 자금을 조달하기 위해 유로 본드를 사용하곤 합니다. 발행하는 국가의 입장에서는 당장의 비용도 적게 들고, 부담도 적기 때문입니다. 하지만 신흥국의 유로 본드 발행은 결과적으로 항상 어려운 상황을 초래하곤 합니다.

🪙 악순환을 부르는 유로 본드

남아시아 신흥국이 달러로 표기된 채권을 발행해 자금을 조달했다고 가정해보겠습니다. 발행은 원활히 이루어지더라도 해당 채무를 상환해야 할 때는 달러로 원리금을 상환해야 합니다. 만일 유로 본드를 발행했던 기간 동안에 해당 국가가 외화를 충분히 확보했거나 충분한 재정자금을 마련했다면 큰 문제가 없을 것입니다. 하지만 그렇지 않을 경우에는 만기 시에 다른 채권을 발행해 그 자금을 원리금을 갚는 용도로 쓸 수밖에 없습니다. 이를 통상적으로 차환 발행이라고 칭합니다.

글로벌 금융시장에서의 신뢰도가 낮은 경우에는 자국 통화에 대한 수요가 약하기 때문에 유로 본드를 반복해 차환 발행을 할 수밖에 없습니다. 신흥국은 달러 채권으로 빚을 한번 빌린 뒤 그 빚을 갚

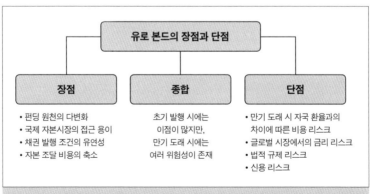

예를 들어 아프리카 국가가 유로 본드로 채권을 발행할 경우에는 다양한 장점이 존재하지만 만기 시에는 각종 위험성에 직면해 이는 결국 누적 부채 부담으로 연결된다.

기 위해서 또 달러를 빌려야 하는 악순환을 반복하는 것입니다. 글로벌 금융시장에서는 이러한 관행이 돌고 돌아 달러 패권을 더 강하게 만드는 역설적인 상황이 됩니다.

더욱이 일부 국가의 경우에는 유로 본드를 발행한 이후에 외국 채권자들에게 다양한 부문에서 간섭을 받기도 합니다. 과거 그리스가 유로화 및 달러 채권을 발행했지만 반복되는 차환 발행에 실패하며 외국 투자자들에게 채무 상환 압박을 받은 사례가 있습니다. 당시에 그리스는 외국 채권단들에게 재정 건전화 시행 계획서를 제출해야 했고, 이 계획서에는 자국의 문화유산까지도 팔아서 변제해야 한다는 조항이 삽입되기도 했습니다. 결국 이미 달러 패권이 형성되어 있는 현재 국면에서는 통화주권력을 높이거나, 통화주권력을 정치·외교의 힘으로 극복해야지만 경제 살림을 원활히 이뤄 나갈 수 있습니다.

돈에 기반한 경기부양책의 위험성

미국은 실리적인 산업, 경제정책에 집중하기보다 유동성 공급에 집중한다.
미국 경제는 돈에 의존하고 있고, 앞으로 더 많은 돈을 필요로 할 것이다.

그 많은 돈은 어디로 갔을까?

미국 금융시장에서의 활발한 금융 투자 행태는 감탄을 자아낼 정도입니다. 나스닥지수와 S&P500지수의 역사적 패턴을 보더라도 미국 금융시장에 대한 매력이 매우 크다는 것을 알 수 있습니다. 미국의 강한 금융시장과 빅테크를 중심으로 한 나스닥의 역사적 강세는 결국 가계나 기업에게 부의 효과를 가져오고, 이러한 부의 효과는 소비와 투자에 긍정적인 역할을 하기도 합니다.

2008년 금융위기로 주가의 추락을 경험한 미국 재무부 장관도 양적완화 정책으로 금융시장이 빠르게 회복되는 것을 보면서 '미국의 금융과 경제는 강하다!'라고 표현하기도 했습니다. 이후 코로나 위기, 인플레이션 위기 등을 거치는 과정에서도 Fed 의장과 재무부 장관은 미국의 높은 주가를 거론하며 '미국은 강하다!'고 힘주어 말하곤 했습니다.

통상적으로 주식의 가격은 미래의 경기 상황을 대변한다는 점과 미국 가계의 대부분의 자산이 뮤추얼펀드 등에 투자된 점 등을 고려하면, 미국의 높은 주가는 자랑할 만합니다. 다만 미국의 주가가 역사적으로 높은 지수를 기록하는 이유와 그 이면의 경제 상황을 생각하면 다소 다른 생각을 할 수 있습니다.

미국은 그동안 '금융이 강해야 경기도 산다'는 논리하에 금융기관을 통한 유동성 공급에 매진해왔습니다. 그러다 보니 미국 금융기관들은 많은 돈을 자신의 사업 분야에 사용하고도 남는 여유 자금들이 생겨났습니다. 금융기관들은 실물과 연계된 사업에 돈을 쓰고, 남는 돈을 국채에 투자하기 시작했습니다. 국채시장에 들어간 금융기관의 돈은 결국 레버리지화되어 여타의 위험자산에 투자되는 돈으로 사용됩니다.

결국 '미국 재무부의 달러 발권력 → Fed의 유동성 공급 → 금융기관의 막대한 자금력 → 주식시장의 강세'와 같은 수순으로 이어진 것입니다. 이처럼 많은 돈은 미국 기업의 시가 총액을 끊임없이 높인다는 장점도 있지만, 그 가치가 입증되지 않는 기업들까지도 고평가된 가치를 얻게 되었습니다. 결국 이러한 논리를 단순화하면, 재무부의 발권력이 미국의 주식시장에 강한 지렛대 역할을 하는 것이고, 주식시장의 긍정적 효과로 많은 미국인들이 부의 효과를 누린다는 것입니다.

'돈이 잘 쓰여져서 국민에게 부의 효과를 가져오는 것이 무슨 문제인가?'라는 의문을 제기할 수도 있습니다. 하지만 미국의 2022년 자료(federal safety net)를 보면, 일자리가 없거나, 고등학교 졸업장이 없거나, 장애인이거나, 싱글맘 등에 속하면서 평균 임금보다 적은 보수를 받는 빈곤층이 전체 인구의 약 11%로 나타납니다. 미국

【 2023년 회계연도의 미국 정부의 부문별 지출 금액 】

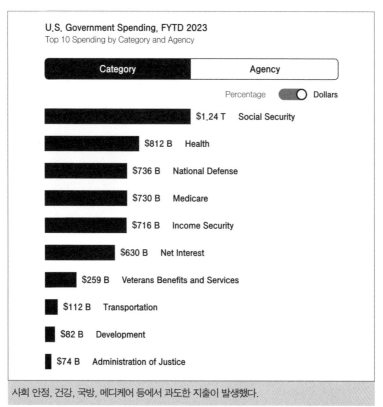

사회 안정, 건강, 국방, 메디케어 등에서 과도한 지출이 발생했다.

자료: 재무부

정부의 입장에서는 실업자들은 실업급여를 받고, 싱글맘에게는 육아복지 케어 정책 등이 있으니 모두 해결될 것으로 생각할 수 있습니다. 하지만 2023년 여름에 제출된 미국의 예산계획안을 살펴보면, 사회약자 계층을 위한 직접적인 복지정책은 매우 적습니다. 물론 예산안에서 사회보장(Social Security) 부문에서 은퇴자나 장애인 등을 지원하고 생활보조금(SSI: Supplemental Security Income)을 지원하기도 합니다. 하지만 전체 예산에서 이런 예산의 비중은 매우 적은 반면에, 이러한 혜택이 필요한 인구는 전체 중 11%에 이를 정도로 높다는 것입니다.

부자를 더 큰 부자로 만드는 정책

미국의 재정정책은 서서히 빛을 잃어가고 있습니다. 현재 미국 정부는 중산층과 부자들이 무너지는 것을 막기 위해 적극적인 조치를 취하는 반면에, 진정으로 도움이 시급한 사회적 약자 계층을 위한 지출 보장은 크게 늘리지 않고 있습니다.

만일 그동안 미국 정부가 중앙은행을 통해 금융기관에 유동성을 공급하지 않았다면 어땠을까요? 과거 미국 대통령을 역임한 프랭클린 루스벨트는 중앙은행의 도움 없이 정부의 직접적인 재정정책으로 경기를 살려낸 바 있습니다. 당시 대공황 이후로 어려운 국민들의 의식주 해결을 위해 정부가 직접적으로 개입하는 '뉴딜 정책'을 펼친 것입니다. 이 정책을 통해 진정한 사회보장 제도 체계도 마련되었습니다.

정부가 나서서 노동자들의 임금에 실질적인 보조·확충을 해줄 뿐아니라, 전 국민의 개인 소득을 일정 한도 이상으로 보장하고 최저한도의 생활을 보장했습니다. 여기에 더불어 아동수당이라든지 싱글맘 등을 지원하는 등의 구체적인 정책을 정립했습니다.

그런데 이러한 적극적인 사회보장 정책이 지속되지 못한 이유는 무엇일까요? 루스벨트 방식의 재정지출이 지속되기 위해서는 행정부의 큰 권한과 대통령의 많은 책임이 뒤따라야 합니다. 예를 들면 노동조합이 기업과 임금협상을 하는 과정에서 정부는 기업에게 명령할 책임과 노동자를 보호할 책임을 동시에 갖습니다. 정부는 실업자들을 위해 구제 대책과 재교육을 통한 경제활동 복귀의 정책도 시행해야 합니다. 그런데 행정부와 대통령의 많은 권한과 책임은 2000년대 넘어 의회의 힘이 강해지면서 서서히 축소되어 왔습니다. 대부분의 일들이 의회의 승인을 거치도록 변화하게 된 것입니다. 이에 미국의 역대 정부는 과거와 달리 직접적인 재정지출 정책보다는 금융 정책을 통해 간접적으로 사회적 지원을 하게 된 것입니다.

과거 사례를 보면, 직접적으로 정부가 경기를 부양하고자 할 때 정부가 해야 할 일들이 정말로 많았습니다. 특히 적극적인 재정지출로 경기를 살리기 위해서는 대통령과 행정부의 권한(특히 예산과 관련해 승인과 집행과 관련한 권한 등)이 매우 강할 때에 가능했습니다.

하지만 지금처럼 항상 갈등 관계를 지속하는 민주당과 공화당의

【 미국의 부채 한도, 명목 GDP, 연방정부의 부채 】

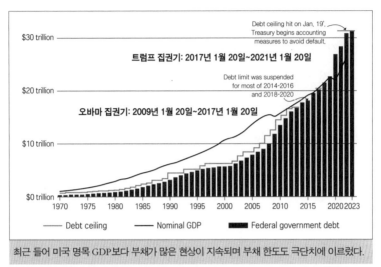

최근 들어 미국 명목 GDP보다 부채가 많은 현상이 지속되며 부채 한도도 극단치에 이르렀다.

자료: Rueters

【 미국 고령 계층(65세 이상) 인구 수 】

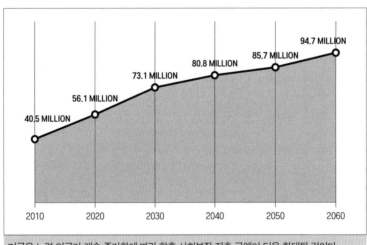

미국은 노령 인구가 계속 증가함에 따라 향후 사회보장 지출 금액이 더욱 확대될 것이다.

자료: Population Reference Bureau

양당 체제에서 정부가 큰 권한을 갖기는 매우 힘듭니다. 혹시라도 어느 특정한 당이 상하원에서 다수당이 되고 대통령까지 배출한 이후 큰 권한까지 차지하게 되면, 상대 당은 매우 장기간 힘을 잃을 수밖에 없습니다.

결국 정부가 직접적으로 예산을 투입하고 사후적으로 관리해야 할 숙제가 많아진다는 점과, 설령 정부가 모든 숙제를 해결하면서 재정정책에 몰입하려고 해도 의회가 막강한 권한을 주기를 꺼려한다는 점 때문에 지금의 '양적완화'가 명분을 갖게 된 것입니다. 2008년의 글로벌 금융위기 상황을 복기하면, 최초 금융기관들이 파산할 때에는 정부가 주축이 되어 금융기관을 인수하거나 M&A를 시행했습니다. 하지만 이후 어떠한 금융기관이 또 부실화될지 모른다는 이유로 의회에서 중앙은행을 통한 민간 유동성 공급을 추진한 것입니다.

중앙은행을 통한 유동성 공급은 초기에는 '돈이 어디로 가는지 확인할 길이 없고, 도덕적 해이가 발생한다.' '중앙은행에 쌓인 지나친 채권 자산은 시장이 흔들릴 때 중앙은행의 건전성을 붕괴시킬 수 있다'라는 비난을 받은 바 있습니다. 하지만 세월이 지나면서 양적완화 정책은 언제나 경기를 살리는 마법인 것처럼 인식되었고, 경기 불안 요소가 생길 때마다 중앙은행은 금융기관에게 유동성을 공급해 부양하고 있습니다.

미국의 정책은 이제는 진정한 사회적 약자를 위해 돈을 쓰기보다는 돈의 최종 종착지를 모르는 상태에서 계속적으로 금융기관에 유동성이 투입되고, 자산이 커지는 형태로 전환되어가는 중입니다. 이는 직접적으로 돈을 사회약자 계층에 직접 투입하고 그 돈이 잘 쓰였는지를 체크할 의무가 있는 '정부의 책임'을 민간 금융기관에게 떠넘긴 것과 마찬가지입니다.

이제 미국 경제는 유동성 투입 정책에 이미 길들여진 상황입니다. 앞으로 '도덕적 해이'가 있는 상태에서 사회적 양극화가 계속 확대될 가능성이 큽니다. 만일 용감한 어떤 정책자가 나타나 유동성 투입 정책보다는 재정정책을 주장하기 전까지는 미국의 불균형적인 상황이 계속될 것으로 보입니다.

양적완화 정책의 양날

양적완화를 시행하는 주체가 정부, 중앙은행만 있는 것은 아니다.
최근 민간 금융기관을 통한 양적 팽창도 양적완화의 일종으로 볼 수 있다.

 ## 양적완화와 금융기관 체계의 건전화

2023년 들어 미국의 중소형 은행에 위기가 발생했습니다. 실리콘밸리은행(SVB)의 투자자산에 손실이 커졌다는 소문이 확산되면서 은행의 주요 예금자들이 빠르게 인출하는 뱅크런이 시작된 것입니다. 예금자들의 불안은 계속 확산되었고, 이에 SVB(퍼스트 시티즌즈 인수)가 도화선이 되어 퍼스트리퍼블릭(JP 모건이 100억 달러 수혈), 팩웨스트, 웨스턴얼라이언스(자산부실화) 등 중소형 은행의 파산 위기로 확산되었습니다.

물론 각각의 중소형 은행들이 인수되거나 대형 은행이 유동성을 투입하면서 위기는 일단락되었습니다. 당시 사태를 분석한 연구에 따르면, 부실화된 중소형 은행이 9개가량이 되고, 상업은행에는 2조 달러가량의 자산 평가손실이 있었습니다. 이에 대해 미국 재무부는 '미국 상업은행의 시스템은 견고하다'라고 강조했고, Fed는 채권담보 유동성 대출 정책(과거에 구입한 채권 가격을 근거로 돈을 빌려주는 제도)을 통해서 일시적으로 은행들에게 돈을 빌려주며 위기를 진화했습니다.

과거 경제학자 하랄트 울리히, NBER(National Bureau of Economic Research) 등의 분석에 따르면, 자연스러운 은행 금융 경로와 신용 창출 과정은 다음과 같습니다.* 지역 상업은행에서 대형 상업은행으로 돈이 집중되고, 이렇게 대형 은행에 집중화된 돈이 대출 수요자와 매칭되면서 상업은행의 수익과 경기가 함께 개선된다는 것입니다. 지역 상업은행들의 예금자는 지역 상업은행에 예금을 예치하고, 이러한 예금이 대형 상업은행으로 공급되면서(지역 상업은행의 대형 은행에 대한 투자 시행), 대형 은행이 더욱 커지는 형태입니다. 유동성이 집중된 대형 상업은행은 외부의 대출 수요자들(혹은 투자자금 수요자)에게 돈을 빌려주면서 수익을 창출합니다. 대형 상업은행으로부터 돈을 받은 기업 혹은 개인들은 자신들의 사업 분야에서 수익을 창출하면서 재무 상태가 견고해집니다. 이것은 일반적인 미국 경제 호황기에, 상업은행과 각 기업들이 동시에 개선되는 구조를 나타냅니다.

그런데 지역 은행인 퍼스트 시티즌 은행이 SVB를 인수하고, JP

---

* "A Model of a Systemic Bank Run", Harald Uhlig University of Chicago, NBER, and CEPR, 10TH JACQUES POLAK ANNUAL RESEARCH CONFERENCE NOVEMBER 5-6, 2009

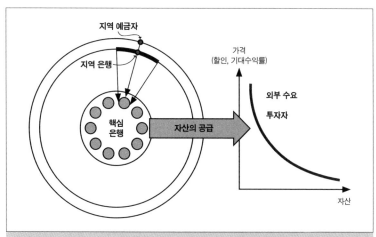

원론적으로 지역 은행의 예금이 모이면, 이후에 대형 은행으로의 이체 과정을 통해 자금이 집적되고 이후에 대출 수요자들에게 신용이 확대된다. 현재는 대형 은행이 지역 은행에게 역으로 유동성을 공급하며, 지역 은행의 뱅크런 위기를 무마시키는 중이다.

자료: ECB

【 FDIC(예금보험공사)에 축적된 재원 규모와 FDIC의 준비금(재원/보험예금)의 비율 】

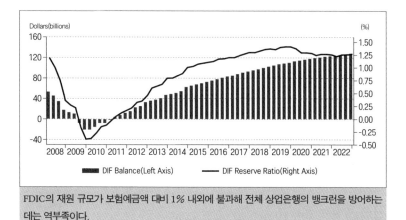

FDIC의 재원 규모가 보험예금액 대비 1% 내외에 불과해 전체 상업은행의 뱅크런을 방어하는 데는 역부족이다.

자료: FDIC, Hutchins Center

모건과 같은 대형 상업은행이 지역 상업은행에 유동성을 투입해 지역 상업은행들의 뱅크런을 막은 최근의 현상은 매우 부자연스럽습니다. 과거에는 유동성의 흐름이 '중소형 은행 → 대형 은행'으로 이어지면서 대형 은행이 경기를 회복시키는 데 주요한 역할을 했습니다. 그런데 2023년의 은행 위기 때에는 '대형 은행 → 중소형 은행'으로 유동성이 이전되면서 위기를 막은 것입니다. 과거 경기 정상기에 나타났던 현상과 반대되는 양상이 전개되며 경제 위기를 촉발할 사건이 종료된 것입니다.

혹자는 '같은 은행권 내에서 돈이 오가는 것뿐인데, 선후 관계가 무슨 의미가 있을까?'라는 주장을 할 수도 있습니다. 하지만 그 인과 관계의 변화에 여러 이유가 있다는 것을 알게 되면 생각은 좀 달라질 수 있습니다. Fed는 2008년 이후 시시때때로 양적완화를 통해서 민간 은행에 유동성을 공급하는 정책을 체계화했고, 버냉키 전 의장은 '이러한 양적완화가 결국 은행과 경제를 모두 보호한다'는 주장을 펼쳐왔습니다.

하지만 그간의 많은 양적완화에도 불구하고 일부 중소형 은행들은 자산 관리의 부실, 감독 기능의 소홀함 등으로 인해 자산이 부실화되었고, 이에 뱅크런이 가속화되는 현상까지도 발생했습니다. 명백히 말해 '양적완화가 금융기관의 체계를 건전화할 수 있다'는 주장이 틀린 증거라 볼 수 있습니다.

유럽연합의 경우 '타깃2'라는 제도가 있는데, 이는 유로화 동맹국끼리는 각국의 은행에서 동맹국의 다른 은행으로 예금을 자유롭게 이체할 수 있는 제도입니다. 예를 들어 이탈리아 은행에 예금을 가지고 있는 개인은 그 예금을 독일의 은행으로 즉시 이체할 수 있습니다. 그런데 문제는, 이탈리아 은행에서 갑작스럽게 대규모 예금 인출이 이루어져서 독일 은행으로 예치된다면 이탈리아 중앙은행은 예금 인출에 대비해 쌓아놓은 지급준비금을 독일 중앙은행에 입금시켜야만 한다는 데 있습니다.

당연히 예금자들은 이탈리아보다는 경제와 재정 상황이 양호한 독일의 은행을 선호할 수밖에 없습니다. 이 때문에 독일 이외의 중앙은행들은 예금 이체 과정이 늘어나면서 지급준비금을 독일로 계속 이체하는 상황이 반복되었습니다. 바로 이러한 독일 중심의 은행 집중화와 대형화 현상이 미국에서도 벌어진 것입니다. 이는 아무리 중앙은행이 큰 규모로 금융기관에 유동성을 공급하더라도 미세한 정책과 정부의 감독 관리가 없으면 부실화되는 은행들이 나타날 수밖에 없다는 반증입니다.

미국 정부의 양적완화와 빅테크 기업

이러한 현상이 가속화되어 대형 상업은행에는 돈이 계속 모이고, 지역은행에서는 돈이 조금씩 인출되는 상황을 생각해보겠습니다. 이 경우 역선택으로 지역경제의 침체와 혼란이 나타날 수밖에 없습니다. 지역은행에서 예금이 빠져나와 골드만삭스에 대부분의 예금이 집중된 경우를 생각해보겠습니다.

골드만삭스는 지역 내 고객 기반 정보와 관례, 관습 등에 익숙하지 않아 돈이 필요한 기업보다는 돈을 잘 갚을 기업에게만 대출을 해줄 가능성이 큽니다. 이러한 지역적 경기와 기업의 특성을 모르는 대형 은행들은 자신만의 시스템 체계하에서 신용 및 대출 관리를 하게 되며, 이는 지역경제 내에서 유동성이 막히는 결과를 창출할 수 있습니다. 예금이 대형 은행에 집중되면서 지역경제는 약화되고 대도시 경제만 부흥하는 역선택 상황이 발생하는 것입니다.

그럼에도 미국 재무부는 은행 시스템상의 불안을 잠재우기 위해 대형 은행에게 중소형 은행으로 돈을 투입하라고 요청했습니다. 또한 연방예금보험공사(FDIC)는 기존에 대형 상업은행에게 요구하던 수수료보다 높은 수준의 수수료를 요구하게 되었습니다(은행 시스템 관리 감독 명목의 수수료 지불). 2023년에는 재무부와 연방예금보험공사가 쓸 수 있는 재원이 부족하다 보니(은행 위기 당시에는 부채 한도 협상이 원활히 이뤄지지 않아 정부의 은행 구제 재원이 없었습니다), 결국 정부의 지원 역할 의무를 대형 상업은행들에게 떠넘긴 것입니다.

이는 Fed가 비정상적인 상황 하에서 시중에 유동성을 공급하기 위해 시행했던 양적완화 시스템이 시행 주체만 바뀌었을 뿐 민간 대형 은행이 그 의무를 이어받은 것입니다. 2023년 하반기 기준 미국 상업은행의 현금성 자산은 3조 2,600억 달러인데, Fed는 인플레이션 대응을 위해 자산 규모를 최고 8조 9,000억 달러에서 8조 달러 수준까지 줄이는 중입니다. 중앙은행이 유동성 공급의 역할을 하지

【 미국 상업은행들의 현금 규모 】

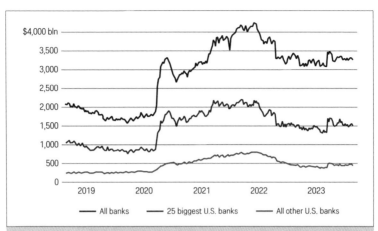

약 6조 달러에 육박하는 상업은행 현금은 금융시장과 경제에 새로운 양적완화 메커니즘 도구로 작동한다.

자료: CNN, Bloomberg

Fed가 금리인상과 양적축소를 하고 있음에도 기존에 공급되었던 상업은행들의 유동성은 여전히 높은 수준이다. Fed를 통해 투입된 민간 산업은행의 유동성은 시장에 대해 영향력이 커진다.

못하니 그 역할을 민간 대형 은행에게 이전하는 것이라 볼 수 있습니다.

결국 정부와 Fed 중심의 양적완화 체제는 미국 재무부의 주장처럼 모든 금융 경제 시스템을 건전화했다기보다는 어느 한쪽에만 돈이 집중되는 현상을 초래했습니다. 하지만 역사적으로 많은 돈을 풀었어도 중소형 은행 등에서 시스템의 불안이 생기다 보니 그 이후의 양적완화 역할을 민간 대형 은행에게 요청한 것입니다. 만일 차후에 민간 대형 은행이 양적완화를 시행함에도 불구하고, 또 다른 문제가 발생되면 어찌될까요? 추측컨대 차후에 실물 부문에서 문제가 생기고 정부와 Fed에 여력이 없다면, 미국의 빅테크와 같이 현금 흐름이 좋은 기업들에게 일정 수준의 희생을 요구할 수도 있습니다.

결국 Fed와 정부가 합심해 시행해온 양적완화는 전체 유동성을 늘리는 데는 성공했어도 미세한 금융 시스템을 지켜내는 데는 실패한 듯합니다. 그러다 보니 정부는 금융기관들에게 정부의 역할들을 요구하는데, 이것은 결국 양적완화가 시행되기 오래전부터 이뤄진 '정부의 개입주의-케인스적 정책'이 시행된 것과도 동일한 형태입니다. 결국 역사적으로 돌고 돌아, 미국은 또다시 정부의 직간접적인 개입을 기반으로 큰 경제 시스템을 지키기 위해 노력중인 셈입니다.

미국의 트라우마, 2008의 기억

미국이 비정상적인 양적완화 정책을 계속 시행하고 있다는 것은,
그들이 아직 과거의 실패에서 완전히 회복되지 않았음을 의미한다.

미국이 개인 소득세를 올리지 못하는 이유

여러 차례의 경제 위기, 2023년의 인플레이션, 고금리 정책에도 불구하고 미국은 어느 나라에 비해서도 가장 양호한 성장세를 기록하고 있습니다. 다만 경제의 안정화에 앞서 자산시장이 지나치게 과열되어 있는 점은 다시 한번 생각해볼 필요가 있겠습니다. 경제학자 마이클 허드슨은 '미국이 다년간의 양적완화를 시행하면서 부동산을 중심으로 자산시장에 유동성이 과하게 투입되어 지나친 과열과 부작용이 예상된다'고 경고한 바 있습니다.

최근까지의 미국 민간 부문의 경제를 기업과 가계로 쪼개어보면, 다소 어색한 상황이 지속되고 있습니다. 미국의 가계는 많은 금융자

산, 부동산자산 등에 투자함으로써 부채가 존재함에도 불구하고 순채권자로서의 흐름을 유지하고 있습니다. 반면에 기업은 채무가 과한 수준으로 늘어 기업의 부채 문제는 항상 위험한 상황을 반복하고 있습니다.

그러면 역사적인 유동성 공급에도 미국의 가계는 순채권자인 반면에 기업은 왜 순채무자로 기록되고 있을까요? 2008년 금융위기 이후 최근까지 양적완화를 통한 유동성 공급과, 정부의 실업수당과 같은 사회적 지출이 지속되고 있습니다. 이는 2008년 대량실업 사태의 공포를 경험한 미국의 입장에서 경제의 주축이 되는 소비를 꺼뜨리지 않기 위해서 가계 부문에 끊임없이 돈을 넣어주고 있기 때문입니다.

미국 정부는 재정적자가 지속되더라도 가계의 순채권자 상황을 지속시키기 위해 각종 분야(보건, 복지, 교육, 의료, 사회안정 보장)에 끊임없이 지원하고 있습니다. 물론 현대화폐이론의 관점에서 본다면, 가계를 순채권자로 유지시키면서 소비를 활성화하고, 소득이 늘어난 가계에 세금을 부여해 재정 상황을 개선시키면 매우 합리적인 상황이 됩니다.

미국 정부는 새로운 패러다임으로서 내세운 '정부 재정지출 → 가계 흑자 유지 → 소비 활성화 → 세금 인상으로 재정 건전화'의 체계를 지키기 어려워 보입니다. 항상 도입 시점에서는 야심차게 정책을 시행하지만 그 정책의 시행 과정과 결과는 점차 기억에서 사라지곤 합니다. 특히 미국 정부가 가계 부분의 세율 인상에 대해서는 매우 조심스러울 수밖에 없는 이유가 몇 가지 있긴 합니다.

첫째, 미국은 2023년의 고인플레이션 이전에도 항상 풀린 돈이 많아 물가가 오르다 보니 물가가 오르는 만큼 이미 인플레이션 세금이 매겨진 셈입니다. 미국의 주택 렌트비가 최근 들어 고공행진을 했지만, 샌프란시스코, 맨해튼 등은 수년 전에도 계속 5% 내외 정도로 올라 왔습니다. 가계가 이미 상승한 렌트비로 거래할 시에 주정부에 내는 부동산 관련 세금도 높아지기 때문입니다.

둘째, 미국의 대선과 의회 선거에서 각 후보자들은 2008년 이후부터는 위기를 다시 맞닥뜨려서는 안 된다는 것을 슬로건으로 내걸고 있습니다. 2008년 200만여 명의 대량실업 사태를 겪고 나서부터 공화당과 민주당은 선거 때마다 상대의 당이 위기를 초래한다고 공격을 하고 있습니다.

예를 들어 2023년 6월의 부채 한도 협상 과정의 불협화음, 2023년 9월의 연방정부 폐쇄 가능성 등의 사건을 살펴보면 다음과 같습니다. 민주당은 그들의 약자 지원 경제철학에 맞추어 돈을 쓰려 합니다. 민주당에서는 그들이 원하는 적절한 지출을 이행하지 않으면 개인들의 복지(welfare)가 크게 저하될 것으로 주장하고, 이러한 정책에 합의하지 않는 공화당이 미국 전체의 위기를 초래한다고 주장합니다. 반면에 공화당은 그들이 원하지 않는 막대한 재정지출이 재정을 악화시키고 부채만을 높인다고 주장합니다. 재정 악화와 부채 증가는 결국 미국에 재앙이 될 것이라고 우려하며 민주당의 정책에 반대합니다. 결국 양당이 같은 정책 사안을 두고 한쪽은 '시행해야만 위기가 오지 않는다', 한쪽은 '시행하면 위기가 온다'라는 식의 대립만을 반복하는 중입니다.

결국 이러한 미국의 지속적인 인플레이션 조세, 공화당과 민주당의 정책에 대한 끊임없는 대립이 지속되다 보니 그 어느 당도 개인의 소득세를 높이는 것에는 부담을 느끼고 있습니다. 한때 공화당의 트럼프도, 민주당의 바이든도 부자 증세에 대해 시행 의지를 피력한 바 있지만, 이는 항상 여론의 저항으로 무산되곤 했습니다.

멈출 수 없는 회전목마

미국이 유동성 공급 이후에 돈을 거둬들이지 않는 상황의 이유를 생각해보면, 그 근본적인 이유는 미국 경제에서 금융위기가 본질적으로 해소되지 않았기 때문입니다. 일각에서는 미국의 대형 금융기관은 양호한 실적을 거두고 있고 가계 역시 양호한 소득을 거두고 있는데, 오래된 금융위기를 거론하는 것에 대해 의문을 제기할 수도 있습니다. 문제는 표면적인 모습만 보면 경제가 원활히 돌아가는 것 같지만 미국 경제에 남겨진 상처의 근원은 치료가 되지 않았다는 것입니다.

잠시 금융위기 때를 복기해보죠. 파생상품의 가격 급락과 거래 상대방 금융기관의 채무 불이행으로 미국의 경제는 큰 시스템 위기에 봉착했습니다. 이에 정부는 많은 금융기관을 인수하거나 자금지원

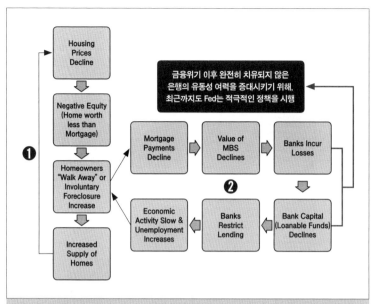

Fed는 아직까지 완벽히 치유되지 않은 상업은행의 유동성 여력을 개선시키기 위해 꾸준히 노력중이다. 금리 인상과 양적 축소를 시행하고 있음에도 채권시장과 유동성 상황을 최악으로 만들지 않는 균형점을 도모하고 있다.

을 약속했고, Fed는 직접적으로 금융기관 지원이 불가하니 미국 금융기관이 가장 많이 투자한 채권을 사주는 형태로 유동성을 공급했습니다.

하지만 그 이후 미국이 경제적 활황을 보였음에도 '정부 → 가계 → 기업 → 정부' 등으로 소득이 선순환되며 경제 구조를 안정화시키진 못했습니다. 직접적으로 정부의 사회이전지출 등으로 돈을 받고, 실업수당 등으로 소득이 보장되는 가계만이 안정적인 소득을 유지했습니다. 하지만 이러한 돈의 대부분은 미국 내 서비스업에 주로 쓰였습니다. 가계의 상품 소비는 일부 미국 대기업 제품과 가격 경

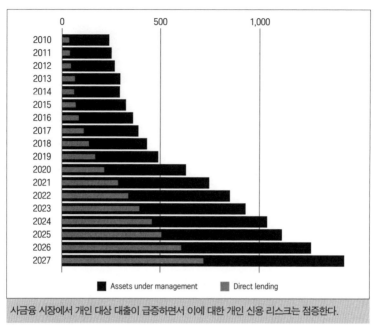

【 북미 시장에서 사금융〈쉐도우 뱅킹〉을 통한 개인 대상 대출 규모 】

■ Assets under management   ■ Direct lending

사금융 시장에서 개인 대상 대출이 급증하면서 이에 대한 개인 신용 리스크는 점증한다.

자료: The New York Times

쟁력이 좋은 해외 제품 등에 주로 쓰였습니다. 이에 미국의 일부 기업들은 혁신적인 상품 매출로 높은 성장을 이뤄냈지만, 그렇지 못한 일반 제조업은 매출의 성장이 약해 오히려 부채가 꾸준히 증가했습니다.

현재의 미국 경제의 구조는 '정부·Fed → 가계·금융기관'의 형태로 매우 단순화된 상태라 볼 수 있습니다. 화폐 발권력을 근간으로 가계와 금융기관에 충분한 유동성을 투입해 전체 미국 경제가 유지되는 구조입니다. 그런데 만일 이러한 구조에서 가계에 대한 세율을 높일 경우 일시적으로는 정부의 재정이 완화될 수 있으나 구조적으로 몇 분기 이내에 가계의 소비가 크게 급감할 것입니다. 이러한 미국 경제의 구조적 맹점을 알고 있는 정부로서는 지속적으로 가계가 소비를 할 수 있도록 지원할 수밖에 없습니다. 마치 멈출 수 없는 회전목마에 올라탄 것과 같은 형국이 된 것입니다.

결국 금융위기 이후에 '가계를 돕지 않으면 위기가 올 수 있다'는 패러다임은 아직도 지속되고 있으며, 금융위기 시에 취약성을 드러낸 미국 경제의 약점을 숨기고자 정부가 끊임없이 유동성을 공급하는 것입니다. 물론 이러한 정부와 Fed 주도의 미국 경제의 성장 구조는 현대화폐이론에 근간해 정당성을 부여받았습니다. 그리고 달러 패권이 끝나지 않고 있기 때문에 달러 발권력을 통한 가계 지원도 큰 문제가 되지 않을 수 있습니다. 그래서 이러한 달러 발권 근간의 소비 경제는 향후 최소 수십 년간은 유효할 가능성이 큽니다.

다만 미국 경제의 주축이 되는 금융기관과 가계 부문에서 유동성으로도 해결할 수 없는 '가계의 위기'가 가시화되는 경우에는 어떻게 될까요? 정부와 Fed가 유동성을 투입해도 미국의 가계가 소비를 극심하게 줄이는 현상(저축율이 급상승하는 경우)이 재발한다면, 유동성 투입에 이미 길들여진 미국 경제의 입장에서 다음번의 위기는 이전보다 훨씬 심각할 수 있습니다.

AI 시대와 미국의 미래경제 전망

미국은 AI 혁명 시 가장 큰 타격을 입는 나라가 될 것이다.
AI 로봇은 많은 미국의 노동자를 대체할 것이다.

게을러지는 미국 노동자

미국 경제는 5%대의 기준금리와 3%대의 물가 상황에서도 견고한 흐름을 지속하고 있습니다. 특히 표면적인 거시 경제의 지표만을 보면 가계의 순자산이 증가하고 있고, 소비도 양호합니다. 미국 가계의 소득 원천을 구분해보면, 여느 나라의 가계와 마찬가지로 노동소득과 투자에 따른 자산소득 등으로 나뉩니다. 여기에서 특이한 점은 미국의 가계는 소득 중에서 10% 정도가 정부의 이전지출로 채워진다는 것입니다.

미국 가계의 소득 원천 중에서 투자자산과 정부의 이전지출을 살펴보겠습니다. 첫째로 미국 가계의 투자자산 부문을 생각해보면,

가계는 Fed의 꾸준한 도움으로 투자자산에 대한 부의 효과(wealth effect) 혜택을 보고 있습니다. 가계의 투자자산은 주로 뮤추얼펀드(퇴직연금 등)와 부동산 등에 집중되어 있는데, Fed가 금융기관을 통해 유동성을 투입함으로써 금융자산 가격과 부동산 자산의 가격 상승세를 유지시켜주고 있습니다.

Fed가 국채뿐 아니라 모기지 채권까지 일정 수준을 보유함으로써 채권시장의 지나친 수급 공백을 막아주고, 이로 인해 위험투자시장에 대한 레버리지 역할도 합니다. 물론 2022~2023년 동안엔 Fed의 금리인상으로 채권 금리와 모기지 금리가 크게 상승세를 보이기도 했습니다. 하지만 Fed의 금리인상에도 자산 규모를 보면 미국 국채와 모기지 채권에 일정 수준의 포지션을 유지하고 있습니다. 일각에서는 Fed의 금리인상이 채권시장 상황을 어렵게 하는 것으로 판단하지만 이는 단기적인 사안일 뿐입니다. 오히려 Fed는 채권을 일정 규모로 보유해서 금융시장의 충격을 최소화하는 정책을 지속합니다.

둘째로 정부의 사회이전지출과 관련된 부문인데, 이는 1990년대부터 지속되었습니다. 이는 금융위기 직후 더욱 증가합니다. 이러한 사회이전지출은 대체로 의료 지원과 복지 등에 관련된 것입니다. 사실상 미국에서도 소득이 낮은 가계의 경우에도 전체 소득 중에서 20%가량은 이전지출로 채워지면서 일정 수준의 부를 유지하고 있습니다.

가계의 투자자산과 사회이전지출에 따른 소득 증가로 가계의 순자산은 항상 플러스 상황을 유지하고 있는 것입니다. 물론 가계소득의 기본이 되는 노동소득 부문도 가계 소득 활동에 크게 기여하고 있습니다.*

하지만 미국 고용시장에서 개인의 노동 활동 의지는 계속 감퇴하고 있습니다. 개인들의 노동시장 참여율은 2023년 62% 수준으로 과거에 비해 많이 떨어진 상태입니다(2000년 초에는 68~69% 기록). 27주 이상 장기 실업자 규모도 증가 추세를 유지하고 있습니다.

미국 가계에서 개인들의 노동 참여 의욕이 감퇴되는 이유는 무엇일까요? 첫째, 이민자에 대한 강한 규제로 특정 분야에 숙련된 노동자들이 미국 시장에서 떠나가면서 관련된 노동자들을 찾을 수 없게 되었기 때문입니다. 그런데 이민자들이 일을 하던 주된 분야가 대부분 서비스업의 육체 노동을 요구하는 것들인데, 이 부문에 대해서 미국인들이 일하기를 꺼려 하는 것입니다. 둘째, 코로나19 시기를 거치면서 여성들이 육아, 가정돌봄 등의 이유로 노동시장을 떠나게 되었고, 코로나19가 끝난 최근에도 여성들의 노동 참여가 원만히 이뤄지지 않고 있기 때문입니다. 셋째, 미국 가계는 금융위기, 코로나 위기 등을 거치면서 정부와 Fed의 적극적인 부양책으로 역설적이게도 순자산은 크게 증가했는데, 이러한 가계 순자산의 증가세가 노동의 의욕을 감퇴시키는 역할을 한 것입니다.

* 미국 국민들은 여러 번 위기를 겪으면서 정부의 재정정책이 가계를 살리는 것에 집중될 수밖에 없다는 것을 깨달았다. 그 이유는 가계의 소득 감소는 결국 소비 감소로 이어져 미국 경제 전체를 지탱시키지 못해 또 다른 위기를 초래하기 때문이다.

기업소득을 가계소득으로 전환하기 위한 노력

미국 개인들은 대체적으로 노동 활동 참여를 줄이면서 투자 활동에 집중하고 있습니다. 이는 고용시장에서 노동시장 참가율 하락을 초래하고 있으며, 기업에서는 자신들이 요구하는 스펙을 갖춘 노동자를 찾기 힘든 부작용까지 초래했습니다. 그 이전보다 부자가 많아진 미국에서 개인들이 노동 활동에 참여하는 것을 미룸으로써 노동시장의 전체 풀(pool)이 작아지고 있으며, 좋은 역량을 지닌 노동자를 찾기 위해 임금 수준은 올라가는 중입니다.

이와 같이 정부가 주도하는 가계 부문의 과잉 자산 축적은 미국의 노동자들을 게으르게 만들고 있습니다. 세계경제포럼(WEF: World Economic Forum)자료에 따르면, 제조업 분야에서 미국 노동자들의 숙련도는 다른 국가 대비 약화되고 있습니다. 시간이 흘러가면서 미국의 가계는 부자가 되었지만 노동의 질은 점차 악화된 것입니다.

만일 이러한 상황 속에서 최근 열풍이 불고 있는 AI와 로봇의 노동 참여가 강화되면 어떻게 될까요? AI는 반복되는 데이터 속에서 다음의 상황에 대한 대응 능력이 있고, 로봇은 사람의 육체적 반복 행동을 간편하게 대체할 수 있습니다. 이 때문에 AI와 로봇이 결합된다면 더욱더 많은 서비스업 분야에서 AI 로봇이 미국 노동자들을 대체할 것입니다.

AI와 로봇의 혁명이 지속되면 미국의 비자발적 실업과 노동 포기 사례는 더욱 늘어날 것입니다. 이 경우 미국 정부는 어떠한 선택을

【 미국 가계의 원천별 소득 비중(2023년) 】

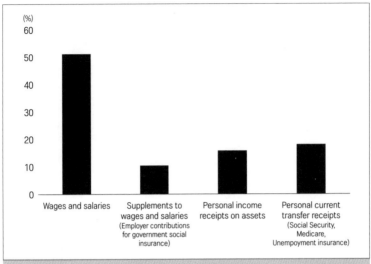

미국 가계의 소득 중 50%는 노동소득이다. 그 다음으로 많은 비중(20%가량)이 개인에 대한 사회이전지출이다.

자료: BEA

【 미국의 노동 생산성 지수와 비농업 고용 】

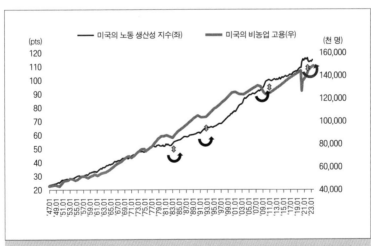

생산성 지수가 급증하는 구간에서는 비농업 고용의 증가 속도가 주춤하는 현상이 반복된다.

자료: FRED

하게 될까요? 머지 않은 시점에서 미국 정부는 아마도 가계의 소비 수준을 일정 수준 유지시키기 위해 투자자산 증대를 위한 금융시장 지속 성장 정책을 시행할 가능성이 큽니다. 또한 정부는 AI 로봇으로 혁신을 이룬 기업들의 세금을 높여 기업 소득을 가계로 이전시킬 가능성이 커보입니다.

미국 정부가 포기할 수 없는 '소비와 가계의 부 유지'를 위해서는 새로운 시대에 걸맞은 수준으로 가계에 대한 지원을 늘릴 가능성이 있습니다. 지금까지 미국 연방정부가 그랬던 것처럼 새로운 시대의 기술로 창출될 많은 생산과 기업의 소득을 가계의 소득으로 이전시키기 위해 많은 정책들이 고안될 것으로 예상됩니다.

5

THE FUTURE ECONOMY

5장에서는 미국의 새로운 경제적 기법과 진화하는 DNA에 대해 알아본다. 새롭게 최고치를 경신하는 미국의 부채, 그리고 정치적 갈등도 유례없는 국면으로 확장되어 갈 것이다. 한쪽은 유동성을 줄이고, 한쪽은 유동성을 늘리는 엇박자 상황이 지속될 수밖에 없으며, 미국에서 뱅크런은 이제 일상이 될 것이다. 미국의 돈 풀기는 앞으로도 계속될 수밖에 없는 이유를 알아야 미래경제의 본질이 보인다.

미국의
새로운 경제 기법과
진화하는 DNA

미국이 정말 두려워하는 것들

완전고용을 이룬 것처럼 보이지만 돈을 덜 공급하면 바로 티가 날 것이다.
과감한 증세가 필요하지만 미국은 아직 증세를 하지 못하고 있다.

🪙 미국 서비스업의 유례없는 호황

전 세계 경제는 2021년 이후 인플레이션 위기를 겪고 있습니다.
각 국가들은 물가를 낮추기 위한 다양한 정책들을 시행하고 있습니다. 현재의 상황을 생각하면 과거에 디플레이션을 걱정했던 때가 있었는지 의문이 들 정도입니다. 한편 1950년대 이후 2000년까지 미국의 통화 유통 속도와 표준임금/유동성 패턴을 보면, 과거에는 디플레이션이 상당 기간 진행된 바 있습니다. 과거 디플레이션 양상은 정부가 돈을 풀고 Fed가 양적완화를 해도 내수에서 임금이 그다지 오르지 않고 투자와 생산은 크게 늘지 않았다는 것입니다.

2021년 과도한 재정지출과 양적완화가 이루어진 뒤 전 세계적인 원자재 공급 불안, 우크라이나-러시아 전쟁, 이스라엘-팔레스타인 전쟁 등이 겹치면서 세계적인 인플레이션 쇼크가 나타났습니다. 이러한 상황에서 독일의 화폐수량설을 지지하는 경제학자들은 정부와 중앙은행에게 비난의 화살을 겨눕니다. 그들은 돈이 너무 많이 풀려 유동성이 늘어 물가가 급등한 것이므로 중앙은행은 긴축을 해 물가와 수요를 꺼뜨리기 위해 노력해야 한다고 주장합니다. 물론 중앙은행에게도 고금리를 유지할 것을 요구합니다.

그런데 이 부분이 아이러니합니다. 그동안 유럽 등 임금상승률이 미진해 소비가 잘 이루어지지 않고, 이로 인해 내핍을 겪어왔던 국가들이 이제는 최저 실업률과 완전고용을 이루고 있습니다. 이러한 성과를 거두는 데 금융위기 이후 약 15년 이상이 걸린 듯합니다. 그런데 현재의 완전고용, 일자리 확대 등의 현상에 대한 칭찬은 없이 금리로 물가를 낮추는 데만 집중해 찬물을 끼얹으려 합니다.

물론 통화긴축이 인플레이션을 잡는 데 일정 부분 효과를 낼 수 있습니다. 당연히 통화긴축은 수입 물가를 낮추고 가계의 부채 접근의 환경을 약화시켜 과도한 소비를 제어해주는 역할을 합니다. 그런데 지금의 상황은 금리를 올린다고 해도 본질적으로는 물가를 잡기 힘들고, 오히려 부의 양극화와 쏠림이 가속화될 수 있습니다.

구체적으로 미국의 내수 상황을 보면, 서비스업이 유례없는 호황입니다. 교육, 보건, 복지, 의료, 컨설팅 등 그야말로 모든 분야가 호황입니다. 내수 서비스업의 호황은 미국 정부가 오랫동안 바라온 것이고, 이것을 완전고용에 준하는 것으로 볼 수 있으므로 경제적 효과를 거둔 것은 분명합니다. 이러한 서비스업 호황이 지속되도록 미국 연방정부는 가계에 대한 사회이전지출을 해서 가계의 소비 재원을 충분히 지원하고 있습니다.

미국의 '양호한 소비, 완전고용' 지키기

그런데 서비스업 수요가 많은 상황에서 금리가 올라가니 서비스 공급업자들은 이에 맞추어 서비스업의 가격을 올립니다. 내수에서는 고금리로 수요가 위축되는 것이 아니라 서비스업 공급자들이 고금리의 비용을 수요자에게 전가시키는 것입니다. 특히 미국의 자산가들은 금리가 높아진 만큼 이에 준하는 수준으로 렌트비를 올려 충분한 임대소득을 얻고 있습니다. 그럼에도 수요자들은 이러한 높은 서비스 가격을 지불하고서라도 계속 소비하고자 노력합니다.

현재는 단순히 고금리로 외부에서 들여오는 상품의 가격을 낮춰서 전체 물가를 제어할 수 있는 것이 아니고, 정부의 재정지출 축소와 내수에서의 개인 간 비용 전가를 줄여야만 물가를 낮출 수 있습니다. 미국 내수에서 완전고용이 이루어진 것은 매우 환영할 만한 일이지만, 고물가 해결을 위해서는 전체적인 유동성을 축소해야만 합니다.

이 부분에서 미국은 지나친 찬물이 '양호한 소비, 완전 고용'을 깨뜨릴까봐 두려움을 갖는 것입니다. 하지만 유동성을 전체적으로 다

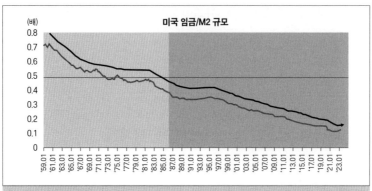

【 미국의 M2(유동성) 대비 임금지수의 추세 】

미국 임금/M2 규모

돈을 공급하는 수준에 비해서는 임금의 상승 속도가 느리고, 임금지수는 지속적으로 하락하고 있다.

자료: FRED

줄이지 않고 세부적으로 조정해나간다면 경기를 과도하게 악화시키지 않고도 물가를 잡을 수 있습니다. 사회적 약자 계층을 위한 현물지급의 방식으로 복지 지출을 늘려나가되 고소득 계층과 기업들에 대한 적극적인 증세를 하면서 과도한 지출을 제약하는 것입니다.

만일 미국이 재정지출의 전략을 미세하게 취하지 않으면 향후에는 이미 높아진 비용이 노멀화되면서 경제를 지탱하기 위해 더 많은 재정지출이 필요해질 것입니다. 결국 이는 미국 내에서 컨트롤하기 힘든 '인플레이션 고착화' 현상을 가속화할 것입니다.

미국의 부채 경신과 불안한 징조

엄청난 미국 부채를 둘러싸고 정치권에서의 갈등도 더욱 강화된다.
미국 정치의 불확실성이 미국 경제에 서서히 복병으로 떠오르고 있다.

 ## 미국 정치권의 식상한 방식

　최근 미국의 정치권에서 큰 변화가 일고 있습니다. 미국 정치권의 불협화음과 의회의 갈등, 극적인 화해 등의 현상은 어제 오늘의 일은 아닙니다. 하지만 2023년 9월에는 입법 기관인 의회에서 역사상 전례가 없는 일이 발생했습니다. 이는 미국 하원의원에서 의장직을 맡는 공화당의 케빈 매카시가 의장직을 박탈당한 것입니다. 통상적으로 미국 의회에서 공화당과 민주당이 서로의 의견 차이로 갈등을 빚는 일은 늘 존재했지만, 공화당이 다수당인 하원에서 같은 당 의원들의 반대로 의장직을 박탈당한 것은 새로운 사건입니다.

　2023년 초 미국 하원에서는 이미 전에 없었던 일들이 발생했습니다. 미국 하원은 2023년 1월 세 번의 선거를 치르고도 의장을 선출하지 못했습니다. 하원의장 선거 1차 투표에서 당선자를 배출하지 못한 것은 1923년 이후로 100년 만의 일이며, 이는 당내에서도 갈등이 크다는 반증이었습니다.

이후 공화당 내부는 극우 성향인 프리덤 코커스파(Freedom Caucus)와 케빈 매카시파로 나뉘고, 케빈 매카시는 '의장직에 당선된 후 의원들이 원하면 불신임 투표를 통해 의장직을 내려놓겠다'라는 공약을 한 이후에나 하원 의장으로 선출되었습니다. 이로써 케빈 매카시는 15번의 투표 끝에 가까스로 하원 의장직을 맡게 되었습니다.

물론 케빈 매카시는 하원 의장직을 맡은 이후에도 매우 어려운 과정을 겪습니다. 바이든 행정부 및 민주당의 견제에도 대응해야 했지만 극우 성향의 프리덤 코커스파와도 '적절한 타협 관계'를 유지해야 했기 때문입니다. 이러한 과정에서 부채 한도 및 우크라이나 지원의 안건을 두고 민주당과 협상하는 과정에서 난항을 겪습니다. 국가 부도를 막고 우크라이나를 지원한다는 중도적인 입장도 유지하면서 공화당 내 강경파도 달래야 하는 샌드위치 같은 처지에 놓였습니다.

한편 2023년 5~6월 바이든 정부가 내세운 부채 한도 및 예산안에 대해서 공화당은 끊임없는 반대를 했습니다. 이에 케빈 매카시는 국가 부도를 초래하지 않는 범위 내에서 공화당 강경파의 입장을 관철시키기 위해 노력했습니다. 물론 케빈 매카시도 공화당의 일원이었기 때문에 민주당의 부채 한도 및 예산안에 적극적으로 동의한 것은 아닙니다. 그럼에도 일정 수준의 예산 삭감의 동의를 얻어내며 민주당 의원들과 어려운 합의안을 도출했습니다.

하지만 공화당 강경파 의원들은 합의된 부채 한도와 예산안에 대해서 불만을 갖고 있었습니다. 그들은 매우 강한 반발을 했는데, 그 대표적인 행동이 바이든 대통령 탄핵안 제출이었습니다. 강경파는 여기서 그치지 않고 바이든 정부의 예산안 거부와 연방정부 셧다운 등을 요구했습니다. 매카시가 이에 대해 적극적인 반응을 보이지 않자 일부 강경파는 결국 케빈 매카시에 대한 의장직 불신임 투표를 하게 된 것입니다.

정치적 불확실성이 경제에 미치는 영향

미국의 정치적 갈등이 유례없는 국면으로 확장되어가고 있습니다. 이제는 민주당과 공화당의 갈등은 기본값이 되고, 같은 당 내에서조차 갈등이 커지는 형국입니다. 2000년대 중반 이후 금융위기를 겪으면서 민주당과 공화당은 금융위기를 초래한 원인이 상대 당의 잘못된 정책에 있다는 주장을 펼치며 서로를 비방했습니다. 그런데 이제는 공화당의 내부에서조차 초강경파와 중도파로 나뉘면서 분열이 나타나는 것입니다.

이러한 공화당 내의 분열은 미국 의회의 특성을 고려하면 이해 못할 일은 아닙니다. 하지만 이제는 공화당의 입장에 따라 민주당이

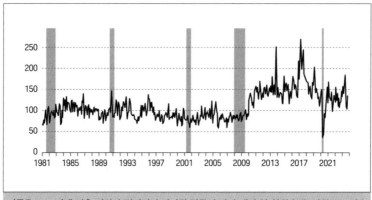

【 미국의 당파적 갈등 지수(1990년=100) 】

미국은 2010년대 이후 의회와 정치권의 당파적 갈등이 과거 대비 한 차원 높은 상황으로 지속되고 있다.

자료: Philadelphia fed

내세우는 예산안이 거부되거나 예산 지출이 원만하지 않을 수 있어 문제가 큰 것입니다. 이러한 상황이 향후에도 지속되면 국가 재정정책에서 공화당 내부에서도 합의를 이끌기 어렵고, 어렵게 도출된 합의안도 민주당과 합의하기가 힘들어지는 것입니다.

이러한 정치적 갈등은 향후 부채 한도 협상의 난항, 정부 셧다운의 가능성 등을 주기적으로 반복하게 하는 요인이 될 것입니다. 물론 공화당의 분열에는 단순히 초강경파와 중도파 간의 철학적 대립이라는 측면 이외에도 각자의 입지를 강화하기 위한 정치적 목적도 존재합니다. 하지만 공화당 내 분열로 역사상 처음으로 공화당 의원이 의장직을 박탈당했기 때문에 이제는 공화당 초강경파의 목소리도 무시할 수 없는 수준까지 올라서게 될 것입니다.

공화당 내 초강경파의 목소리가 강해질수록 극단적인 지출 삭감 등을 요구할 가능성이 있고, 정치적 거버넌스나 타협의 과정도 매우 어려워질 수 있습니다. 향후 공화당의 분열은 현 수준에서 더 확산 될 가능성이 커 보입니다.

결국 이러한 정치적 갈등의 확산으로 의회의 정부지출 통제 능력 과 의사결정 과정은 보다 복잡해질 수 있습니다. 공화당 내에서의 리더십 부재는 방위 부문에 대한 지출을 둘러싸고 의견 차이를 크게 확대시킬 가능성이 있습니다. 결국에는 미국의 부채 규모만이 역사 적으로 큰 규모를 경신하는 것이 아니라 미국의 의회에서도 역사상 유례 없는 사건들이 새롭게 반복될 가능성이 커보입니다.

강대국이 무너지는 이유

미국이 내부 결속만 잘 이룰 수 있다면 위기가 오더라도 충분히 이겨낼 것이다.
달러 패권 등의 다양한 수단으로 적극적인 경제정책을 시행할 수 있기 때문이다.

미국 국민이 정부를 불신하게 된다면

글로벌 경제에서 가장 강력한 힘을 지닌 미국 경제는 2000년대 이후 세 차례의 위기를 맞은 바 있습니다. 2000년대 초의 IT버블 위기, 2008년의 금융위기, 2020년의 코로나19 위기입니다. 그런데 역설적으로 미국 경제는 위기 이후 오히려 그전보다 강하게 회복되면서 성장 가도를 지속하고 있습니다.

최근에도 일각에서는 미국 경제에 조만간 위기가 올 것이라고 주장합니다. 하지만 지금까지의 경험상 미국 경제에서 위기가 감지될 정도이면 소비가 크게 변동하고 그에 앞서 저축률이 크게 증가하는 경향이 있습니다. 미국에도 제조업 지표, 무역 지표, 주택 및 서비스 지표 등 다양한 경제 지표들이 존재하는데, 그 가운데 경제에 가장 핵심이 되는 소비, 그리고 소비의 성향 변화를 예고하는 저축률이 변모할 때 미국 경제가 크게 변화합니다. 그런데 최근의 이들 지표의 양상을 살펴보면 큰 변화 징후가 감지되지 않습니다. 최근 회자되는 미국 경제 위기론은 적어도 2~3년간은 현실화될 가능성이 적어 보입니다. 물론 중간 중간에 상업은행의 위기, 부채 한도 협상의 난항, 연방정부 셧다운 가능성 등의 위험 요소들이 도사리고 있지만, 이미 정례화되고 있는 사건들이 미국 경제를 추락시킬 정도의 파급력은 없어 보입니다.

그러면 미국 경제가 위기를 딛고 오히려 더 강한 성장을 하는 이유는 무엇일까요? 그것은 바로 부채를 더 늘리고 유동성을 추가로 공급하는 명분이 생기기 때문입니다. 향후 달러의 패권이 유지된다는 전제하에서 미국의 '달러 빚을 기반으로 한 정책 시행'은 지속될 수 있습니다. 항상 어떠한 위기가 도래하더라도 미국은 유동성과 재정지출을 늘리는 프레임을 유지해왔습니다. 이에 위기 도래 시 일시적으로는 저축률이 급증하고 소비가 급감하며 경제를 힘들게 만들지만, 그 이후에 막대한 유동성 공급으로 저축률은 낮아지고 소비가 급증하면서 미국 경제가 빠르게 회복하는 것입니다.

이러한 '명분과 달러 빚의 경제 철학'으로 인해 미국 가계의 저축률 상승은 다음 시기의 대폭적인 소비 증가를 예고하는 선행지표가 됩니다. 그 이유는 미국 가계에서 큰 폭의 저축률 상승을 보인 시기에는 정부의 재정지출과 Fed의 유동성 공급이 뒤따랐고, 이에 가계는 충분히 소비할 만한 유동성을 공급받기 때문입니다. 특히 경제 위기가 오면 미국은 부채를 더 조달하게 되고, 미국 외부에서는 역설적으로 달러에 대한 수요를 늘리는 경향이 있습니다. 미국 내부에서의 채권 발행 수요와 미국 외부에서의 안전자산에 대한 수요가 만나면서 균형이 맞춰지기 때문입니다. 그 결과 미국은 큰 유동성을 경제에 공급할 수 있게 되는 것입니다.

이를 다시 표현하면, 위기가 닥치면 미국 정부는 달러 부채를 기반으로 재정 자금을 조달하기가 더 수월해집니다. 또한 가계에 누적된 저축 예금과 정부의 재정지출은 그다음 시기에 소비를 폭발적으로 증가시키게 하는 메커니즘으로 작동합니다. 이 때문에 미국 경제가 위기를 겪을 때마다 정부의 부채가 늘어남과 동시에 가계의 순자산은 더욱 증가해왔고, 그것이 결국 달러의 매매교환 기능을 더욱 강화시키는 계기로 작동해왔습니다.

이러한 위기 해소 프레임이 안착되어 있는 미국 경제의 입장에서 다음에 닥칠 수 있는 '진짜 위기'는 어떠한 양상이 될까요? 한마디로 말해 미국인들이 정부와 Fed에 대해 더 이상 믿지 않을 때 진짜 위기가 닥칠 것입니다. 언제든 달러 패권과 미국 채권의 안전자산 역할로 인해 미국은 외부에서 돈을 조달해오거나, 재무부가 발권을 하는 과정은 수월합니다. 하지만 유동성이 내수에 공급되었어도 정부를 신뢰하지 못하는 가계가 돈을 아끼고 저축으로만 대응한다면, 결국 소비가 살아나지 않고 미국 경제가 추락하게 될 것입니다.

결국엔 바위를 뚫는 빗방울

2023년 들어 정부에 대한 가계의 신뢰 저하로 경제가 구조적 변화를 맞이하는 나라가 있는데, 바로 '중국'입니다. 물론 중국의 계획주의적이고 폐쇄적인 경제 구조를 미국과 비교하기는 힘들 것입니다. 하지만 중국 정부의 강력한 경제·금융 부문의 리더십에도 불구하고, 다양한 정책에 대해서 소비자들은 반응하지 않고 있습니다. 정부가 경기를 살리기 위한 부양책을 실시해도 '자산시장과 경제 디레버리징의 문제'가 해결되지 않았기에, 중국 가계는 마음 편히 소비를 하지 못합니다.

【 미국의 정책에 대한 불확실성 】

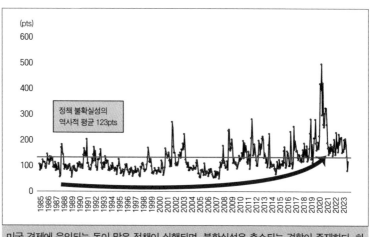

미국 경제에 유입되는 돈이 많은 정책이 실행되면, 불확실성은 축소되는 경향이 존재한다. 하지만 당파 간 갈등이 지속되면, 이 정책의 불확실성도 확대될 가능성이 존재한다.

자료: policyuncertainty

이미 코로나와 같은 질병의 위기도 돈으로 해결할 수 있다는 믿음을 준 미 연방정부와 Fed이기 때문에 이들 기관에 대한 신뢰가 갑작스레 추락하지는 않을 것입니다. 하지만 최근처럼 미국 의회의 갈등으로 정책에 대한 방향이 계속 오락가락하고, 경제정책도 수시로 변모한다면 점차 미국 가계의 정부에 대한 신뢰도는 떨어지게 될 것입니다. 지금은 미국 내부에서의 정치적 갈등이 일상적인 것처럼 보이긴 합니다. 하지만 이러한 갈등이 구조화되어 미국인의 생활에도 피해를 준다면 어떻게 될까요? 결국에는 경제에도 영향을 미칠 것입니다.

'작은 빗물이 조금씩 수천 년간 흐르면, 바위를 갈라지게도 한다'는 말처럼 지금의 미국 내부의 정책 불확실성이 오랜 기간 반복된다면 미국의 '명분과 달러 빚의 경제 철학'은 서서히 그 빛을 잃어갈 것입니다. 이러한 것이 바로 다음번의 '미국 경제의 진짜 위기'를 초래할 것입니다. 다만 우리는 지금 시점에서 당장에 회자되는 경제지표 악화에 따른 미국 경제의 위기에 대해서는 과도한 맹신을 금할 필요가 있습니다.

유동성 줄이기 vs. 유동성 늘리기

미국은 어쩔 수 없이 정부 혹은 중앙은행에서 최소한의 유동성 공급을 해주고 있다.
유동성에 의존적인 경제 구조는 장기화될 수밖에 없다.

미국이 부족한 유동성을 메꾸는 방식

글로벌 국가의 인플레이션과 고금리 정책이 계속 진행되고 있습니다. Fed의 고금리 정책이 지속되면서 시중 금리도 상당히 높은 수준을 이어가고 있습니다. 한편으로는 고금리 정책에도 불구하고 미국의 상업은행들은 민간 부분에 여전히 큰 규모의 신용을 공급하고 있습니다.

과거에는 고금리 정책인지 저금리 정책인지에 따라 미국 은행들의 대출도 민감한 영향을 받았습니다. 하지만 최근에는 저금리이면 상업은행들의 신용 공급 정도가 많아지고, 고금리 상황에서도 상업은행들의 신용 공급이 늘고 있습니다. 그 이유는 다음과 같습니다.

첫째, 최근 10년 이상의 기간 동안 Fed가 금융기관에 유동성을 공급하다 보니 대형 은행을 중심으로 대출 자산과 현금 가용 자산의 규모가 크게 늘어났습니다. 그러니 설령 기준금리가 0%에서 5%대로 올라도 상업은행의 유동성은 마르지 않아 더 높은 이자율로 대출을 시행합니다. 둘째, 이제는 Fed의 지급준비금 이자율의 정책이 상업은행의 대출 태도에는 큰 영향을 미치지 않기 때문입니다.

과거에는 Fed가 지급준비 이자율을 높이면 상업은행은 Fed에 지급준비금을 더 많이 예치하는 것이 높은 이자를 받기 때문에 대출은 줄이고 지급준비금을 늘리는 경향이 있었습니다. 그런데 Fed는 2020년 3월 상업은행의 준비금 비율을 0%로 줄였습니다. 이는 은행의 대출 활동을 장려하고, 지역경제 내에 원활한 신용을 공급하기 위함이었습니다. 이에 미국 상업은행들은 실제로 예금자의 돈을 예치 받은 후에 일부라도 돈을 보관할 필요 없이 대출이나 투자 등에 유동성을 사용하면 그만인 셈이 되었습니다.

이제는 예금액을 상업은행의 사업에 모두 다 사용할 수 있습니다. 하지만 이는 갑작스레 예금자들이 자신의 돈을 인출하고자 할 때 은행에 돈이 부족할 수도 있게 만드는 요인입니다.

2020년 이전에는 Fed가 상업은행들에게 최소 지급준비금을 전체 예금 중에서 10% 정도로 요구했습니다. 이에 상업은행은 지급준비금 이자율이 높을 때는 대출보다 지급준비금 예치에 집중하고, 지급준비금 이자율이 낮아지면 시중에 유동성을 공급했습니다. 그런데 지금은 지급준비율이 0%이다 보니 사실상 미국 상업은행들의 입장에서는 모든 가용 자금을 대출 실행에 이용하거나 국채 투자 등에 이용하게 된 것입니다.

🪙 미국의 금융정책, 엇박자가 문제다

이런 Fed의 정책으로 상업은행의 유동성 가용 범위가 늘어난 것은 맞지만, 반대로 상업은행이 위험을 헷지할 정책적 수단도 줄어든 셈입니다. 이러한 상황에서는 지

*미국 금융위기 이후 상업은행들에 대한 여러 위험자산 투자 규제 정책들이 시행되었기 때문에 대출 이외의 가장 보편적인 수단은 채권 투자가 되었다.

급준비금 이자율이 오른다고 해도 상업은행의 입장에서는 대출을 실행해주거나, 채권에 투자하는 것밖에 선택의 여지가 없게 됩니다.*

【 미국의 유동성과 정부지출 】

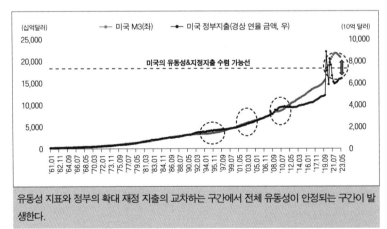

유동성 지표와 정부의 확대 재정 지출의 교차하는 구간에서 전체 유동성이 안정되는 구간이 발생한다.

자료: Refinitive

예를 들어 지급준비금 이자율이 0%에서 5%대로 올라간다고 해도 상업은행은 공격적인 대출을 실행할 수 있습니다. 더불어 예금이 충분히 확보만 되면 예금이자율보다 높은 이자율로 대출을 할 것입니다.

이제는 상업은행들이 파생상품 투자, 담보 대출 등은 시행하지 않습니다. 하지만 기업어음·대출증서 등을 담보로 하는 2차 대출은 꾸준히 늘려왔습니다. 결국 상업은행이 위험한 파생상품 관련된 투자와 대출은 하지 않지만, 특정한 자산(대출증서, 기업어음)을 담보로 한 대출은 계속 늘어나는 중입니다. 이에 고금리 시기에도 불구하고 민간 신용은 꾸준히 확대되는 것입니다.

이제는 Fed가 인플레이션에 대응하기 위해 고금리 정책을 시행해도 민간에서는 상업은행의 대출로 유동성이 계속 늘어납니다. 한쪽에서는 돈을 줄이려고 하는데, 한쪽에서는 돈을 계속 공급하는 엇박자 상황이 반복되는 것입니다. 이는 Fed의 기준금리를 이용한 통화 긴축 혹은 완화 정책이 금융 경제 부문에 큰 효과를 발휘하지 못함을 의미합니다. 결국 예전보다 더 높은 기준금리로 더 많은 기간 동안 통화정책을 실시할 때만이 그 효과가 서서히 나타날 수 있습니다.

일상화된 '뱅크런'

중소형 은행의 위기는 Fed의 도움과 대형 은행의 유동성 투입으로 일단락되었다.
하지만 대중의 불안이 싹트면 뱅크런은 언제든지 다시 발생할 수 있다.

미국의 상업은행은 이미 실패했다

미국의 상업은행은 유동성 사용 범위가 늘어난 만큼 위험을 감당해야 할 부분도 커졌습니다. 금융기관이 대출이나 일부 투자를 실행한 이후에 마땅한 곳을 못 찾다 보니 상업은행들의 위험 쏠림 현상이 커진 것입니다. 예를 들어 재무 구조가 단순화되어 있는 중소형 은행들은 대출을 해주고 남은 돈의 대부분을 국채에 투자했습니다.

미국 국채가 현금화하기도 쉽고 부도가 나지 않는 안전자산인 것은 맞습니다. 하지만 가격이 문제입니다. 2020년 저금리 시기부터 국채가 비쌀 때 투자한 은행들은 고금리 때문에 국채 가격이 떨어졌으므로 매우 큰 손실을 보게 된 것입니다. 물론 국채를 소유한 은행들이 현금화하지 않았으므로 손실은 현실화되지 않았습니다. 하지만 예금자들의 입장에서는 예금을 맡긴 은행의 투자 평가손실이 커졌다는 것을 알게 되면 당연히 불안한 마음에 예금을 인출할 가능성이 커지는 것입니다.

중소형 은행의 국채 투자에 따른 평가손실과 불안한 예금주들의 대규모 인출 등으로 결국 파산을 맞이한 대표적인 은행의 사례가 있습니다. SVB(실리콘밸리 은행)는 2018년 이후부터 공격적인 벤처 투자 사업을 펼쳐왔습니다. 또한 해당 은행의 자산 규모가 작다는 이유로 정기적인 연방예금보험공사(FDIC)의 감사도 받지 않았습니다. 당시 SVB는 벤처 투자를 통해 기존 은행이 거둘 수 없는 막대한 수익을 올렸고, 벤처 기업을 크게 성장시킨다는 점에서 상당한 칭송을 받았습니다. 하지만 벤처 투자 활동을 주된 비즈니스로 삼았던 SVB는 고금리에 따른 투자 수요 급감으로 유동성이 메마르기 시작했습니다. SVB는 유동성을 충당하고 국채 투자손실을 만회하기 위해 증자 계획을 발표했습니다. 하지만 이러한 증자 발표를 들은 예금자들은 불안감이 커졌고, 대규모로 예금 인출을 하기 시작했습니다.

예금이 대규모로 이탈되는 뱅크런 사태가 가속화되자 미국 재무부는 특단의 조치를 취했습니다. 첫째는 '보험에 가입되어 있지 않은 예금까지도 모두 보호'한다는 정책입니다. 둘째는 대형 은행들의 유동성 공급 권유와 중소형 은행 M&A 조치입니다. 셋째는 Fed의 BTFP*입니다.

> * BTFP: 과거 비싼 가격에 투자한 국채 가격에 맞게 일시적으로 대출을 해 주는 제도

이러한 정책의 시행으로 파산된 중소형 은행은 대형 은행으로 흡수되고, 돈이 부족한 중소형 은행은 유동성을 확보할 수 있었습니다. 채권 투자손실이 큰 은행들은 Fed에게 돈을 일시적으로 빌려서 큰 리스크에 대응할 수 있었습니다. 여기에 FDIC에 부족한 돈(위기 시에 은행에 투입하기 위한 유동성)을 채워 나가기 위해 대형 은행들을 대상으로 수수료율을 올렸습니다.

무너진 심리불안과 은행의 위기

2023년에 일어난 중소형 은행 사태가 터졌을 때 미국 재무부는 그야말로 아주 큰일이 날 수도 있다고 생각했습니다. '모든 상업은행의 무보험 예금 보장' 정책은 사실상 미국 재무부의 당시 현금 상황을 고려하면 불가능했습니다. 그간 은행 감독과 대응의 부문을 소홀히 하다 보니 FDIC에서는 은행에 공급할 유동성도 상당히 부족했습니다. 여기에 2023년 3월 이미 연방정부의 부채가 한도에 이르러 특별예산안을 편성할 여력도 없었습니다.

그러면 2023년 중소형 은행의 위기 해결의 핵심은 어디에 있을까요? 바로 대형 은행들의 유동성 투입이 주요한 역할을 한 것입니다. 물론 Fed도 중소형 은행들이 보유한 국채를 담보로 돈을 빌려주는 등의 노력은 했습니다. 하지만 당시의 분석에 따르면, 미국 상업은행들의 국채 투자손실 평가액이 거의 2조 달러였습니다. 일시적으로

【 2008년 은행 파산 위기와 2023년 뱅크런 위기의 규모 비교 】

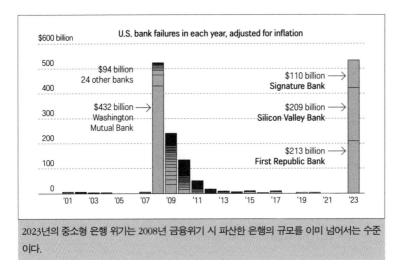

2023년의 중소형 은행 위기는 2008년 금융위기 시 파산한 은행의 규모를 이미 넘어서는 수준이다.

자료: New York Times

Fed에게서 돈을 빌려도 언제든지 집단적인 뱅크런이 나타날 수 있는 상황이었다는 것입니다.

그럼에도 미국 재무부는 골드만삭스, JP 모건 등의 대형 은행들에게 중소형 은행에 대한 유동성 투입을 요청했고, 대형 은행들은 이에 응했습니다. 만일 대형 은행들이 거절했다면 상업은행 전체 시스템이 흔들릴 정도로 위험해졌을 것입니다.

결국 2008년 이후 상업은행에 대한 많은 규제*가 존재하고 Fed의 유동성 공급이 이어졌음에도 상업은행의 문제는 지속되고 있는 것입니다.

* 규제: 은행 위험자산 투자 금지를 하는 도드프랭크법, 그리고 상업은행 업무를 분리해 위험이 상호 간에 전이되는 것을 막는 글래스스티걸 액트.

과거에는 상업은행들에 대한 강한 규제가 존재하지 않았습니다.

그래서 지금은 생각할 수도 없는 뱅크런이 발생하기도 했습니다. 과거 1837년에는 미국 상업은행들이 담보자산으로 중요하게 여긴 것이 토지였는데, 토지 가격이 급락하면서 상업은행 60여 개 정도가 파산에 이르렀습니다. 1870년대에는 JCC(Jay Cooke & Company)라는 금융회사가 철도 관련 사업에 투자를 했는데, 철도 사업 거품이 꺼지면서 파산했습니다. 이후 철도 관련 사업 등에 투자했던 많은 은행들에서 대규모 뱅크런 사태가 나타났고, 동시에 그 외에는 뉴욕증권거래소가 폐쇄되는 상황이 발생하기도 했습니다.

다음으로 1907년의 경우에는 어거스투스 하인즈와 찰스 모스가 유나이티드 코퍼(United Copper)의 주식에 투자한 이후 막대한 손실을 입으면서 은행에서 뱅크런이 발생했습니다. 이러한 과거 사례를 살펴보면, 상업은행의 위기는 당시에 유행하던 투자자산의 가격 폭락에서 비롯되었다는 것을 알 수 있습니다. 2023년 상업은행 위기는 '대형 은행으로만 돈이 몰리는 역선택 상황', 그리고 '재무부가 특별한 지원 여력이 없는 것', 이 두 가지가 파산 위험을 더 키운 것으로 판단됩니다. 결론적으로 2023년 초의 상업은행 위기는 Fed의 도움과 대형 은행의 유동성 투입으로 일단락되었지만, 차후에도 이와 같은 위기가 재현될 가능성은 항상 존재합니다.

미국은 '돈 풀기'를 멈출 수 없다

미국이 경제적 위상을 지속하기 위해서는 돈 펌프질을 계속할 수밖에 없다.
여기서 핵심은 미국 재무부의 발권력이다.

🪙 Fed의 '마법의 수단'

미국 재무부와 Fed의 자금 관리 형태를 구체적으로 살펴보면, 우리는 미국의 금융 시스템이 가진 기이한 구조를 다시 한 번 확인할 수 있습니다.

재무부는 조세 수입 혹은 재무부 대상 Fed의 대출 등으로 집계된 자금을 Fed의 계좌에 예치합니다. 재무부의 예금은 재무부 예산의 베이스가 되는 잔고이며, 만일 재무부가 계좌에 충분한 돈이 없으면 국채를 담보로 해 예산을 확보합니다.

재무부의 예금 잔고가 부족할 때에는 Fed가 대신해서 국제 전문 딜러들을 대상으로 환매조건부 거래를 하게 됩니다. Fed는 재무부에게 제공받은 재무부 채권을 바탕으로 해서 국제 전문 딜러들에게 돈을 받습니다. 대체로 이러한 거래에는 미국 민간 금융기관이 참여하고, 결국 미국 민간 금융기관들의 도움으로 재무부 계좌에 돈이 채워집니다.

Fed 내에 개설된 재무부의 계좌에 돈이 들어오면, 그때부터 재무부는 지출 계획을 실행할 수 있게 됩니다. 재무부가 돈이 부족할 때 항상 외부에서 우선적으로 부채를 조달하는 것은 아니며, 국채 담보의 환매조건부 거래로 재무부는 자금을 마련하기도 합니다. 결국 미국 재무부는 두 가지 방식으로 예산을 조달합니다. 첫째, 외부에 채권을 발행해 충분한 자금을 확보한 이후 민간 금융기관들에게 재정지출의 형태로 돈을 공급합니다. 둘째, 예산 수입이 모자라거나 재무부 잔액이 줄어들었을 때 국채를 바탕으로 민간 은행들에게 돈을 빌려 채웁니다.

결국 이러한 Fed, 재무부, 민간 은행 간의 국채 담보 거래 과정을 살펴보면, 미국 상업은행들이 보유하고 있는 지급준비금은 재무부에도 요긴하게 쓰이는 것을 알 수 있습니다. 상업은행의 자금은 재무부 채권을 기반으로 Fed의 계좌에 예치되었다가 거래가 종료될 시에는 Fed에서 상업은행으로 이전됩니다. 상업은행 입장에서는 대출 실행 시에 은행 간 콜머니 시장에서 자금을 용통하든가, 중앙은행의 대출 창구를 통해서 자금을 공급받기도 합니다.

💰 핵심은 미국 재무부의 발권력

Fed, 재무부, 민간 은행의 자금 거래에 있어서 핵심은 재무부인데, 재무부는 발권력과 채권 발행의 권한이 있기 때문에 항상 유동성이 부족할 일이 없다는 것입니다. 물론 채권을 발행하거나 화폐를 발권하기 이전 시점에서 일시적으로 유동성이 부족해 문제가 생길 수는 있습니다. 하지만 재무부의 발권력으로 인해 민간 은행에 돈이 부족한 경우는 없으며, 민간 은행의 돈은 다시 재무부에 채워지는 식으로 순환됩니다.

향후 Fed의 미국 국채 매입 정책은 금리 인상과 테이퍼링* 이후에도 지속될 것으로 인식되고 있습니다. 일각에서는 Fed가 채권 자산

【 미국의 명목 GDP/M1, 명목 GDP/M2 】

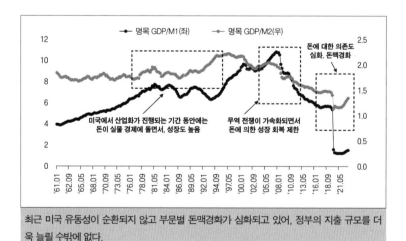

최근 미국 유동성이 순환되지 않고 부문별 돈맥경화가 심화되고 있어, 정부의 지출 규모를 더욱 늘릴 수밖에 없다.

자료: Federal Reserve Bank of St. Louis

을 완만히 줄이기로 했으니 채권을 담보로 유동성을 공급하는 정책을 멈춘 것으로 이해하고 있습니다. 하지만 단기자금 조작 시장에서 환매조건부 채권 거래를 지속해 시

중의 유동성이 과하게 줄어드는 것은 방지하고 있습니다. Fed는 채권시장을 담보로 미국 금융기관, 채권시장에 무제한적인 대부자의 역할을 하는 중입니다. 이러한 구조로 인해 미국 금융기관의 부실이 생겼을 때 Fed는 언제든 유동성을 투입할 수 있는 '마법의 수단'을 지닌 셈입니다.

6

THE FUTURE ECONOMY

6장에서는 자신만만한 미국이지만 한편으론 스스로를 무너뜨리고 있는 미국에 대해 알아본다. 미국 내에서 달러 패권을 이용하려는 정치적 의도가 복잡하게 얽혀 있다. 미국은 끝맺지 못한 숙제인 양적완화를 지금도 진행중이다. 미국에서 주식은 절대적이기에 주식 가치가 올라가야 미국 경제가 유지된다. 그러므로 장기적으로는 금 가격 상승에 베팅하지 말아야 한다. 미국의 채권을 외국에서 사지 않으면 어떤 일이 벌어질지를 생각해봐야 혼돈 그 자체인 미래경제에서 살아남을 수 있다.

자신만만한 미국,
왜 스스로를
무너뜨리고 있나?

달러 패권을 둘러싼 국제 정치

미국 의회의 다른 가치관들이 달러의 신뢰성을 떨어뜨리는 계기가 될 수 있다.
적은 언제나 외부가 아닌 내부에 있을지도….

미국의 적은 미국 내부에

달러 패권의 시대에 신흥국이 채권 발행으로 외국에서 자금을 조달하는 것은 매우 힘듭니다. 이는 결국 신흥국의 외교적·정치적 입지도 약화시키는 요인으로 작용합니다. 역설적으로 달러 패권은 미국의 외교적·정치적 입지까지 강화시키는 요인으로 작용해왔습니다. 외교나 정치적 측면에서 미국의 정책이 항상 합리적이었기 때문이라기보다는 미국의 주장을 강화시킬 '달러 무기'가 존재했기 때문입니다. 그러면 이러한 달러 패권의 세상에서 미국이 향후 어떠한 상황에 놓여질지 생각해보겠습니다.

현재까지 미국은 발권력에 기인한 유동성 힘과 외국에 발행하는 채권을 바탕으로 재정지출 계획을 세워왔습니다. 연방정부의 재정지출은 결국 가계로 유입되고, 가계의 흑자재정을 유발합니다. 가계는 충분한 재정을 통해 내수와 해외에서 소비를 합니다. 미국 가계의 해외 소비는 경상수지 적자를 유발하고, 경상 거래 과정을 통해 외국에 달러가 공급됩니다. 이후 연방정부의 부채 발행으로 달러가 재유입됨으로써 달러의 적정한 균형점을 찾게 됩니다.

미국의 채권 발행 구조를 단순하게 표현하면, 미국인들은 발권력과 채권 발행의 힘으로 공짜 소비를 하는 것입니다. 하지만 현 상황을 세밀히 살펴보면, 연방정부는 가계와 빚을 공유하는 셈입니다. 정부는 재정계획을 세우는 입장이고, 가계는 소비를 하는 입장이라는 점에서만 차이가 있을 뿐입니다. 결국 미국은 연방정부의 과다한 달러 빚을 국민과 함께 공유하는 구조인 셈입니다.

이 때문에 미국의 '역설적인 부채의 경제학' 구조에서는 가계의 정부에 대한 신뢰가 매우 중요하다고 할 수 있습니다. 가계가 정부의 정책 사이클에 맞추어 저축과 소비를 반향적으로 늘리는 과정이 통상적인 미국 경제의 구조입니다.

만일 자국의 미래경제에 대한 가계의 두려움이 증폭되고 정부 정책에 대한 신뢰가 무너질 경우, 이러한 소비 경제의 구조는 금이 갈 수 있습니다. '미국의 적은 미국 외부가 아니라 내부에 있다.' 즉 자국에 형성되어 있는 신뢰감의 붕괴가 미국 경제에 가장 위험할 수 있다는 것입니다.

달러 패권의 변화 가능성

만일 미국이 재정지출을 늘려도 가계 소비가 늘지 않고 경제 약화로 연방정부가 외국에서 자금을 조달하기 힘들어지면 미국 정부는 세금을 대폭 올려 가계에 재정의 부담을 지울 것입니다. 단순히 미국 경제의 위기가 외국에서 채권 발행이 힘들어질 때 나타나는 것은 아닙니다. 오히려 소비 감소, 자금 조달 악화, 세제 강화의 세 가지 현상이 동시에 나타날 경우 미국은 회피 불가능한 위기에 놓일 것입니다.

이러한 점에서 최근 나타나고 있는 민주당과 공화당의 갈등은 미국 내부에서 정책에 대한 신뢰성을 떨어뜨리는 위험 요소로 작용하는 듯 보입니다. 민주당과 공화당의 정책 노선이 극명하게 갈라지고, 미국인들이 인식하는 정부 정책 노선에도 혼란이 많아지는 중입니다. 특히 민주당과 공화당은 달러에 대한 철학도 극명하게 상반되어 점진적으로 달러 패권에 대한 신뢰도도 낮아질 가능성이 있습니다.

공화당은 모든 정책의 실현 끝에 달러 패권이 존재하는 것으로 이해하고, 민주당은 달러 패권을 수단으로 경제적 철학을 완성시키고자 노력합니다. 쉽게 말해 공화당은 많은 정책들을 시행함에 있어서 경제적 효과가 극대화될 때 달러 패권력이 유지될 수 있다고 믿습니다. 반면에 민주당은 이미 확보된 달러 패권을 기반으로 그들이 목적하는 정치적 가치관을 실현하고자 노력합니다. 민주당이 과거 오바마 정부에서부터 달러 패권의 힘을 기반으로 그들의 외교적·안보적 정책을 확장하려고 했던 정책들이 바로 그것입니다. 즉 민주당은 이미 형성된 경제의 강한 주권력을 기반으로 다른 정책 문제들을 해결하려 합니다.

이렇게 미국 의회의 달러 패권에 대한 인식과 패권을 이용하는 방식이 제각기 다릅니다. 이러한 양당의 철학의 상이함이 미국에는 점차 위험 요소로 작용할 수 있습니다. 당장은 아니지만 재정 건전화의 지연과 달러 패권력을 이용하는 의회의 다른 가치관들이 결국은 자국 내에서부터 신뢰성을 떨어뜨리는 계기로 작용할 수 있습니다.

'미국 부도' 리스크의 실체

재무부-Fed-민간 금융기관으로 연결된 유동성 공급의 고리를 고려하면,
사실상 미국에 국가 부도가 일어날 일은 없어 보인다.

기술적 부도 리스크

미국은 역사상 최대 규모를 경신하는 부채 한도 협상을 위해서 매
년 의회에서 논의를 하곤 합니다. 그런데 의회의 부채 한도 논의의
과정은 다소 정치적인 면이 강합니다. 연방정부는 항상 재정적자 상
황에 놓여 있기 때문에 어떤 당이 집권하든지 간에 부채 한도를 늘려
야 예산을 편성할 수 있습니다. 그렇기 때문에 민주당에서 대통령이
선출되면, 공화당은 부채가 많다는 이유로 한도 증액에 조심스러운
입장을 취합니다. 반대로 공화당에서 대통령이 선출되면, 민주당은
부채 한도를 근거로 예산안 합의에 부정적인 입장을 취하곤 합니다.

어느 당이 연방정부를 구성하든지 간에 부채 한도 증액은 필수적

일 수밖에 없습니다. 하지만 부채 한도를 늘리는 근거와 명분은 저마다 다를 수 있습니다. 예를 들면 민주당은 사회적 지출과 신재생 에너지 철학에 맞추어 충분한 부채를 조달해 예산을 편성해야 미국 경제를 유지시킬 수 있다고 주장합니다. 반면에 공화당은 민주당의 재정지출 계획이 과도하기 때문에 이에 맞추어 부채 한도를 늘리는 것이 낭비라고 지적합니다.

과거에 트럼프가 대통령일 때에는 공화당이 요구한 '국경 장벽 건설 예산안 확보'에 대해서 민주당이 반대했습니다. 민주당은 국경 장벽 건설이 미국 정부에 큰 도움을 주지 않고 예산만 낭비할 뿐이라며 부채 한도 협상을 거부했습니다. 이에 트럼프 대통령은 특별 예산을 확보해 국경 장벽 건설에 사용했습니다.

달러 패권과 미국 국채에 대한 수요가 지속되는 한, 미국이 부채 증액에 실패할 일은 없을 것입니다. 하지만 우리는 미국의 부채 한도 협상이 난항을 거듭할 때마다 한도를 더 늘리지 못해 미국이 부도에 이를 것 같은 두려움을 갖곤 합니다. 아이러니한 것은 신흥국 중 일부는 실제로 부도에 이르기도 합니다. 하지만 미국은 채권을 발행하면 사려는 투자자는 충분하지만 자국 내에서의 부채 한도에 대한 협상이 원만치 않아 부도의 공포를 겪습니다.

결국 미국의 부도 위기는 '실제 돈을 조달할 방편이 없는 것이 아니라, 서로 합의를 못해서 이뤄지는 갈등'이라는 점에 초점을 맞출 필요가 있습니다. 이는 원론적 의미의 부도 리스크라기보다는 기술적 부도 리스크라고 평가하는 게 합리적입니다. 바로 이러한 부분에서 미국 내에서도 부채 한도와 관련된 의사 결정 과정이 비합리적임을 지적하곤 합니다. 과거부터 미국 헌법에서는 예산 지출에 대한 승인권을 미국 의회에 부여했습니다. 연방정부가 지나치게 독단적으로 지출 계획을 세우고 국민적 합의 없이 지출하는 것을 방지하기 위해 제정된 법입니다. 이는 부채 한도 협상과 예산안에 대한 합의를 의회가 승인하지 않으면 부채 한도 협상과 예산안 확보가 모두 어렵다는 의미입니다.

과거에는 재무부가 재원을 마련하고 연방정부가 지출 계획을 세워 의회에 통보를 하는 방식을 취했습니다. 이 과정에서 의회가 반대하는 경우에는 연방정부는 의회와 논의해 다시 지출 계획을 세우곤 했습니다. 연방정부와 의회가 조화로운 균형을 맞추어 논의를 하는 관계였습니다. 그런데 이제는 과거의 의사결정 과정에서 탈피해 의회의 예산안 승인에 더욱 집중되는 형태로 바뀌었습니다. 과거에는 '예산안 논의'에 더욱 집중되었다면, 현재는 '의회의 권한'에 더욱 집중된 셈입니다. 그러다 보니 서로가 '반대를 위한 반대'를 하곤 합니다.

💰 의회 갈등과 경제위기의 상관성

하지만 이상한 점이 있습니다. 미국 재무부와 Fed의 채권을 담보로 한 자금 거래 과정을 살펴보면, 반드시 부채 한도 증액이 필요하지 않을 수도 있어 보입니다. 그 방법은 다양한데, 몇 가지 사례를 들면 다음과 같습니다.

첫째, 재무부가 액면의 가치가 높은 주화를 발행하는 것입니다. 만일 재무부가 기념주화의 형태로 1조 달러의 주화를 발행한다고 가정하겠습니다. 이 경우 재무부는 1조 달러의 주화를 Fed에 예치해 두고 재정에 필요한 자금을 인출해 쓰기만 하면 됩니다.

둘째, 재무부가 만기가 없는 영구 채권을 발행하는 것입니다. 만기가 없는 영구 채권은 부채에 잡히지 않습니다. 이 때문에 재무부가 영구 채권을 발행해 자금을 조달하면 연방정부는 만기와 한도에 구애받지 않고 예산을 충분히 지출할 수 있습니다.

셋째, 재무부가 돈이 부족하게 되면 재무부가 보유하고 있는 채권을 Fed에 맡겨 현금을 보충하는 방식입니다. 그렇게 되면 Fed는 공개시장 조작 정책을 통해(민간 금융기관의 프라이머리 딜러에 판매) 현금을 확보하게 됩니다. Fed에 확보된 현금은 재무부의 예금계좌에 예치되고, 재무부는 부족한 돈을 채울 수 있습니다. 물론 갑작스레 재무부의 채권이 과다하게 시장에 풀리면 시장 금리가 일시적으로 오를 수 있습니다. 이러한 경우에 Fed는 충분한 대응책을 가지고 있습니다. 역환매조건부 채권 매입인데, Fed가 시장에 되팔 것을 전제로 해서 채권을 일시적으로 매입해주는 방식입니다. 그러면 재무부의 채권이 시장에 풀림으로 인한 부담을 다소 해소할 수 있습니다.

요약하면, 재무부의 충분한 자금 조달 능력과 '재무부-Fed-민간 금융기관'으로 연결된 유동성 공급의 고리를 고려했을 때 사실상 미국에 국가부도가 일어날 일은 없다는 것입니다. 부채 한도를 높이는 명분과 필요 예산에 대해서 의회의 주장이 강하기 때문입니다. 내부 합의만 있으면 언제든 해결될 수 있는 돈의 문제(부채와 예산의 문제)가 내부의 갈등으로 쉽게 해결되지 않는 것입니다. 만일 차후에 이러한 의회의 갈등이 보다 격화되어 서로 간의 간극이 좁아지지 않는다면 실질적으로 미국의 부채 문제가 부도를 일으키는 진짜 요인이 될지 도 모르겠습니다.

'돈 풀기' 전에 먼저 해야 할 일

유동성을 논하기 전에 이루고 싶은 경제적 목적을 명확히 해야 한다.
돈을 어떻게, 어디에 풀 것인가를 정해야 한다.

돈의 수치보다는 실물적 기능에 초점

현대화폐이론 경제학자들은 인플레이션에 대해 어떠한 입장을 취할까요? 전통경제학파나 오스트리아의 경제학파와 유사하게 현대화폐이론 경제학자들도 인플레이션을 크게 두려워합니다. 현대화폐이론에서도 가장 중요한 가치를 '완전고용과 인플레이션 통제'에 두는데, 돈을 공급하는 정책은 인플레이션을 크게 유발시키지 않는다는 전제를 바탕으로 합니다.

다만 현대화폐이론에는 전통경제학파나 오스트리아 경제학파와 다소 다른 부분이 존재합니다. 돈을 푸는 데 있어서의 절대적 목표치(재정적자 비율이나 부채 비율)에 함몰되지는 않으며, 화폐의 교환적 기능에 대해서는 그다지 중요하게 생각하지 않습니다. 절대적 목표치와 교환 기능에 대해 강조하지 않는 점은 미국과 같은 기축통화 국가의 경우에 적용됩니다. 이는 '미국과 같은 기축통화 국가가 과연 자발적으로 선택하지 않는 한 국가 파산이 가능하겠냐'는 질문에서 출발하는 것입니다.

또한 현대화폐이론은 사회복지 지출을 위한 재정 여력에 있어서 돈이 있는지에 집중하지 않습니다. 실제로 사회복지 프로그램을 실행할 수 있는 여력이 존재하는지에 초점을 맞춥니다. '돈의 수치'보다는 '실물적 기능'에 초점을 맞춘다는 것이 핵심입니다. 부채 비율이나 재정적자 비율의 목표치 달성은 어차피 향후에 이루면 되는 것이고, 우선은 기능적 목표에 충실하면 되는 것입니다. 현대화폐이론 학자들은 실물 부문에 집중해서 돈의 오남용이 생기지 않게 하는 것이 중요하다고 강조합니다. 예를 들어 스탬프나 외식 쿠폰을 지급하는 등 지출과 실질적 경제활동이 이어질 수 있게 하는 것을 강조합니다.

결국 현대화폐이론 학자들은 현재의 경제적 수치보다는 향후의 수치를 높일 수 있는 '효율적 정책'에 집중하는 것입니다. 이는 정부가 '경기가 악화되면 재정지출을 늘리고, 경기가 좋으면 재정지출을 줄여야 한다'는 주장과 일맥 상통합니다. 정부의 경기 조절적 능력은 '당장의 수치보다는 경기 역행적 지출 철학(경기가 악화되면 지출을 늘리고, 경기가 좋으면 줄이는)'에서 비롯된다는 논리와 동일합니다.

💰 돈에 대한 잘못된 믿음

　현재와 같이 경제의 규모와 시스템이 다변화되는 구조하에서 경제활동을 유지시키기 위한 적정한 돈의 공급 규모를 찾는 것은 매우 어려운 일입니다. 쉬운 예로 정부가 사회적 지출을 이행한 이후에 그 돈이 정책 취지에 맞게 쓰이고 있는지를 감시할 수단이 많지 않습니다.

　또한 정부는 사회적 서민들을 위한 저리의 대출 장려제도를 운영하지만 대출을 받은 자가 정말로 돈을 생활비에 쓰는지까지 감시할 수는 없습니다. 이와 같이 정부 정책으로 지출된 돈들이 다른 곳에 쓰이거나 가계의 장롱 속으로 숨겨진다면, 정부 지출에 따른 경제적 효용은 줄고 다른 쪽의 부작용을 키울 것입니다.

　최근 들어 나타나는 정부의 지출 그리고 대출의 증가는 실물적 경제활동을 크게 확대시키지 못하고 자산 가격을 지탱하는 중요한 요소로 작동하고 있습니다. 다양한 경로를 통해 공급되는 정부의 돈, 금융기관의 돈은 소비자 투자에 직접 지출되기보다는 다른 자산시장(주식, 채권, 원자재, 디지털 통화, 예술품, 부동산)으로 새어 나가는 경향이 존재합니다.

　결국 과거보다 돈은 더 공급했지만 그로 인해 생기는 경제적 효과는 제한되고, 여타의 자산시장 규모만이 커지는 데 일조하고 있습니다. 이러한 부작용은 결국 인플레이션의 조작적 불안(특정 상품시장에서의 과점을 통한 투기 증대)으로 이어질 가능성을 키울 수 있습니다. 현대화폐이론가도 물가 불안정성이 일어나는 경우에는 정책이 실패한 것이며, 그런 경우에는 정책 실행을 멈춰야 한다고 주장합니다. 하지만 지금도 미국은 기축통화 국가로서 현대화폐이론 정책을 잘 사용할 수 있다고 인식하며, '돈을 어떻게 푸느냐'에 집중하기보다는 '대량의 돈을 공급하면 해결될 것'이라는 입장을 고수하고 있습니다.

미국이 아직 끝내지 못한 숙제

미국은 경제가 정상화되면 양적완화로 풀린 돈을 모두 거둘 것이라고 했다.
하지만 15년이 지난 지금까지 미국은 그 약속을 제대로 이행하지 않고 있다.

 '규모의 경제' 논리가 적용되지 않는 이유

　미국은 2008년 금융위기, 미중 전쟁 위기, 코로나19 위기 등의 경제적 난황을 겪을 때마다 구제 정책의 규준(Normal)은 은행에 유동성을 공급하는 것이었습니다. 왜 미국은 은행 유동성 공급에 집중하는 것일까요?

　과거 1900년대에는 미국 경제 내에서도 정부가 재정지출을 잘해 시장 경제를 살리는 '새케인스 학파'가 주류를 이루었습니다. 그런데 2000년 초에 들어서는 전 세계의 자유무역주의와 달리 금융 거래의 확장으로 정부가 굳이 큰 개입을 하지 않아도 시장 경제의 균형이 맞춰진다는 '새고전학파'가 주류를 이뤘습니다.

미국 내에서 양 갈래의 두 학파에 근간한 정책이 시행되었음에도 금융위기가 발생하다 보니 미국 정책자들은 당혹감을 감출 수 없었습니다. 이에 정부는 대형 금융기관의 인수 합병을 주도하고 지원의 힘이 닿지 않는 곳을 보완하기 위해 유동성을 공급했습니다. 이때부터 은행에 대한 유동성 공급 정책은 당연한 경기부양책인 것으로 인식되고 있습니다. 그런데 민간 은행에 돈을 투입하면 부작용 없이 결국 경기를 살린다는 발상은 어디서 시작된 것일까요?

금융위기 때 미국에서 대량 실업과 금융기관의 파산을 경험한 이후, Fed 의장이었던 벤 버냉키는 은행에 유동성을 투입하는 것이 가장 효율적이라고 주장했습니다. 벤 버냉키의 논리는 은행에 많은 유동성을 투입해주면 금융권의 재무적 건전성이 개선되고 대출 확대로 이어진다는 것입니다. 각 주에서 대출을 받은 기업들은 충분히 투자를 하면서 인력 채용을 늘리고 경기를 호전시킨다는 논리입니다. 그런데 이는 사실상 미국 재무부의 재정정책을 대신해 돈을 선택적으로 공급한다는 논리에서 벗어나지 못합니다.

경제 위기가 발생하면 미국 재무부는 특별예산 등을 마련해서 해당 부분을 지원하기 위해 노력합니다. 하지만 2000년대 중반 이후 이미 연방정부의 부채 규모가 급증하는 추세였고, 의회 내부에서의 예산안 합의는 매우 어려운 사안이 되었습니다. 이런 상황에서 갑작스런 위기가 찾아오니 미국 재무부가 취할 수 있는 정책 여력은 한계가 있었습니다.

이에 미국 경제정책자들은 Fed가 민간 은행을 통해 유동성을 투입해 위기를 막는 데 집중했습니다. 금융기관이 채권을 투자해 이자 수익을 거두는 중인데, Fed가 금융기관 매입 채권을 사주면서 유동성을 공급했던 것입니다. 이후 순차적으로 금융기관은 유동성을 기반으로 다시 채권에 투자하고, 해당 채권은 또다시 Fed가 사 주게 됩니다. 한마디로 채권을 근간으로 끊임없이 메마르지 않는 유동성의 샘물과 같은 역할을 한 것입니다. 그런데 여기서 핵심은 Fed가 보유해야 하는 채권의 규모(유동성 공급의 규모)는 그 한계가 법적으로 정해져 있지 않다는 것입니다.

물론 Fed의 양적완화 정책은 미국 의회의 승인 사항이고, 미국 의회는 정기적으로 청문회를 통해 Fed의 정책을 검증합니다. 하지만 현재 미국 내에 Fed가 유동성을 공급하는 데 직접적인 제동을 걸 수 있는 컨트롤 장치는 없습니다. 다시 말해 한도 없이 Fed가 미국 경제에 무작위적으로 유동성을 투입할 수 있습니다. 그런데 2022~2023년의 미국 제조업 분야의 투자 급감, 2023년 일어났던 중소형 은행의 위기 등을 살펴보면, Fed의 유동성 공급 정책이 과연 실리적 효과가 있었던 것인지 의심할 수밖에 없습니다.

2022~2023년 미국 Fed는 급격하게 기준금리를 인상했습니다. 그럼에도 불구하고, Fed는 시장 경제에 과도한 충격이 발생하는 것을 방지하기 위해 Fed의 자산 규모(유동성 공급 규모)를 7조 달러 중반대 내외로 유지합니다. 하지만 2022~2023년 미국의 제조업 투자 규모는 급감하게 됩니다. 기업의 차입 비용이 높아져서 투자를 꺼리게 되어 돈이 풀렸어도 수요는 제한이 되었다는 반증입니다. 금융위

기 이후 Fed의 양적완화로 미국 금융기관들은 충분히 건전화되었다고 평가되어 왔습니다. 하지만 2023년 초에는 중소형 은행을 중심으로 재무 구조가 부실화되고 뱅크런 위기가 발생하기도 합니다. 중소형 은행의 위기는 은행 보유 유동성이 대부분 저금리 때의 채권에 투자되었기 때문입니다. 그런데 금리가 상승하면서 평가손실이 발생한 것입니다. 유동성 공급으로 인한 규모의 경제 논리가 제조업 기업과 중소형 은행권에서는 적용되지 않는다는 것입니다.

경제 살리기와 국가의 개입

특히 중소형 은행 위기에서는 대출에 대한 도덕적 해이, 규모의 경제 효과 부재, 금융기관의 양극화 현상 등까지도 확인할 수 있었습니다.

첫째, 대출에 대한 도덕적 해이는 다음과 같습니다. 2023년 상반기 기준으로 미국의 상업은행이 보유한 현금 자산의 규모는 3조 달러에 이릅니다. 큰 규모의 유동성에도 대다수의 제조업 기업들은 실질적으로 차입에 큰 어려움(death valley)을 겪습니다. 금융기관 입장에서 상품 매출이 떨어지고 성장성이 약화되는 기업에게는 대출을 꺼려하는 현상이 강화되었기 때문입니다. 오히려 미국 금융기관들은 꾸준히 이자를 감당할 수 있는 가계만을 대상으로 대출에 집중했습니다.

둘째, 규모의 경제 효과 부재는 다음과 같습니다. 벤 버냉키의 '양적완화 정책의 효율성'의 핵심 논리는 '규모의 경제 효과'였습니다. Fed가 대형 금융기관을 대상으로 유동성을 충분히 공급하면 그 이후 조금의 유동성만 추가해도 중소형 금융기관으로 승수 효과를 타고 신용이 창출된다는 것입니다. 쉽게 말해 3조 달러를 대형 금융기관에 투입한 이후 추가적으로 1,000억 달러(총 3조 1,000억 달러 공급)를 공급 시에 중소형 은행들은 1,000억 달러 이상의 유동성을 창출하는 효과를 만든다는 것입니다. 이는 대형 금융기관들 사이에서 신용이 팽창적으로 늘어 중소형 은행들에서는 추가로 공급된 규모 이상의 신용 창출 효과가 생긴다는 뜻입니다. 하지만 2023년 중소형 은행 위기에서는 중소형 은행의 신용 창출 효과가 매우 미약했습니다.

셋째, 금융기관의 양극화 현상은 다음과 같습니다. 대형 금융기관에 투입된 유동성은 대형 금융기관 내에서만 머물렀고, 이에 대형 은행은 더욱 커지고 중소형 은행은 규모가 축소되는 현상이 나타났습니다. 이에 대형 은행의 일부가 중소형 은행에 돈을 투입하면서 은행 위기는 일단락되었습니다. 결국 가계들도 대형 은행을 더 신뢰해 대형 은행과의 거래만을 늘렸습니다. 이에 반해 중소형 은행은 가계와의 거래가 급감하면서 중소형 은행이 취할 수 있는 선택의 여지는 '채권 투자'에 불과했습니다. 결국 Fed의 양적완화 정책은 예상과는 달리 금융기관 간의 양극화를 초래한 것입니다.

과거 새고전학파나 새케인스 학파 모두 경제를 살리기 위해 금융기관에 적극적으로 돈을 투입해야 한다는 논리를 펼친 적이 없습니다. 하지만 벤 버냉키를 비롯한 일부의 경제학자들은 '양적완화가 정부 재정지출 못지않는 효과를 낸다'는 논리를 펼쳤습니다. 이에 큰돈이 대형 금융기관에 투입되다 보니 유동성 과잉으로 활황인 곳과 돈이 항상 부족한 곳으로 극명하게 나뉘게 됩니다.

그럼에도 불구하고 미국은 금융기관에 대한 지원이 정당하고 효율적인 지원 대책인 것처럼 인식하고 있습니다. 하지만 이러한 지속적인 양적완화 정책은 어찌 보면 금융위기 시절에 정책의 매듭을 짓지 못한 데 따른 후속 여파일 수 있습니다. 위기 시에 의회 승인을 통해 양적완화를 실행했지만, 그 뒤 위기 시에 대응할 정책이 뚜렷하지 않다는 한계에 봉착해 유동성을 계속 공급하는 것으로 보입니다.

미국의 금융 집중화

미국 가계의 자산은 금융자산에 집중되어 있다.
미국의 주식 시장은 가계 소득 증가 여부에 결정적인 요인으로 작용한다.

미국 가계의 금융 투자의 비결

미국의 가계 자산은 상당히 많은 비중이 금융 투자 자산에 집중되어 있습니다. 가계의 주식 관련 자산 규모만 보더라도, 2021년 기준으로 49조 달러에 이릅니다. '대체로 가계는 예·적금 상품에 많은 돈을 넣어두고, 나머지 자산을 금융 투자용으로 투입한다'는 일반적인 상식과는 다릅니다. 실제로 미국 가계 자산의 부문별 비중을 살펴보면, 예금은 23% 내외인 데 반해 주식은 48%, 뮤추얼펀드 19%, MMF(Money Market Funds) 4% 정도를 기록합니다.

미국 가계는 이미 오래전부터 자산의 금융화가 이루어져왔으며, 이는 미국 연방정부의 재정정책이 금융 부문에 집중되게 하는 요인이 되어왔습니다. 물론 미국 연방정부의 재정지출은 크게 재량적 지출, 의무지출 등으로 이루어져 있고, 재량적 지출은 국방 부문과 비국방 부문으로 정의되고, 의무지출은 이른바 사회복지 부문으로 정의됩니다. 표면적으로는 연방정부가 특별히 금융을 위해 하는 정책이 많아 보이지 않지만 Fed의 정책과 결합하면 이야기는 다소 달라집니다.

정부는 우선 가계의 의료, 보건, 교육, 거주 지원 부문에서 가계가 충분한 혜택을 볼 수 있도록 매년 지출을 이행합니다. 그러한 소득은 가계의 입장에서는 사회이전소득으로 잡히고, 가계는 이러한 혜택을 근간으로 임금 및 자산 소득에서 여유로운 투자 재원을 얻게 됩니다. 미국의 가계는 기본적 지출 관련된 항목에서는 이미 일정 수준 이상을 정부로부터 지원받습니다. 이에 가계는 소득으로 소비 혹은 투자를 할 여유가 생깁니다. 특히 Fed는 미국 정부가 발행하는 채권을 꾸준히 매입해 정부에게 돈을 공급해주는 역할을 합니다.

💰 금융 투자 집중화의 의미

가계는 미국 채권에도 투자를 하고 이를 기반으로 위험시장인 주식, 파생 상품 시장 등에도 적극적으로 투자합니다. 정부의 적극적 가계 지원과 Fed의 채권 매입은 금융시장의 투자 매력도를 높이는 요인이 되는 것입니다. 가계와 정부, 그리고 중앙은행이 합심해 금융

【 미국 가계의 금융자산의 부문별 비중 】

	Equities	Deposits	MFs	Agency	Munis	MMFs	Corporates
				UST,			
2007	37.8%	23.5%	17.6%	2.5%	6.4%	7.6%	4.5%
2008	26.5%	30.4%	13.5%	6.0%	7.1%	10.6%	5.7%
2009	30.0%	27.9%	16.8%	3.7%	7.8%	8.2%	5.5%
2010	32.6%	25.4%	17.9%	4.4%	7.3%	6.8%	5.7%
2011	30.3%	27.4%	17.5%	4.5%	7.7%	6.4%	6.1%
2012	32.0%	26.2%	18.9%	4.4%	7.0%	6.0%	5.6%
2013	37.7%	24.8%	20.4%	2.8%	5.8%	5.2%	3.4%
2014	39.6%	24.2%	20.1%	2.4%	5.6%	4.8%	3.3%
2015	38.7%	25.9%	19.6%	3.8%	5.4%	4.9%	1.7%
2016	40.5%	26.2%	19.5%	3.6%	5.1%	4.2%	0.8%
2017	42.7%	24.2%	20.6%	3.4%	4.6%	3.9%	0.5%
2018	39.9%	25.6%	19.6%	5.2%	4.6%	4.5%	0.6%
2019	43.1%	22.6%	20.4%	4.7%	3.9%	4.7%	0.7%
2020	45.3%	23.5%	19.2%	3.2%	3.3%	4.6%	0.8%
2021	48.7%	23.5%	19.4%	1.2%	2.7%	4.2%	0.2%
Average	37.7%	25.4%	18.7%	3.7%	5.6%	5.8%	3.0%
Y/Y Change	3.4%	0.0%	0.2%	-2.0%	-0.6%	-0.4%	-0.6%

미국 가계는 예금보다는 주식의 비중이 두 배 이상 많다.

【 미국의 가계가 보유한 주식의 수준(조 달러) 】

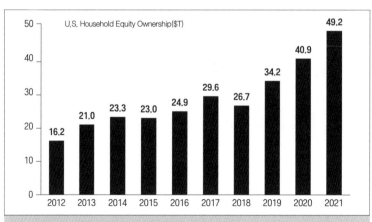

미국 가계는 50조 달러에 상당한 주식 자산을 보유하고 있다.

자산의 가치를 지킬 수 있도록 노력하는 구조가 형성되어 있습니다.

금융의 기법과 상품이 매우 발전된 미국에서 '금융 투자 집중화가 무슨 문제일까?'라는 생각을 할 수 있습니다. 하지만 돈의 많은 부분이 금융자산에 집중되면, 이에 대한 귀결점은 두 가지밖에 없습니다. 첫째는 금융자산의 가치가 떨어지지 않도록 영원히 노력해 가계나 정부 등이 피해를 보지 않게 하는 것입니다. 둘째는 만일 금융자산의 가치가 떨어지는 경우에는 그전에 풀었던 돈보다 더 많은 돈을 투입해 자산가치를 다시 올려놓는 것입니다.

현재 미국은 국제적인 권력, 외교적인 능력, 달러 기축통화의 패권 등을 기반으로 누구도 패배하지 않는 금융화 게임을 하고 있습니다. 이러한 금융화 게임의 미래가 무조건 비관적인 것은 아닙니다. 그 게임의 논리를 좀 더 정교화하고 새롭게 창조한다면, 아마도 미국의 금융 집중화 시스템은 수세기를 더 이어갈 것입니다.

미국 주식시장이 장기적으로 좋을 수밖에 없는 이유

미국의 많은 유동성들은 일부 빅테크 기업에 집중되어 주가를 우상향시킵니다.
빅테크 기업들은 미국 경제에서 많은 수요를 담당하기에 매출도 꾸준히 늡니다.

파마와 프렌치의 모형

미국 경제가 고금리로 약화될 수 있다는데 위험투자 시장, 특히 주식시장은 왜 좋은 것일까요? 2013년 노벨경제학상을 수상하기도 한 유진 파마와 그의 동료 케네스 프렌치가 1992년에 개발한 모형을 기준으로 설명하겠습니다.

유진 파마와 케네스 프렌치는 미국의 금융시장(증권과 관련된 모든 기업 포함)을 설명하는 데 5개 요인이 충분한 설명력을 갖는다고 이야기 했습니다. 시장초과수익률, 중소형 포트폴리오의 상대수익률, 가치주 포트폴리오의 상대수익률, 보수적 기업 포트폴리오의 상대수익률(CMA: 자산 대비 투자규모가 적은 기업), 수익성 높은 기업 포트폴리오의 상대수익률(RMW: ROA, ROE가 높은 기업, Robustness Minus Weakness)로 나눠집니다. 간단히 말해서 5개 요인은 각각 하나의 펀드라고 생각하면 됩니다.

시장초과수익률은 일종의 지수 추종 펀드라 가정할 수 있습니다. 중소형 포트폴리오는 중소형 기업에 투자하고, 대형 기업은 매도하는 펀드입니다. 가치주 포트폴리오는 밸류에이션이 낮은 기업에 투자하고, 밸류에이션이 높은 기업은 매도하는 펀드입니다. 보수적 기업 포트폴리오는 설비투자가 적은 기업에 투자하고, 설비투자가 많은 기업을 매도하는 펀드입니다. 수익성 높은 기업 포트폴리오는 기업의 ROA가 높은 기업에 투자하고, 기업의 ROA가 낮은 기업을 매도하는 펀드입니다.

1950년대 이후 최근까지 이 5개 포트폴리오에 대한 수익률은 수익성 높은 기업 포트폴리오의 상대수익률이 가장 높은 것을 확인할 수 있습니다. 특히 경기 선행지수와 무관하게 수익성 높은 기업 포트폴리오의 수익률이 누적적으로 상승합니다. 이는 RMW 관련 기업들(하이테크 성장 기업들로 추정)이 차입 규모, 부채 상환 부담 등과 무관하게 지속적으로 투자와 기술개발을 하며, 이익이 조금만 증가해도 투자자들의 매수가 크게 늘어나기 때문입니다.

【 미국 금융시장에서 RWM(수익이 높은 기업을 매수하고,
낮은 기업을 매도하는 포지션)의 누적 수익률 】

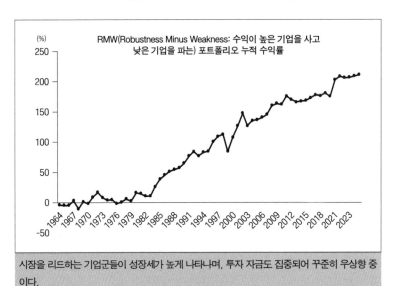

시장을 리드하는 기업군들이 성장세가 높게 나타나며, 투자 자금도 집중되어 꾸준히 우상향 중이다.

자료: Data Library of Eugene Fama, Kenneth French

미국의 유동성 증가와 함께 꾸준히 우상향 중이다. 시장을 리드하는 기업군들은 유동성에 민감한 영향을 받는다.

자료: Data Library of Eugene Fama, Kenneth French

🪙 빅테크 기업으로 몰리는 돈

미국 내에서 투자시장을 주도하는 RMW 상위 기업들의 주가가 계속적으로 우상향하는 이유는 다음과 같습니다. 첫째, 미국의 경제 환경이 부채가 늘어나더라도 매출이 증가하는 회사가 성장하기 쉽기 때문입니다. 둘째, Fed 기준금리 인상에도 유동성은 여전히 많기 때문에 매출·시가총액이 큰 기업은 인기를 끌게 됩니다. 셋째, Fed의 돈과 정부의 돈을 모두 다 함축하는 M3(M2+은행의 전체 정기예금+MMF+2년 이내 뮤추얼펀드+RP 규모)가 여전히 증가세인데, 이러한 돈들은 결국 미국의 뮤추얼펀드 시장으로 유입되는 경향이 있습니다. 이러한 뮤추얼펀드 시장의 성장은 매출 증가 기업(이른바 테슬라, 엔비디아, 애플, 마이크로 소프트, 넷플릭스 등과 같은 기업)에 대한 투자와 소비를 증대시키게 됩니다.

결국 미국의 주식시장도 완만히 성장하는 구조를 띠고 있습니다. 많은 돈들이 일부의 리더에게 집중되면서 소수의 빅테크 기업들이 주식시장을 이끌어가는 것입니다. 물론 일시적으로 미국 경기가 악화될 때에는 이들 기업에 대한 투자 규모도 축소된 바 있습니다. 하지만 장기적으로는 미국의 유동성과 정부 재정지출은 늘어날 수밖에 없는 구조이기 때문에 ROA, ROE가 높은 고수익성 기업들에 대한 투자 선호도는 계속 유지될 것입니다.

금은 안전자산일까?

일시적으로 달러가 약해지면서 금 가격이 강해질 수 있다. 하지만 장기적으로 미국은 달러의 신뢰성과 안전자산으로서의 위상을 강화하기 위해 금 가격을 제한할 것이다.

미국 채권보다는 금이 안전자산인 이유

최근 미국 달러의 위상이 흔들리는 상황에서 일부에서는 달러 패권 약화를 기반한 헷지성 투자 대안으로 금에 투자할 것을 권유합니다. 달러 가치가 장기적으로 약화될 수 있고, 이는 결국 금 가치의 상승세로 이어진다는 논리입니다.

이러한 약달러에 기반한 금 가격 상승은 단기적으로는 충분히 가능할 수 있습니다. 하지만 장기적으로 그렇게 될 실효성은 적어 보입니다.

장기적으로 금의 가격이 상승할 것에 베팅한다는 것은 달러의 세상이 효과를 다했다고 보는 것과 같습니다. 이는 마치 다시 금본위제 세상으로 되돌아가자는 논리와 유사합니다. 물론 일부 탈달러를 추구하는 국가들의 입장에서는 달러 의존도를 줄이고자 금에 대한 투자를 늘리기도 합니다. 하지만 중국 등의 일부 국가를 제외하고는 대부분의 국가는 여전히 '달러 블록'이라는 금융시장 체계에 종속되어 있습니다.

장기적인 금 가격 상승을 기대하는 것은 앞으로 미국의 발권력이 약화되고 미국의 경제도 약화될 것으로 예상하는 것과 마찬가지의 논리입니다. 이는 미국 정부와 맞서 싸운다는 것과도 같은 의미를 지닙니다. 금본위제가 폐지된 이후 미국 정부는 부채를 발행하는 과정에서 미국의 채권이 금보다도 안전자산인 것으로 인식되게 노력했습니다.

미국의 채권이 금보다 안전자산의 특성을 지니는 이유는 다음과 같습니다. 크게 세 가지입니다.

첫째, 미국은 순수입국으로서 내수에 풀린 달러 유동성이 해외 제품을 구매하는 데 쓰입니다. 이를 통해 수출 국가들은 달러를 공급받게 됩니다. 하지만 '미국 내수에서 공급된 달러'는 20조 달러에 불과한 반면에, '채권으로 전 세계에서 미국으로 유입된 달러(채권의 시장가치)'는 대략 50조 달러에 이릅니다. 풀려진 달러의 양보다 두 배 이상 많은 금액을 미국 채권을 통해 미국으로 유입시킨 것입니다. 이런 수치만 생각해도 사실상 달러 가치가 크게 떨어질 가능성은 적어 보입니다.

둘째, 글로벌 국가에 공급되어 있는 달러의 양이 제한되다 보니 글로벌 경기 사이클이 위축될 때 수출국은 평소보다 적은 달러를 공급받게 됩니다. 수출 국가 대부분은 달러 공급량이 줄어들면, 해당 국가의 통화가치는 하락합니다. 이와 동시에 달러의 가치는 상승하게 됩니다. 순환적 사이클로 봤을 때, 달러 가치가 잠시 하락할 수는 있으나 결국 달러 가치는 상승세로 전환되곤 합니다. 글로벌 경기가 약간의 악화세만 보여도 달러가 모자란 '달러 경색' 현상이 나타나기도 합니다.

셋째, 과거 역사를 보면 금의 안전자산으로서의 특성은 유지되기 힘듭니다. 과거 1차 세계대전 이후에 기축통화 역할을 했던 파운드는 전 세계를 지배하던 통화였습니다. 이에 이른바 스털링 블록이라는 경제권역이 형성되고, 많은 국가들이 자국의 통화가치를 파운드에 고정시키는 '페그제'를 취했습니다.

이후 지나치게 부채를 남발한 영국은 파운드화의 위기를 맞았고, 1970년대 브레튼우즈 체제의 붕괴와 함께 달러의 세상이 열렸습니다. 그런데 여기서 중요한 점은 달러가 전 세계 통화 역할의 배턴을 받게 된 결정적 계기가 '파운드 부채의 흡수'였다는 것입니다. 즉 파운드화로 부채를 쓰던 모든 국가들이 달러 부채로 전환을 한 것입니다.

이처럼 전 세계의 부채 대부분이 달러로 전환되면서 달러나 미 국채만큼 안전자산으로 인식될 자산은 없게 된 것입니다.

미국 정부의 영리함

혹자는 미국의 신용등급 강등이나 금융위기를 목도하면서 '미국이 위기 상황에서도 달러는 안전자산 역할을 왜 하는가?'라는 의문을 던지기도 합니다. 이러한 의문은 달러 공급자의 관점에서만 판단한 것입니다. 전 세계 부채가 달러로 지배되고 있다는 점을 고려해 수요자의 입장에서 생각해보겠습니다. 미국 경제가 붕괴해 달러가 휴지 조각이 되지 않는 이상 부채를 발행한 국가들은 돈을 마련해 빨리 채권자에게 갚아야 합니다. 특히 위기 기간에는 미국을 중심으로 모든 국가들이 달러를 필요로 하므로 달러에 대한 수요는 더욱 증가합니다.

최근에는 미국이 다양한 '미국 투자 관련 법안'을 마련했습니다. 반도체 투자법, 인플레이션 감축법 등입니다. 이들 법안의 골자는 미국 내에서 제품을 생산해 판매하려면 미국 내에 일정 수준의 투자를 이행해야 한다는 내용입니다. 물론 동 법안은 중국을 겨냥한 부분도 존재합니다. 중요한 점은 미국 내에서의 생산과 판매를 위해서는 일정한 투자를 집행해야 한다는 것이고, 이는 미국에서 판매하기 이전에 부여되는 '달러 간접세'와도 같습니다.

최근의 법안들은 수출 국가가 미국에 판매를 해 달러를 공급받기 위해서는 사전적으로 달러 기반의 미국 투자를 해야 함을 조건으로 달고 있습니다. 이는 미국 입장에서 달러의 내부·외부 균형을 맞추는 또 하나의 전략으로도 이용될 수 있습니다. 표면적으로는 미국의 첨단 제조업 분야를 지키기 위함이지만, 내부적인 프로세스를 고려하면 달러의 패권을 유지하는 미세한 전략이기도 합니다. 하지만 이런 미국 내 투자는 세금의 성격을 띠기 때문에 실제 제품 판매 이후에도 세금을 내야 하는 외국 기업 입장에서는 이중 과세이기도 합니다. 하지만 미국 정부의 입장에서는 달러 물량들을 자국 내로 유입시키는 일을 하는 것과 동시에 자국 내에서 세금을 늘리고, 생산되는 상품의 혜택까지 누리는 그야말로 일거삼득의 영리한 정책이라고 할 수 있습니다.

외국이 미국 채권을 사지 않는다면

미국 채권에 대한 외국인의 수요가 줄어들면, 미국 경제는 어려워질 수는 있다.
하지만 외국인들 입장에서도 가장 신뢰성 높은 미국 국채를 무한정 줄일 수는 없다.

미국이 돈을 만드는 수많은 비밀들

현대화폐이론에서는 미국은 기축통화 국가이기 때문에 연방정부의 예산 운영 방식은 가계·기업과 다르고, 반드시 수지를 균형적으로 맞출 필요가 없다고 강조합니다. 또한 정부가 통화를 창출하는 과정에서 세수를 반드시 확보해야 한다고 규정하지도 않습니다. 물론 현대화폐이론가들도 재정적자와 부채 증가가 끊임없이 지속될 수는 없다고 강조합니다.

1844년 영국 의회는 은행법을 통해 영란은행이 발행하는 은행권에만 법정통화의 자격을 부여한 바 있습니다. 미국의 경우 1935년 이후 Fed가 발행하는 Fed은행권(Federel Reserve Notes)과 재무부가 발행한 미국은행권(United States Notes)이 법정화폐로 사용되었습니다. 이후 1971년 들어 불태환 화폐의 원칙을 시행하기 위해 법정통화의 자격을 Fed에만 부여하고, Fed가 화폐발행권을 독점하게 됩니다.

다만 이러한 Fed의 발권력은 지폐로만 한정되어 있고, 주화의 경우 여전히 재무부가 발행권을 보유하고 있습니다. 법정화폐인 주화와 지폐의 발행 권한이 각각 재무부와 중앙은행으로 분리·이원화되어 있는 것입니다(부채 한도 협상과 관련해 미국 재무부가 1조 달러 백금 동전을 발행하면 재정자원을 충분히 확보할 수 있다는 논란도 이와 연관됩니다).

Fed가 발행·공급하는 돈의 절대 다수는 예금을 기반으로 하는 신용화폐입니다. 시중에서 지폐와 동전으로 유통되는 비중은 전체 중 2~5% 내외에 불과하고, 나머지 대부분은 은행계좌 잔고로 들어가 있는 신용화폐인 것입니다. Fed가 시중에 통화량을 늘리는 방식으로는 크게 공개시장조작과 재할인창구 대출의 두 가지가 존재합니다. 공개시장조작은 Fed가 민간 은행에서 보유한 국채를 매입하는 방식이며, 재할인창구 대출은 민간 은행이 보유한 자산(채권, 대출 자산 등을 포함)을 담보로 돈을 대출하면서 민간 은행에 자금을 공급하는 방식입니다.

이때 Fed가 매입한 국채와 대출은 Fed 장부의 자산 항목에 기록되고, 동일한 액수의 지급준비금(예금 기관 지급준비금 = 법정지급준비금 + 초과지급준비금)은 Fed의 부채가 됩니다. *과거 금본위제나 브레튼우즈

---

* 자료: Board of Governors of the Federal Reserve System https://www.federalreserve.gov/monetarypolicy/bst_recenttrends.htm

체제의 금환본위제에서는 금이 계산화폐의 기준이 되었고, 화폐 공급의 기준이었습니다. 하지만 불태환 화폐시대부터는 국채가 금을 대신하게 된 것입니다. 이에 따라 중앙은행의 본원통화 공급은 정부 부채(정부가 발행한 채권)와 연동됩니다.

같은 측면에서 보면, Fed의 일차적 역할은 정부의 재정 조달을 지원하는 데 있습니다. Fed가 정치적 중립성을 유지하려면 화폐 발권력이 유지되어야 하고, 발권력은 채권 발행 규모에 연동되어야 합니다. 즉 국가부채가 지속적으로 증가해야만 Fed의 발권력도 늘어난다고 볼 수 있는 것입니다. 만일 정부 부분에서 재정흑자가 발생해 정부가 부채를 상환하면 국채 발행 잔액이 줄어들기 때문에 Fed의 발권력도 제약을 받습니다.

🪙 정부 부채의 화폐화에 대한 학파별 입장

정부 부채의 화폐화(중앙은행이 돈을 찍어 국채를 매입하는 것, 즉 중앙은행이 발권력을 동원해 재정적자를 보전)에 대한 입장을 학파별로 정리하면 다음과 같습니다.

오스트리아 학파의 경우에는 저축에 기반을 두지 않은 화폐 창조와 통화 공급 자체를 부정하기 때문에 국채를 담보로 본원통화를 공급하는 것도 신용위기를 촉발한다고 평가합니다. 정부가 모아놓은 돈이 없는 상태로 화폐를 공급하는 것은 도덕적 해이와 신용 왜곡을

【 글로벌 주요국들과 미국 상업은행의 미국 국채 투자 규모 추세 】

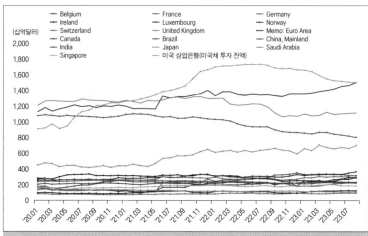

중국의 국채 투자 규모는 축소되고 있으나 유로존과 일본 등의 미국 국채 투자 규모는 일정 수준 이상을 유지하고 있다.

자료: 미국 재무부

【 글로벌 주요국들, 미국 상업은행 및 Fed의 미국 국채 투자 규모 추세 】

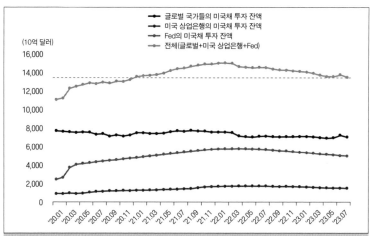

해외＋은행＋Fed의 미국채 투자 규모를 합해보면, 미국 국채에 대한 수요는 13조 달러 내외에서는 지속되고 있다.

자료: 미국 재무부

촉발한다는 것입니다.

현대화폐이론에서는 달러의 패권력과 달러에 대한 수요를 고려하면 굳이 미국 정부가 저축 기반으로 화폐를 공급할 필요가 없다고 주장합니다. 저축 기반으로만 화폐를 공급할 경우 달러 유동성 위축과 수요 기반 악화를 초래할 뿐이라고 주장합니다. 오히려 현대화폐이론가들은 현실적으로 미국 정부는 재정지출의 기능적 부분(수치적 목표가 아닌)에 집중할 필요가 있다고 피력합니다.

다만 현대화폐이론가들도 미국 정부의 방만한 재정운용을 합리적이라고 주장하진 않습니다. 정부가 과도하게 재정을 운용하면 언젠가는 예산 운용에 한계가 올 수 있다고 지적합니다. '언제까지 부채와 재정적자에 기반한 예산 운용이 가능할 것인가'의 문제를 지적하는 것입니다.

최근까지도 연방정부가 부채 발행 시 외국 투자자가 60~70%를 투자하고, Fed는 30~35% 내외를 투자합니다. 만일 외국 투자자의 비중이 50% 이하로 떨어진다면 Fed는 나머지 비중을 자체 발권력을 동원해 메꿔야 하는 일이 발생할 수 있습니다.

이러한 경우 미국의 '경상 적자와 금융수지 흑자에 의한 균형'과 달러 가치의 보존이라는 프레임은 깨질 수 있으며, 이로 인해 '달러의 신용화폐 기능 상실'이 일어날 수 있다고 지적하는 것입니다. 경상 적자와 금융 흑자 균형이 깨지면서 달러 가치 하락과 경상수지 적자 폭 축소 등이 발생할 수 있습니다. 이는 미국 내수에서의 인플레이션을 가속화시킬 수 있습니다. 미국 내수에서 지속되는 인플레이션 상승은 상품의 가격을 지속적으로 상승시키고 달러의 신뢰성을 약화시키는 최악의 결과를 가져올 수 있습니다.

미국 정부의 달러 부채 발행 메커니즘의 지속성 여부는 결국 전세계에서 달러에 대한 신용화폐적 기능이 지속되는지 여부와 연결됩니다. 미국의 입장에서는 이러한 달러 신뢰성을 보존하기 위해 끊임없이 자국 금융수지 흑자의 결과를 유발하도록 노력해야만 현재의 시스템을 유지할 수 있습니다.

THE FUTURE ECONOMY

7

THE FUTURE ECONOMY

7장에서는 다극화 속에서 드러나는 국가의 이기심에 대해 조명해본다. 국가 간의 관계는 '정상적인 대의'보다는 자국의 '이념'만이 중시되며 전개된다. 부적절한 경제 정책이 정치 외교적 혼란, 생산 능력의 붕괴, 환경 문제, 전쟁 등과 맞물리게 된다면 어떻게 될까? 앞으로의 위기는 억지로 만들어내는 인위적인 위기가 될 것이다. 미국의 잘못된 통화정책이 원자재 국가들을 부자로 만들고 있는 현실도 알아본다.

다극화 속에서
드러나는
국가의 이기심

전쟁과 무역전쟁

과거에는 많은 국가들이 상식적인 수준에서의 대의를 중요시했기 때문에 전쟁이 쉽게 발생할 수 없었다. 하지만 이제는 자국의 이념과 이익이 최우선 고려 사항이다.

'대의' 보다는 '이익'의 시대

2020년 이후 최근까지 '국제정세의 분쟁, 지역 간 단절, 자유무역주의 후퇴, 글로벌 공급망의 붕괴' 등이 고착화되고 있으며, 글로벌 통화정책의 인플레이션 체득화(통화량을 증가시키면서도, 금리를 높이는 정책) 과정이 진행되고 있습니다. 향후 인플레이션 불안은 국지적으로 반복될 것으로 보입니다.

과거에는 특정 국가의 경상수지 흑자가 다른 국가의 경상수지 적자로 연결되고, 경상수지 흑자 국가는 내수 소비가 늘어나면서 다른 국가에 대한 수입 증가로 이어졌습니다. 하지만 최근처럼 교역이 단절되고 인플레이션이 고착된 상황에서는 경상수지 흑자 국가가 자국의 상품 경쟁력 저하를 막기 위해 임금과 생산요소 가격을 통제합니다. 즉 인위적으로 임금과 생산비용을 낮춤으로써 수출 상품의 가격 장점을 높이려는 욕구가 커지는 것입니다. 이 경우 경상수지 흑자 국가도 내수 경제는 약화되기 마련입니다. 반대로 경상수지 적자 국가는 외화 자금의 유출을 최소화하기 위해 수입을 축소시키고자 합니다. 이에 소비자들의 신용을 통제함으로써 자국의 전체 수요까지 약화되는 결과를 초래합니다.

위의 논리를 쉽게 설명하면 다음과 같습니다. 경상수지 흑자 국가가 상품 수출을 지속시키기 위해서는 부분적으로 임금·원재료 비용의 통제가 필요합니다. 원재료 비용의 통제는 결국 정부의 재정으로 해결할 수밖에 없습니다(글로벌 원자재 비용이 높아 수입한 이후에 생산업자에게 보조금 혹은 세금 축소 등의 방식으로 공급). 이 경우 정부의 재정이 약화되다 보니 가계에게 지급할 수 있는 재정지출의 규모도 줄어듭니다. 이는 결국 전체적인 수요 약화로 연결됩니다. 또한 경상수지 적자 국가의 경우에는 환율 및 대외부채에 대한 불안이 가중되므로 외화 유출을 최소화하는 방향으로 정책이 시행됩니다. 외화 유출을 최소화하는 것은 '자국의 기준금리 인상, 수입 수요 통제' 등인데, 이 경우 모두 자국의 내수 수요 축소로 연결됩니다.

이렇게 전 세계 교역이 단절화되는 상황에서는 경상수지 흑자 혹은 적자 국가 모두 내수 수요를 통제해 외화의 유출을 최소화하는 정책을 시행할 수밖에 없습니다. 이는 전 세계적인 수요를 감소시키는 결과로 이어지고, 그 과정에서 서로 수출을 더 하려는 경쟁적 구도를 낳습니다. 이런 경쟁적 구도는 결국 무역전쟁을 가속화시키게 됩니다.

무역전쟁의 방식은 여러 가지입니다. 첫째, 상대국의 상품을 수입할 때 관세를 높이는 방식이 존재합니다. 이는 미국이 중국을 견제하면서 주로 사용한 방식인데, 자국 기업 경기까지 후퇴시키는 부작용이 발생합니다. 상대국의 상품 수입 관세가 높아지면 수입 물량이 적어지는 것이 일반적입니다. 하지만 상대국의 상품을 오랫동안 사용해온 기업의 입장에서는 당장에 수입 기업을 바꾸기 힘들 것입니다. 해당 상대국 기업에게 계속해 수입을 하게 되고, 이는 기업의 생산비용 상승을 초래합니다. 둘째, 상대국의 상품 수입을 금지하는 방식입니다. 이 경우 역시 수출국과 수입국 모두 피해가 발생합니다. 예를 들어, 미국 바이든 정부는 '중국의 신장 위구르 지역의 노동자들에 대한 인권 문제'를 근거로 해당 지역의 상품 수입을 금지한 바 있습니다. 중국의 신장 지역 기업들은 상품의 수출이 급격히 줄어 재고가 늘어나는 상황을 겪게 되었습니다. 하지만 미국 역시 중국 신장 지역에서의 상품을 구하지 못해 생산에 차질이 생기는 피해가 발생했습니다.

결국 국가 간 분쟁, 지역 간 단절, 자유무역주의의 후퇴, 글로벌 공급망의 붕괴 등이 지속되면, 원자재 등의 공급망 라인이 제한되면서 생산비용도 높게 유지될 수밖에 없습니다. 여기에 자국의 외화 유출을 막기 위한 외환시장 통제 정책이 가미되면서 글로벌 교역은 더욱 악화될 수 있습니다.

💰 '쓰지 않고, 팔지 않는다'

과거 밀턴 프리드먼은 전 세계의 자율변동환율정책이 경상 거래의 균형을 맞춰주는 수단으로 작용한다고 언급했습니다. 경상수지 흑자 국가는 자국의 통화가치가 높아집니다. 이후 수입 수요가 늘면서 다음의 경상 흑자 규모 축소로 연결됩니다. 반대로 경상수지 적자인 국가는 통화가치의 하락과 수입 수요 감소로 인해 다음의 경상 적자 축소로 연결됩니다. 결국 경상수지 흑자인 국가의 흑자 규모는 환율의 효과로 점차 균형점을 찾습니다. 또한 경상수지 적자인 국가의 적자 규모도 환율 효과로 점차 균형점을 찾게 됩니다.

하지만 최근에는 전쟁 등으로 글로벌 교역이 단절되고, 국가의 대외부채에 대한 부담이 가중되면서 이러한 자율변동환율제도의 본래 취지도 사라지고 있습니다. 예를 들어 일본은 상품수지 적자 국가이기 때문에 적자 규모가 쌓이는 만큼 일본의 엔화 가치가 하락하는 것은 자연스러운 현상입니다. 하지만 일본 중앙은행은 외환시장에 인위적으로 개입해서 지나치게 약세를 보이는 통화가치를 안정화시키려 합니다. 인위적인 엔화 가치의 상승세는 일본 내의 수입 수요를 유지시키고, 기업의 수출 채산성을 약화시키는 결과를 초래합니다. 이에 다음 기에도 일본 기업들의 상품수지는 적정한 균형점을 찾지 못하고 적자가 심화되는 결과를 초래합니다.

수출의 규모가 일정 수준 이상이 되는 국가가 자연스러운 환율의 변동을 받아들이지 않으면 경상수지의 불균형을 심화시킬 뿐입니다. 경상수지 흑자는 정부의 재정수입 증가와 이에 따른 수입 수요 증대, 통화가치 상승에 따른 수입 증가 및 수출 감소 등을 발생시킬 것입니다. 이는 다음번의 경상수지 흑자를 조정하는 역할을 합니다. 반대로 경상수지 적자는 정부의 재정수입 감소와 이에 따른 수입 수요 감소, 통화가치 하락에 따른 수입 감소 및 수출 증가 등으로 이어집니다. 하지만 일본 및 미국 등의 경우에는 외환시장에 개입을 함으로써 이러한 자연스러운 경상수지의 자율적 조절 균형 능력을 감퇴시키고 있습니다.

최근에는 상품수지 적자를 줄이기 위해 특정한 나라의 상품을 수입하지 않거나, 정치적인 이유 때문에 수출을 금지하는 경우도 존재합니다. 예를 들어 미국 공화당은 중국에 대해 'AI 기술을 이용해 중국이 안보 위협에 위험을 가하고 있다'는 이유로 대중국 반도체 수출을 금지했습니다. 단기적인 시각에서 미국의 대중국 반도체 수출금지는 중국의 IT 및 AI 관련 산업의 경쟁력을 약화시키고, 해당 산업 분야를 제어하는 데 효과를 거둘 수 있습니다. 하지만 중장기적으로는 미국의 중국 반도체 산업 억지 정책은 미국의 기업 경쟁력도 약화시키는 결과를 초래할 수밖에 없습니다.

미국 IT 기업 입장에서 보면 중국 시장에 수출을 하지 못하는 만큼 매출의 증가 폭은 제한될 수밖에 없습니다. 이러한 테크 관련 기업의 매출 감소는 결국 R&D 재원 및 엘리트 인력 채용 기회 감소의 결과를 초래할 것입니다. 상대 국가에 수출을 금지하는 것은 당장에는 상대 국가의 산업 개발 능력을 후퇴시킬 수 있지만 장기적으로는 수출 국가 기업의 기술 연구 재원을 축소시킴으로써 글로벌 기술 경쟁력이 약화되는 불균형을 초래합니다.

결론적으로 분쟁, 단절, 후퇴, 붕괴 등으로 표현되는 환경에서는 자율적인 균형 관계가 깨지고 무역의 불균형이 더 심화될 것입니다. 보다 더 극단적으로 전 세계 교역정책의 키워드가 '쓰지 않고, 팔지 않는다'라는 방향으로 심화될 수 있고, 이는 자연스럽게 교역 국가들 간의 블록화를 강화시킬 수 있습니다. 이러한 블록화는 비단 교역에만 그치지 않고 금융, 정치, 외교 분야로 확장될 수 있습니다. 전 세계적 관계에서 '정상적인 대의'보다는 '자국의 명분과 이념'만이 중시되는 환경으로까지 전환될 위험이 존재합니다.

경제 블록화의 미래

과거에는 국가의 체제가 달라도 경제적 이윤에 의해 서로 협력하는 형태를 보였다.
하지만 이제는 이념이 다른 국가들 사이에서는 갈등과 분쟁이 격화되는 경향이 있다.

달러 블록, 위안화 블록의 함정

단절화(정치경제적인 이유로 상호간의 교역·거래를 통제하는 현상)가 전 세계의 소비시장을 분절화시키고 있습니다. 그러다 보니 과거처럼 자유로운 개방된 소비를 기대하기 힘듭니다. 상호 간의 대립이 강화되는 국가끼리는 무역과 소비도 줄이려는 경향이 강화될 수 있습니다.

전 세계의 교역에서 분쟁, 단절, 후퇴, 붕괴 등과 관련되는 정책들은 자율적인 무역 균형을 방해합니다. 특히 '외화 유출 금지와 환율의 인위적 정책'은 무역 상대국과 자국의 균형적 관계를 더욱 악화시키는 결과를 초래합니다. 그런데 최근에는 전 세계의 분쟁과 단절의 수준이 강화되면서 특정 통화를 사용하지 않으려는 시도까지 나타나고 있습니다. 특정 국가들끼리 블록을 형성하고, 해당 블록에서는 달러 이외의 블록 핵심 통화로 거래하는 것입니다. 보다 구체적으로 중국은 러시아, 브라질 등의 국가들과 경제 블록을 형성하고, 상호 간의 교역을 확대함과 동시에 위안화를 중심으로 거래하는 정책을 취하고 있습니다. 또한 중국은 사우디와의 에너지 결제에서 위안화로 직접 거래할 수 있는 정책까지 도입했습니다.

아직까지는 글로벌 경제·금융 부문에서 달러의 거래 비율이 80% 정도이고, 위안화의 거래 비율은 8% 정도로 확연하게 차이가 납니다. 하지만 거래 비율과 무관하게 특정 통화로만 거래하는 교역이 늘어날 경우에는 전 세계 상품의 기술적 가치를 크게 떨어뜨릴 수 있습니다.

우선 중국이 블록을 형성하고 원자재 교역을 하는 거래에서 위안화 사용을 의무화하는 경우를 살펴보겠습니다. 이 경우 중국 블록 내에서의 원자재 거래를 위안화로 함으로써 위안화에 대한 거래 빈도는 늘어날 수 있습니다. 하지만 중국 블록 내에서 거래되는 원자재의 가격이 달러 기반의 원자재 시장의 가격과 차이가 나는 경우에는 문제가 심화될 수 있습니다.

예를 들어 동종 업종에 속한 기업 A와 B가 각각 중국 블록과 달러 기반 원자재 시장 내에서 거래를 한다고 가정하겠습니다. 중국 블록에 속한 A기업은 위안화를 기반으로 원자재를 싸게 공급받을 수 있습니다. 이 경우 A기업은 다른 수입 국가들에게 높은 이윤을 붙여 상품을 수출하면서 이익을 창출할 수 있습니다. 하지만 달러 기반의 원자재 시장에서 동일한 원자재 상품이 보다 높은 가격으로 거래되고 있다면, B기업은 항상 높은 원자재 생산비용을 감당해야만 합니다. 결국 B기업의 경우에는 자연스레 수출 시 이익 수준도 제한될 것입니다.

상품의 경쟁력과 기술력 수준을 배제하고 원자재 비용 차이에 따라 원가 경쟁이 심화된다면 상품의 질적 가치는 어쩔 수 없이 낮아질 수밖에 없습니다. 과거처럼 완전 자율적 경쟁 시장하에서는 동일한 생산비용을 바탕으로 기술력 경쟁을 해서 전 세계의 상품 품질을 높일 수 있었습니다. 하지만 수출 기업의 상품 경쟁 요소가 생산비용에 집중된다면 질적 가치는 대체적으로 하락할 수밖에 없습니다. 이러한 사례는 과거 2000년대 초반 이후 중국이 다양하게 보유한 원자재를 기반으로 각종 상품을 싸게 모방적으로 만들어낸 예에서 살펴볼 수 있습니다.

결국 블록 간의 거래 비용의 차별화는 해당 제품에 대한 경쟁 요소가 비용에만 초점이 맞춰집니다. 이로 인해 글로벌 기업들의 공급망*에 기반한 고품질의 상품 제조의 기

> ***공급망**(Supply Chain): 각 생산 단계에서 경쟁력이 있는 기업들이 축차적으로 만들어내는 제조 과정이다.

회는 사라질 수 있습니다. 오히려 기술의 수준은 제한되고, 가격만 싼 조악한 상품들이 주류를 이루는 상황이 나타날 수 있습니다.

요약하면, 전 세계의 교역에서 분쟁, 단절, 후퇴, 붕괴 등은 무역의 불균형을 심화시킬 뿐 아니라 전 세계 상품 개발 수준을 후퇴시키는 결과까지 초래할 수 있습니다. 결국 2000년대 이후 20년 이상 지

속된 자율무역 관계에서 이루어진 '글로벌 기술의 첨단화'가 후퇴되고, 오히려 블록 내에서만 특정 상품이 거래되는 형태로 전락할 것입니다. 이는 전 세계 기업의 개발 능력뿐 아니라 소비자들의 상품에 대한 매력도를 감퇴시켜 전 세계 소비 시장의 역성장까지 초래할 위험 요인으로 보입니다.

💰 분쟁과 단절의 손익계산

전 세계의 교역에서 분쟁, 단절, 후퇴, 붕괴 등의 상황은 또 다른 문제를 야기하고 있습니다. 그것은 바로 '전쟁'입니다.

전쟁에는 서로 간에 물리적 충돌을 하는 '무력 전쟁'이 있고, 국가 간에 물리적 충돌 없이 갈등이 유발되는 '묵시적 전쟁'이 있습니다. 우선 '무력 전쟁'의 원인과 향후 전개 과정에 대해 구체적으로 알아보겠습니다.

과거 제2차 세계대전 발생 이전의 전 세계 국가들은 제조업 분야의 발전을 이루고 있었습니다. 이른바 화학, 철강, 자동차, 기계 등의 산업을 부흥시키기 위해 전 세계 각국은 원자재를 채굴하고, 생산 공장 시설을 확보했습니다. 국가의 경제력이 결국 원자재 보유량의 여부에 달릴 만큼 자원은 매우 중요한 요소였습니다. 그런데 제2차 세계대전이 벌어지면서 당시의 참전 국가들은 군사력을 증진시키기 위해 노동자들을 응집시키고, 많은 자원을 군사적 전략 자원으로 이용했습니다. 즉 철강·구리·금·은 등을 이용해 더욱 강한 무기를 제조하기 위해 노력한 것입니다.

제2차 세계대전은 이탈리아-에티오피아 전쟁, 스페인 내전, 중일 전쟁, 소련·일본 국경 분쟁, 유럽의 파시즘 긴장 고조 등이 원인이 되어 발발한 것으로 분석되곤 합니다. 특히 제1차 세계대전 패배이후 독일의 대공황으로 인한 경제적 혼란, 유럽 각지에서 사회주의 세력이 대두한 것도 한 원인으로 지목됩니다. 하지만 이러한 표면적인 이유들 외에도, 이러한 갈등의 본질에는 '경제적 자원의 제한과경제 성장의 한계'가 근본적 원인이 되었습니다.

각 국가들은 제1차 세계대전 이후 경제적 정체성을 확립시키지못하고 자원 역시 제한되다 보니 갈등이 깊어졌습니다. 각 국가마다지니고 있는 국가 경제적 정체성의 혼란이 다른 국가로 향하게 되었고, 이것이 국가별 연합으로 이어졌습니다.

최근의 러·우 전쟁, 이스라엘·하마스 전쟁 등을 살펴보면, 국가별이해관계와 이념적인 갈등으로 전쟁이 발생한 것으로 보입니다. 하지만 사실상 전쟁 유발 국가는 자국의 경제적 혼란을 타개하지 못하자 내부의 갈등을 외부로 돌리기 위해 시작했다는 데 공통점이 있습니다.

실제로 러시아의 경우에는 우크라이나 돈바스 지역을 확보해 '안보적 안정화'를 이루고 지중해를 통한 교역 거래를 확보하겠다는 표면적인 이유가 있었습니다. 하지만 러시아 경제는 사실상 2020년코로나 19 위기를 거친 이후에 이렇다 할 성과(국제적 백신 제조에 성공한

다거나, 저금리로 경제적 경쟁력을 강화)가 부재한 상황에서 지속적인 내부 갈등에 시달려왔습니다.

또한 하마스 정부의 경우에는 이미 중동 지역이 각국의 이해관계가 분열화하는 가운데 주변국(이집트·레바논·시리아)과의 교역도 소원해졌습니다. 가자지구의 주민들은 경제적 어려움이 심화되자 지도자들에 대한 원망도 커졌습니다.

전 세계 국가의 분쟁, 단절, 후퇴, 붕괴 등이 발생하는 동안에는 각 경제권역에서 주변국의 도움으로 연명하던 국가들은 더욱 경제적으로 힘들어지게 되었습니다. 해당 국가들의 경제적 자립도와 정체성은 보다 약화되었고, 이에 대한 내부적 타개책이 필요하게 되었습니다. 이에 인류애적인 대의보다는 자국의 명분이 중요해지고, 결국 물리적 충돌을 유발시키는 계기가 만들어집니다. 과거 1990년대 후반에 국가 간 원조와 교역이 활발해지던 시기에는 충돌을 함으로써 얻는 이익보다 잃게 되는 손실의 규모가 컸던 반면에, 지금은 그 반대의 상황이 된 것입니다.

이러한 국가 경제의 성장 약화와 주변 국가들의 단절 속에서 사회적·정치적 갈등은 커질 수밖에 없습니다. 성장 여력이 약하고 정치적 분쟁이 많은 국가는 언제든지 물리적 충돌을 일으킬 가능성이 있음을 시사합니다. '분쟁과 단절'로 후퇴하는 경제 환경 속에서 '경제적 합리성에 기반한 의사 결정과 인류애적인 사고'는 사라지고, 자국의 이익에 기반한 명분에만 집중하게 된 셈입니다.

무역 불균형 심화

　다음으로 국가 간에 물리적 충돌 없이 계속 갈등이 유발되는 묵시적 전쟁은 '무역 전쟁'과도 유사한 측면이 있습니다. 하지만 묵시적 전쟁이 무역 전쟁과 다소 다른 점은 순수하게 경제적 계산만이 내포되지 않았다는 것입니다.

　예를 들어 최근 칠레는 리튬 산업을 국유화하고, 인도네시아는 팜유 수출을 금지한 바 있습니다. 칠레의 리튬 산업 국유화는 전기차 시대의 배터리 관련 광물자원의 희소성 때문에 결정된 것으로 언급되었습니다. 칠레는 주요 수출 대상국인 미국, 중국, 일본에 원자재

【 글로벌 국가들의 체제와 이에 따른 상호 갈등 격화 】

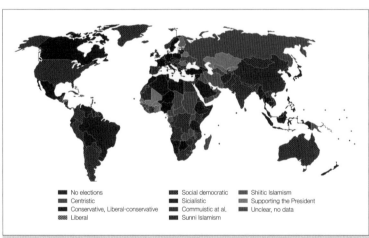

과거에는 국가의 체제가 달라도 이질성에 대한 갈등이 경제적 이윤에 의해 상쇄되곤 했다. 하지만 이제는 경제적 이윤의 가치가 축소되면서 이질성이 상호 간의 갈등과 분쟁으로 격화되고 있다.

자료: https://www.feelingeurope.eu/

와 식품 등을 수출해왔습니다. 하지만 칠레는 대외부채 부담이 지속되고, 선진국과의 금융 거래 규모가 줄면서 자국의 재정 여력이 약화되었습니다. 이에 칠레 정부는 전기차 보급 확대의 국면에서 다른 방식으로 경제적 이익을 누리기 위해 리튬에 대한 국제 통제력을 강화한 것입니다.

인도네시아의 경우에는 2020년 이후 광물자원의 수출을 통해 상대적으로 경제 회복세를 빠르게 이룰 수 있었습니다. 하지만 주요 수출 대상국인 중국의 수요 급감과 대외 교역 감소 등으로 인도네시아의 성장 동력이 약화되었습니다. 이에 국민들의 피해를 방지하기 위해 팜유를 수출 금지하면서 자국 농민들과 소비자들을 보호하기 위한 정책을 시행했습니다.

이와 같이 일부 국가가 다양한 이유를 근거로 특정 산업과 특정 기술 수출을 통제하면 향후의 글로벌 산업은 어떻게 될까요? 정부가 컨트롤을 하는 초기에는 생산 요소를 국유화하고 기업의 거래 대상자를 제한함으로써 상대국에게 강한 힘을 발휘할 수 있습니다. 하지만 시간이 소요되면서 정부가 주축이 되어 산업 내 많은 부분을 컨트롤하고 기업의 거래를 제한한다면 해당 산업은 자연 도태됩니다. 즉 해당 산업과 기업의 입장에서는 기술과 상품을 근간으로 다양한 이익의 기회(매출 증대·M&A·합작 기술 개발·공동 연구)를 잃을 수밖에 없는 것입니다. 특히 기업과 정부는 상호 다른 입장으로 장기적으로 충돌할 수밖에 없기 때문에 정부가 컨트롤해 나가는 산업의 대부분은 경쟁력을 잃을 수밖에 없습니다.

정부가 많은 생산 요소를 통제하고 기술과학자들을 고용하게 되면, 민간 부분에서는 생산 요소와 인력의 부족 사태에 직면할 수밖에 없습니다. 이는 결국 민간 부문의 생산비용(원자재·기술 인력의 인건비) 상승과 이에 따른 기업의 자생력 약화를 초래합니다. 즉 정부가 경제적 이유 외의 명분으로 산업을 통제하거나 수출을 제한하는 '암묵적 전쟁'의 정책은 단기적으로 해당 국가의 지배력을 높일 수는 있습니다. 하지만 장기적으로는 이러한 부작용이 전 세계 교역 환경을 악화시키고, 돌고 돌아 무역 불균형을 심화시키는 요인으로 작용할 것입니다.

부적절한 경제정책의 후폭풍

최근처럼 정치·환경 문제, 전쟁이 빈발하는 상황에서의 정책 혼선은
상품에 대한 공급 쇼크와 화폐 보유 욕구를 감소시킬 수 있다.

돈이 가야 할 곳

통화주의론자들은 모든 인플레이션은 화폐적 현상이라고 주장합니다. 통화주의론자들은 재정지출이든, 중앙은행의 양적완화 정책이든 중앙은행의 돈이 풀리면 결국은 인플레이션으로 귀결된다는 논리를 펼칩니다.

현대화폐이론에서는 유동성 자체를 공급하는 것이 문제가 아니라 이후의 대처 방법에 따라 인플레이션 여부가 결정된다고 분석합니다. 만일 최근 글로벌 국가들이 현대화폐이론에 맞추어 유동성을 기업과 가계에 맞춤형으로 공급했다면 극심한 인플레이션이 나타나지는 않았을 것입니다.

2008년 금융위기 직후 대부분의 경제정책자들은 오스트리아 학파의 금융완화정책의 효용성을 믿게 됩니다. 당시 정책자들은 정부의 재정적자를 피하면서 돈을 푸는 유일한 해법은 중앙은행의 양적완화라고 믿었습니다. 특히 과거에 Fed 의장이었던 버냉키도 '헬리콥터 벤'이라고 불리우며 중앙은행의 금융기관 유동성 투입 정책을 지지했습니다. 중앙은행의 돈이 금융기관으로 흡수되면 금융위기도 막을 수 있고 실물경제도 구원하게 된다는 논리를 기반으로 한 것입니다.

당시 미국의 금융기관들이 유동성 부족으로 파산 위기에 있었으므로 이러한 주장은 설득력 있게 받아들여졌습니다. 하지만 중앙은행의 양적완화 돈들이 정부를 거쳐 산업과 기업에 직접 투입되었으면 어땠을까요?

예를 들어 Fed가 양적완화를 할 때 재무부의 발행 채권을 중심으로 하고, 이로 인해 공급받은 재무부의 예산이 산업 육성에 집중적으로 쓰여진 경우를 가정해보겠습니다. 아마도 지금쯤이면 최첨단화된 자율주행자동차와 금융시장의 심리와 사람의 감성까지도 간파하는 AI 로봇이 탄생했을지 모릅니다. 특히 정부 주도적으로 생산비용의 효율화 정책을 시행하면 보다 좋은 결과를 창출할 수 있었을 것입니다. 그리고 노동자들이 생산성이 가장 높은 시간대를 찾아 집중 생산하는 등 여러 측면에서도 상당한 비용 절감을 이룰 수 있었을 것입니다.

화폐적 현상에 따른 인플레이션 예방법

하지만 당시의 양적완화로 풀린 돈들은 금융기관에 직접 투입되었고, 가계는 저축을 꺼리게 되었습니다. 저금리 정책이 끝난 지금까지도 시중 유동성은 저축 예금에 집중되지 못하고 있고, 글로벌 주식시장이나 비상업용 원자재 투자 시장 등에 주로 유입되고 있습니다.

미국에서도 저금리라는 이유로 가계가 빌린 돈의 규모는 16조 9,000억 달러나 되고, 이로 인해 가계가 평균 이자율 2%를 낸다고 가정할 때 지불한 이자 규모만 매년 3,000억 달러나 됩니다. 2008년부터 최근까지 이어온 금융기관 중심의 유동성 공급 정책은 결국 가계의 원리금 부담을 늘려 소비할 수 있는 규모만 줄이게 된 것입니다. 그럼에도 미국에서는 금융기관에 유동성을 투입하는 것을 가장 우선적인 정책으로 여기고 있습니다.

이와 같이 경제정책이 단기간의 위기 해소에만 집중해 한쪽으로 치우치게 되면 장기적으로는 해결하기 힘든 복합적 문제를 초래할 수 있습니다. 특히 경기의 상황에 맞지 않는 경제정책이 전 세계적 정치 외교적 혼란, 생산 능력의 붕괴, 무역 전쟁의 심화(금수조치 등), 전쟁 등과 맞물리면 돌이키기 힘든 결과를 가져올 수 있습니다. 높은 인플레이션은 무엇 하나로 발생되는 것은 아니지만 적어도 미국 정부가 재정지출의 효율적 방안을 연구해나간다면, 화폐적 현상에 기인하는 인플레이션은 통제될 수 있을 것입니다.

'인위적 위기'의 시대

향후에 발생할 경제 위기는 과거처럼 미처 예견하지 못한 위기일 가능성이 적다.
오히려 위기가 감지됨에도 대응하지 않음으로써 나타나는 인위적 위기가 될 수 있다.

포퓰리즘의 변질

유럽에서 한때 유행했던 유럽의 재정위기를 초래한 '포퓰리즘', 이것은 아직도 경제를 망치는 요인으로 작용하고 있습니다. 2008년 금융위기를 거치면서 미국과 유럽의 좌파 정권들은 새로운 프레임을 만들어서 인기를 끌었습니다. 금융위기 직후이니 힘들어진 서민이 많아졌고, 이에 포퓰리즘 정책자들은 못사는 서민들에게 직접적으로 돈을 주면서 정책을 펼쳐 나가기 시작했습니다. 하지만 경제정책의 본질이 본래의 포퓰리즘 의도에서 벗어나기 시작하면서 포퓰리즘은 경제 분열·대립을 부르는 위험 요인이 되고 있습니다.

본래 포퓰리즘(Populism)은 이데올로기적인 개념으로 '보통사람들의 요구와 바람을 대변하려는 정치 사상, 활동'이라고 정의되었습니다. 한마디로 말해 다수의 대중이 원하는 정치를 뜻하는데, 사실상 다수의 의견을 대변하는 민주주의(데모크라시, democracy)와 그 뜻이 크게 다르지 않습니다. 오히려 그 사상은 좌파, 우파, 중도에 관계없이 부패한 지배적인 엘리트 계층에 맞서서 대중의 직접적인 뜻을 반영하는 데 취지가 있습니다.

예를 들어 19세기 후반 급진적인 경제적 의지를 지닌 농업인들의 운동이 대표적인 포퓰리즘이라고 할 수 있는데, 당시 농민들과 뜻을 같이한 미국의 인민당은 누진소득세 도입, 상원의원 직선제 도입, 거대 기업 간 담합 금지 등과 같은 합리적인 정책을 도입했습니다. 남부 농민들과 결합한 인민당은 기업가, 은행가, 대지주 등에 대항해 소농과 숙련 노동자들의 권익을 찾기 위해 노력합니다.

현대 경제에서도 포퓰리즘이 그 취지와 뜻에 맞게 이루어진 사례가 존재합니다. 브라질의 전 대통령 루이스 이나시오 룰라는 저소득 계층을 위한 적극적인 정책을 펼쳤습니다. 당시 브라질은 절대 극빈층이 5,000만 명에 달했고, 어린이들이 시시각각 굶주림으로 사망하는 상황이었습니다. 이에 룰라는 사회적 약자를 위한 복지정책, 인플레이션 극복, 공무원 연금제도 개편, 외화보유액 확대, 계층 간 합의 도출, 조건부 빈곤층 지원 등의 개혁 정책을 추진했습니다. 그로 인해 룰라의 임기 동안 브라질의 빈곤율(소득이 최저생계비에 미치지 못하는 가구의 비율)은 34%에서 22%로 떨어졌고 경제성장률은 집권 전 3.4%에서 7.5%까지 개선되었습니다. 이는 현대 경제에서도 빈곤층을 위한 사회경제적 개혁을 통해 경제와 빈곤율을 동시에 개선시킨 긍정적인 사례라 할 수 있습니다.

하지만 2010년대 중반 이후 그리스 등에서 나타난 포퓰리즘은 절대 다수의 빈곤층을 위한 정책이라기보다는 일종의 선심성 정책으로 정치 세력 확장에 집중된 경향이 있었습니다. 특히 그리스의 잘못된 포퓰리즘은 '유럽발 재정위기'의 단초가 되었고, 이러한 부작용이 유럽연합의 갈등을 크게 초래하기도 했습니다.

실제로 그리스의 포퓰리즘적인 정책의 문제는 복지지출 대부분을 구세대에 지급한 데다 일부 공무원들에게만 연금 혜택을 주면서 표출되었습니다. 일부 공무원들은 '낸 것보다 2~5배가량 많이 돌려받는' 불공정한 관행까지 발견되었습니다. 게다가 그리스는 재정 상황을 고려하지 않은 감세까지 실행하면서 재정 상황이 심각해졌습니다.

그리스의 경우 거의 관광 수입으로 경제를 이끌어왔는데, 지나친 감세로 인한 세수 부족과 경상수지 적자가 누적되면서 국가 재정의 영속성이 크게 타격을 받았습니다. 실제로 당시 그리스의 보수정당인 신민주주의당은 2004~2007년 법인세율을 35%에서 25%로 무려 10%P 정도나 낮추었고, 부동산 상속세 폐지 등의 감세정책까지 실행하면서 그리스 경제의 위기와 유럽 재정위기의 도화선을 발생시켰습니다.

이러한 그리스의 선심성 정책을 계기로 현대 경제에서 포퓰리즘의 의미는 부정적으로 변모되었습니다. 포퓰리즘이 무색하게 된 첫 번째의 원인은 현대 경제에서 '다수의 약자'가 누구인지 정의하는 과정에서 빈번한 오류가 있기 때문입니다. 역사적으로 포퓰리즘은 인권, 생명과도 연결된 의미였는데, 이제는 그 의미가 많이 변질되었습니다. 과거 미국의 농민운동이나 브라질의 사례에서는 지원받지 않으면 생명권과 기본적인 인권까지 위협받는 다수의 대중이 그 대상이었습니다. 하지만 이제는 기본적인 생명권과 인권의 위협과는 무관한 기업가들 혹은 일부 직업의 계층들에 집중하고, 그들이 타격 받으면 국가 경제가 위험하다는 논리로 접근하곤 합니다.

포퓰리즘이 무색해진 두 번째의 원인은 이제 포퓰리즘이 정책적 오류의 의미로 통용되기 때문입니다. 그리스의 선심성 포퓰리즘 정책이 유럽 재정위기의 단초가 된 이후로 많은 정책자들은 상대의 정책을 비난할 때 '포퓰리즘적이다'라는 표현을 합니다. 이제는 '포퓰리즘'이 사회적 약자를 위한 지원의 정책 등에 사용되기보다는 누군가가 정책을 시행하려 할 때 그것을 비난하는 도구로 주로 이용되고 있는 것입니다.

누가 되든지 결국은 돈을 풀어야 한다

포퓰리즘이라는 단어는 현재 '매우 정치적이고 경제적으로 해롭다'라는 의미로 쓰여지게 되었고, 이제는 사회적 분위기도 '약자' 계층을 찾고 그들을 돕는 정책을 연구하는 데 크게 집중하지 않습니다. 사회적 약자 계층에 대한 정의와 조사, 그들을 위한 정책 등의 연구에 집중하기보다는 상대의 정책을 무조건적으로 비난하며 자신의 정책을 합리화하는 데 집중합니다.

이러한 포퓰리즘의 퇴색된 의미로 인해 유럽은 여전히 어려움을 겪고 있습니다. 독일은 2000년대 이후 상당한 기간 동안 유럽연합의 주축 경제 역할을 해오고 있습니다. 하지만 유럽 재정위기, 우크라이나 전쟁발 에너지 위기 등을 겪으면서 독일은 여타의 회원국과 큰 갈등을 빚곤 했습니다. 실제로 독일은 '자신이 속해 있는 유로화 통화 연맹의 시스템과 유럽연합의 경제 시스템은 합리적이지만, PIIGS와 같은 포퓰리즘 국가들의 문제로 유럽 경제가 성장하지 못한다'고 주장합니다.

이러한 독일의 포퓰리즘에 대한 비판적인 주장은 재정준칙을 잘 지켜온 독일의 입장에서는 합리적이라 볼 수 있습니다. 하지만 PIIGS와 같이 제조업이 약한 국가들의 입장에서 생각해보면 조금 다를 수 있습니다. PIIGS 국가들은 유럽연합 집행위원회로부터 지원을 받기 위해 새로운 긴축 혹은 재정건전화 정책에 대한 약속을 해야만 합니다. 그러다 보니 PIIGS 국가들은 일정 범위 내에서 최대한 돈을 아껴 써야 하고, 이는 다시 소극적인 재정지출로 이어지면서 내수 경제를 크게 부흥시키지 못합니다. 항상 내수는 큰 호황 없이 소폭의 성장만을 하다 보니 세수가 모자라게 되고, 이로 인해 재정수지는 크게 나아질 기미가 없는 것입니다.

미국 역시 동일한 갈등을 겪고 있습니다. 최초의 농민 운동은 경제 부문의 부조리를 해결하고, 진정으로 약자인 계층을 돕기 위한 정책으로 전개되었습니다. 이러한 정책 가치관은 미국의 민주당의 철학으로 계승되었고, 민주당은 사회적인 약자를 품기 위해 노력하는 당으로 인식되어 왔습니다. 하지만 민주당이 집권했던 2008년 전후로 미국에서는 사상 초유의 금융위기가 발생했고, 이를 계기로 '민주당의 정책은 잘못된 것'이라는 비난이 일기도 했습니다.

특히 2017년 다소 급진적인 공화당의 트럼프가 대통령으로 선출되면서 민주당과 공화당의 갈등은 더욱 커졌습니다. 이제는 공화당이 '포퓰리즘적이다'라고 비난하고 있습니다. 이에 2010년 이후부터 집권당과 대통령이 내세우는 예산정책은 항상 반대 당에게서 합의를 받지 못하곤 했습니다. 예산안에 대한 상호적인 비난과 반대는 '부채 한도 협상 혹은 예산 승인' 등의 과정을 매우 어렵게 만들었고, 이러한 과정에서 항상 글로벌 금융시장이 요동을 치는 현상이 발생하곤 합니다.

포퓰리즘의 부정적 의미가 보편화되면서 정책의 진실을 바라보기보다는 상대에게 반대를 표하고 자신의 입지를 높이는 데 집중하곤 합니다. 이는 결국 경제적 분열과 대립으로 이어지는 결과를 낳았으며, 이러한 분열과 대립은 주기적으로 경제적 위기와 같은 양상을 초래하곤 합니다. 앞으로도 이러한 대립과 비난이 더욱 강화될 것으로 보이며, 이제는 자연적인 경제 순환 주기상의 위기보다는 정책자들이 인위적으로 만들어내는 '인위적 위기'가 더욱 많아질 것으로 보입니다.

자생적 성장의 시대는 끝났다

자생적인 성장의 시대는 끝나고,
정책 대결로 경제를 키울 수밖에 없는 환경이 도래했다.

'돈을 풀고 물가를 조절한다'는 모순

최근 고착화되고 있는 인플레이션은 전 세계 경제에 큰 걸림돌이 되고 있습니다. 미국을 제외한 국가들의 경기가 악화되고 있는데, 이들 국가들이 경기부양책을 쓰고자 해도 인플레이션이 심해 특별한 방도가 없습니다. 대다수의 신흥국은 재정 여력이 약하고 국가부채 부담이 큰 상황이기 때문에 해외를 통한 자금 조달도 어렵습니다. 그런데 인플레이션율이 높다 보니 과거에 풀던 재정지출 규모만으로는 경제를 살리기엔 한계가 있습니다. 그렇다고 금리를 내려 유동성을 공급하기에는 시중의 인플레이션 부담과 외국인 자금의 이탈 위험까지 존재합니다.

미국 Fed는 인플레이션의 고착화를 없애기 위해 2023년부터 적극적인 금리 인상 정책을 하고 있습니다. 그럼에도 아직 미국의 내수 물가는 높은 상황입니다. 제조업 상품의 절대적 수준과 생활 물가 등도 2020년 대비해서는 상당히 높은 수준입니다. 그런데 이와 같은 미국의 금리 인상 정책 시행에도 체감 물가는 여전히 고공행진 중입니다. 이는 금리를 올려도 시중에 유동성이 너무 많고, 외부에서는 원자재 공급 부족의 상황이 지속되기 때문에 물가가 쉽사리 잡히지 않은 탓입니다.

현 상황에서 미국이 물가를 통제하기 위해 할 수 있는 본질적인 정책은 무엇이 있을까요? 바로 '세율 인상'입니다. 세금을 높여서 시중의 유동성을 흡수하고 수요 약화를 감내하는 것입니다. 현재 미국 경제는 실업률 3% 후반대로 거의 '완전고용 상황'을 유지하고 있고, 미국의 소비 증가세도 상당히 양호한 수준을 기록하고 있습니다. 이렇게 미국의 경제가 2020년 이후 강한 회복세를 지속할 수 있었던 것은 적극적인 재정정책 때문이었습니다. 2019년 말 코로나19 발생을 계기로 연방정부는 사회적 지출을 늘리고 특별예산까지 마련해서 가계에 현금을 지급했습니다.

재정과 통화정책의 보완적 지출로 미국 경제는 2023년까지도 양호한 성장세를 이어온 것입니다. 연방정부가 예산을 확보하는 데 있어서 Fed도 도왔습니다. 당시 바이든 행정부는 정부가 경기부양을 하기 위해 중앙은행이 보조해 돕는 것이 합리적이라는 '현대화폐이론'을 근거로 내세웠습니다. 랜덜 레이, 지저스 펠립 등과 같은 현대화폐이론가들은 미국이 부도 리스크에서 자유로울 수 있기 때문에 정부의 재정부양을 Fed가 돕는 것이 적절하다고 언급했습니다. 물론 정부와 Fed의 돈이 시중에 너무 많이 풀려서 나타날 수 있는 위험 요소를 제거하려면 경기가 회복된 이후에는 세율을 높이는 것이 중요하다고 강조하기도 했습니다.

현대화폐이론에서는 경기가 불황일 때 정부와 중앙은행이 부양 정책을 공조하는 것을 강조합니다. 이후 경기가 호황이 되면 정부는 세율을 높여 지나친 화폐의 공급으로 인한 인플레이션을 제어해야 한다고 역설합니다. 또한 경기 호황 시 정부가 세금을 충분히 거둬들여서 재정 여력을 확보하면 예산에도 도움이 된다고 강조합니다.

하지만 미국 연방정부는 경기가 양호하고 인플레이션이 과도한 상황에서도 세금을 높이지 않고 있습니다. 물론 인플레이션 감축법을 통해 매출액이 큰 일부의 대기업을 대상으로 세율을 높이기는 했습니다. 하지만 충분한 소비를 하고 있는 가계에는 세금을 올리지 않고, 적자재정을 통해 가계에게 돈을 지속적으로 공급하고 있습니다. 이처럼 정부가 가계에 이전지출을 통해 가계의 소득 재원을 보조해주는 정책을 바꾸지 않으면, 내수의 구조적 인플레이션은 해결되기 힘들 것입니다.

과거 미국의 남북전쟁에서 북부 연합의 정치 지도자들은 전쟁 이후의 하이퍼 인플레이션을 컨트롤하기 위해 세율을 인상했습니다. 당시에는 전쟁 이후 재건 지출이 늘어나면서 마찰적인 인플레이션도 급등할 수 있었습니다. 하지만 북부 연합의 정책자들은 세율을 적절히 높여서 과도한 인플레이션을 통제하고, 적정한 재정지출로 경기의 급격한 악화도 방지할 수 있었습니다.

결국 정부의 돈과 중앙은행의 돈이 한꺼번에 풀려 있는 현 상황에서는 단순히 고금리 정책만으로 수요를 꺼뜨리기는 힘들 것입니다. 오히려 과도하게 불어난 돈에 대한 프리미엄 가치(돈을 빌리는 비용)만을 높일 뿐입니다. 만일 돈의 차입 비용이 높아도 유동성이 충분하기 때문에 수요자만 원한다면 신용은 더욱 확대될 수 있습니다. 특히 최근처럼 유동성 과잉 상황과 원자재 공급 부족의 현상이 동반하는 경우에는 보다 강한 세율 인상 혹은 유동성 회수 등을 통해 경제 수요를 위축시켜야 합니다.

정책 대결의 시대

그럼에도 여전히 적극적 재정지출을 하는 정부와 금리 인상으로 물가 통제를 기대하는 Fed로 인해 모순적인 상황이 지속되고 있습니다. 특히 미국 경제는 서비스업이 중요한 비중을 차지하기 때문에 유동성 회수의 필요성은 더욱 클 것으로 판단됩니다.

제조업의 상품은 다양한 대체제와 유사 제품이 존재하기 때문에 기업은 자율적으로 가격을 인하할 가능성이 있습니다. 하지만 서비스업의 경우에는 상품과 달리 대체제가 적기 때문에 서비스업 공급자가 높은 가격을 유지할 가능성이 큽니다.

제조업보다는 서비스업 위주로 경제활동이 이뤄지는 미국에서는 서비스업의 공급자들이 비용 상승분을 소비자들에게 전가할 가능성이 큽니다. 만일 소비자들이 이러한 비용 상승분을 어느 정도 감내하게 되면 서비스업의 물가는 쉽게 안정되지 않습니다. 이에 대한 해결책은 경제 내에 순환되는 유동성을 위축시켜 수요 자체를 축소시키는 방법뿐입니다.

장기적 관점에서도 재정지출 확대와 고금리 정책의 결합은 미국 경제에 상당히 부정적인 영향을 미칠 수밖에 없습니다. 아무리 고금리 정책을 취해도 재정지출로 수요가 유지되면 수입 수요도 증가하면서 경상수지 적자는 확대됩니다. 또한 수입 수요가 이어지면 달러는 외부의 원자재 공급 국가들에게 공급될 수밖에 없습니다.

이는 원자재를 독점하거나 생산 요소를 국유화한 국가들에게 수출 통로를 원활하게 열어주는 역할을 합니다. 실질적인 유동성의 회수 없이 고금리 정책만을 지속하는 경우에는 원자재 수출 국가들에게 달러를 공급하게 되는 것입니다. 이와 같은 현상이 지속되면 해외에 과도하게 풀린 달러 유동성을 회수하기 위해 미국은 '수입 제한' 이외에는 뚜렷한 대책이 없을 수도 있습니다.

8

THE FUTURE ECONOMY

8장에서는 미국이 디지털 달러로 무엇을 노리는지 살펴본다. 미국의 디지털 달러 중심의
CDBC 시스템에서는 무엇이 필요하고, 어떻게 변할까? 디지털 달러로 아마존도 결제하고
쿠팡도 결제하는 세상이 올 것이다. 디지털 달러로, 미국의 Fed는 전 세계의 중앙은행이
될 수 있다. 미국의 디지털 달러의 세계는 매우 멋진 모습처럼 보이지만 디지털 달러의 프
로세스와 규범은 우리를 힘들게 할 수 있음도 알아야 한다.

'디지털 달러'가 미국의 위상을 지켜줄까?

달러의 '신용적 거래 기능' 전망

전 세계 중앙은행의 달러에 대한 보유량이 변화하고 있다.
달러의 '신용적 기능'이 조금씩 약화될 수 있다는 사실에 주목해야 한다.

화폐 신용 보증의 조건

화폐가 기축통화의 특성을 지니려면 매매교환·가치저장·계산 기능이 있어야 한다고 앞에서 이야기했습니다. 여기에 더해 현대화폐이론 관점에서 현대 경제의 기축통화가 되기 위해서는 '신용 보증'의 기능이 있어야만 합니다. 미국의 재무부가 Fed의 계좌에 예금을 이체하고, Fed는 민간 은행이 보유한 채권을 매입하는 일련의 과정을 생각하면 화폐의 신용적 기능이 매우 중요하다는 것을 알 수 있습니다.

과거 전통적인 경제학파들은 화폐가 금과 은의 '매매교환 및 가치저장'을 대체하는 데 초점을 맞추었습니다. 하지만 현대화폐이론 경제학자들은 조금 더 현실적이고 실질적인 금융 거래의 과정에 초점을 맞춥니다. 현대의 기축통화는 정부가 발행한 화폐를 기반으로 '사실상의 현금 거래 없는 계좌이체 과정'을 통해 민간 부분까지 신용이 창출되도록 합니다. 더 나아가 신용은 해외로까지 확장되어서 더 많은 달러 신용을 창출하게 됩니다. 민간에서 '화폐'를 기반으로 창출된 신용은 돌고 돌아 다시 계좌이체를 통해 미국 정부의 세금으로 징수되면서 신용 창출 과정이 일단락됩니다.

정부는 최초에 화폐를 발행하지만 민간 부문에서는 신용을 기반으로 돈을 유통하고, 최종적으로는 세금 납부를 통해 정부에 화폐를 반납하는 셈입니다. 이러한 화폐의 유통 과정에서는 달러 기반의 차용증서, 매출채권 등의 신용 보증적 서류가 매우 중요한 역할을 합니다. 글로벌 경제에서 달러로 쓰여진 차용증서, 매출채권, 예금증서 등에 대해 세계 각국이 이를 신뢰하고 거래할 수 있는 것은 최종 보증자로 여겨지는 미국 정부의 '신용'에 대한 믿음이 존재하기 때문입니다.

이는 달러를 발행한 미국 정부가 어떠한 경우에도 달러와 관련된 신용보증서의 거래를 보증하고, 미국 정부가 부도에 직면할 가능성이 적다는 믿음이 있기 때문입니다. 이에 많은 금융 거래자들은 달러와 연관된 '신용'의 기능을 믿고 거래하며, 달러를 전 세계 금융 및 기업 거래에서 사용합니다.

기축통화의 지위를 보전하려면

　기축통화로서 '신용'의 기능을 유지하려면 무엇이 필요할까요? 크게 세 가지가 필요합니다. 첫째는 화폐를 발행한 미국 정부의 '경제적 기능'에 대한 신뢰성입니다. 둘째는 미국 정부의 충분한 달러 지급 준비력입니다. 셋째는 전 세계 중앙은행이 공통적으로 달러를 많이 보유해야 한다는 조건입니다. 이러한 세 가지 기준이 충족될 때에만 화폐 거래자들은 충분한 믿음을 갖고 달러를 신용화폐로 사용할 수 있습니다.

　미국 정부의 경제적 기능, 미국 정부의 충분한 달러 지급력 등은 충분하게 유지되는 듯 보입니다. 하지만 전 세계 중앙은행의 달러 보유액은 조금씩 달라지고 있습니다. 중국 및 러시아 등의 중앙은행

【 거래 유형별 달러의 사용 비중 】

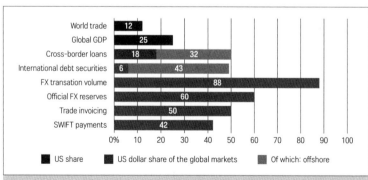

국제 거래, 글로벌 GDP, 외환 거래 등에서는 여전히 달러가 절대적으로 높은 비중을 차지한다. 하지만 SWIFT 지불의 측면에서는 달러의 비중이 상대적으로 적게 나타난다.

자료: The global foreign exchange market in a higher – volatility environment", Bis Quarterly Review, Drehmann, M. and V. Sushko, 2022

은 점점 달러의 보유량을 줄이고 있으며, 자국의 통화와 연대 국가의 통화 비중을 늘리고 있습니다. 이는 '전 세계 금융 거래 시장에서 달러를 기반으로 한 신용 거래가 가능하다'는 믿음을 제한하는 요인입니다.

결국 당장은 아니더라도, 신용과 관련되는 세 가지 요건 중에서 두 가지 이상의 요건이 흔들리면 달러의 '신용적 거래 기능'은 조금씩 퇴화될 가능성이 존재합니다.

달러 패권 붕괴론의 허상

달러 패권을 유지하기 위해 미국은 매일같이 싸워서 이겨야 한다.
달러 발권력, 소비시장 호조세, 강력한 안보·군수 체계를 유지해야 한다.

화폐 패권 장악의 역사

현대 경제의 화폐, 특히 달러의 패권 시스템이 안착된 역사는 어떻게 될까요? 역사적으로 하나의 달러를 전 세계적인 통화로 인식하고 사용하게 된 배경은 그리 복잡하지 않습니다. 과거 그리스 시절을 회고해보면, 사회적 엘리트 계층들이 귀금속 등을 모두 과점하고 있는 상황에서 그들은 자신들의 사회적 영향력을 확장시키기 위해 금속을 교환하고 이것을 상품 거래 수단으로 사용하게 했습니다. 하지만 이후 매매 장터에서 대규모로 거래할 수 있는 수단이 필요함을 느꼈던 폴리스(민주적 도시 국가)의 지도자들은 귀금속으로 주화를 제조해 그것을 상업시장에서 쓰이도록 했습니다.

이후 엘리트 계층들은 자신의 사회 정치적 영향력을 더욱 크게 발휘하기 위해 귀금속으로 더 많은 주조 화폐를 만들어 상업시장에 공급했습니다. 폴리스는 상인들에게 새롭게 만들어진 주조 화폐를 사용하도록 설득했고, 주조 화폐로 세금을 징수했습니다. 폴리스의 지도자들은 징수된 주화를 국가의 권한과 원칙에 맞추어 공무원에게 임금으로 지불했고, 이를 기반으로 새로운 경제 시스템이 정립되었습니다.

🪙 미국의 화폐 패권 장악 과정

경제학자인 케인스와 슘페터의 화폐이론에서는 정부가 국민들에게 화폐를 사용하도록 강요하고, 그것을 받아들인 민간이 자체적으로 신용을 창출하면서 경제 시스템이 확립되는 것으로 봅니다. 화폐를 도입하는 과정을 미국 달러가 패권을 쥐게 된 과정과 비교해볼 수 있습니다.

미국은 1900년대부터 발권력을 지니고 많은 달러 유동성을 전 세계에 공급했습니다. 동시에 부채 발행을 통해 달러 유동성을 거둬들이기도 했습니다. 물론 이러한 달러의 공급과 부채 발행을 통한 회수는 '미국 정부의 발권력과 신뢰성'이 밑받침되었기 때문입니다.

달러 패권력과 신용을 기반으로 많은 부채를 찍어내고, 그것을 통해 미국은 마음껏 소비해 경제를 순항시켜 왔습니다. 특히 미국 정

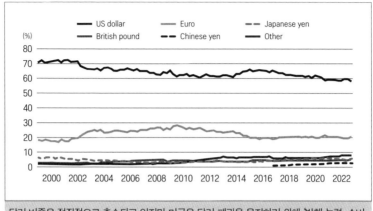

【 전 세계 외환 보유액 중에서 달러가 차지하는 비중 】

달러 비중은 점진적으로 축소되고 있지만 미국은 달러 패권을 유지하기 위해 '발행 능력, 소비, 안보'의 힘을 지키기 위해 노력할 것이다.

자료: IMF

부의 재정적자가 심하더라도 '달러는 약속의 증표'라는 믿음이 있기 때문에 또다시 부채를 찍어 내는 여력을 지니게 됩니다. 결국 미국은 과거 금본위제가 마무리되면서부터 전 세계의 상업시장에 충분히 사용될 만큼의 달러를 풀었습니다. 이렇게 대규모로 풀린 달러는 전 세계 각 국가가 부채 발행의 통화로도 사용하게 되었습니다.

이러한 과정은 미국이 전 세계의 국가를 대상으로 달러를 충분히 공급하고 이를 사용하도록 설득하는 '확장된 그리스의 화폐 시스템'과 크게 다르지 않습니다. 달러를 믿는 화폐 시스템을 유지시키기 위해 첫째, 미국은 '대량 공급'의 원칙을 실행해왔습니다. 이미 파운드 패권이 달러 패권으로 전환되던 시점부터 미국 정부는 달러로 파운드 빚을 갚게끔 유도할 정도로 돈을 충분히 공급했습니다. 이후에도 전 세계 교역시장에서 달러가 충분히 사용될 수 있도록 많은 달러를 풀어왔습니다.

둘째, 달러를 기반으로 하면 금융 거래뿐 아니라 미국의 거대한 소비시장에서도 언제든 교환할 수 있는 '대규모의 소비시장'을 만들었습니다. 유통되는 화폐가 대량으로 공급되더라도 그를 지탱하는 큰 시장(금융이든 실물 장터이든 간에)이 없으면 이는 패권 통화로 인식될 수 없습니다. 이에 미국은 실물을 기반으로 한 자국 내의 '소비 장터'를 구축해 달러의 패권력을 증대시킨 것입니다.

셋째, 국가 안보적 차원에서의 필수 거래 통화로 '달러'의 매매 교환가치를 확대시켰습니다. 미국은 과거 제2차 세계대전 이후 진보된 과학기술을 기반으로 선진화된 무기 체계를 구축했습니다. 이러한 무기들은 다른 국가들에게 수출되기도 합니다. 이러한 무기 거래에서 특정 통화로 거래하는 것은 실질적으로 해당 국가의 통치력을 인정한다는 의미를 띠기도 합니다. 이러한 세 가지 이유(대량 공급, 소비 시장, 안보적 차원)로 미국은 지금까지도 달러의 패권력을 유지시키고 있는 것입니다.

같은 관점에서 보면, 미국은 달러 패권을 유지시키기 위해서 화폐 발행 능력, 소비 장터, 강력한 안보 체계라는 세 가지 부분에서 세계 1등을 반드시 유지해야만 합니다. 다시 말해 과거 그리스의 폴리스 지도자들이 화폐 주조 능력이 부재하거나, 상업용 매매시장을 구축하지 못하거나, 정치력을 상실했다면, 그들의 화폐는 유통되지 못했을 것입니다. 미국이 단순히 재정적자가 심화되고 부채가 많아서 달러의 패권력이 붕괴된다는 식의 논리는 현실적이지 못합니다. 오히려 미국 내부에서 정치적 갈등으로 인해 화폐 발권력이 제한되거나, 소비시장이 급격히 위축되거나, 강력한 안보 및 무기 제조의 능력이 상실될 때, 달러는 패권 통화로서의 힘을 잃을 수 있습니다.

🪙 기축통화의 상징력이 약화될 수밖에 없는 이유

현대화폐이론에서는 국가의 재무부와 중앙은행이 협력적으로 돈을 푸는 가장 현실적인 방식을 찾아 나가는 것이 매우 중요합니다. 재무부가 적자에 직면해 있다고 해도 당장의 예산을 지출하고 그러한 과정을 중앙은행이 돕는 것이 잘못된 일은 아니라는 것입니다. 다만 현대화폐이론에서는 재무부가 적자를 무릅쓰고 지출을 하는 과정이 매우 섬세하게 설계되어야 한다고 강조합니다. 필요한 가계와 기업에 돈이 잘 투입될 수 있는 구체적 방안이 필요하다는 것입니다.

그런데 이러한 과정이 정교하게 설계되지 않으면 정부가 지출한 돈들은 산업과 기업의 생산에 쓰이지 않고, 금융시장에서 겉돌면서 유휴 유동성(idle money)으로 전락하게 됩니다. 이러한 돈들은 결국 금융시장에서 자산 가격 버블을 만들며, 국가의 외환 컨트롤 능력을 저하시키기도 합니다. 자산시장에서 돌아다니는 돈들은 자본계정을 통해 외부로 유출되기도 쉽고, 다시 내부로 유입되기도 쉬워 통화가치의 변동성을 키우게 되는 것입니다.

　미국은 2022년부터 자본의 유출입 반복 과정을 겪고 있으며, 달러와 미국 경제에 대한 신뢰성이 많이 저하되기도 했습니다. 결국 잘못 쓰여진 돈들은 미국채를 과다하게 매입하는 용도로 쓰여 채권 버블을 만들고, 반대로 다른 국가로 집중적으로 투입되어 미국 유동성을 메마르게 하는 역설적인 상황도 만들 수 있습니다. 이는 Fed의 통화정책상의 신뢰성을 저하시키는 요인이 되고, 재정정책에 대한 신뢰성을 저하시키는 요인이 되기도 합니다.

　결국 이러한 과정 속에서 달러 가치가 급등락을 반복하면 달러를 보유하려는 외국인들의 욕구는 이전보다는 줄어들 가능성이 있습니다. 이는 결국 달러에 대한 패권 조절력을 점진적으로 잃게 하는 계기가 됩니다. 물론 앞에서 언급한 것처럼 당장 100년 이상의 기간 동안에는 달러가 기축통화로서의 자리를 지킬 것입니다. 하지만 하이먼 민스키가 강조한 '누구나 화폐를 만들 수는 있지만, 그것을 화폐로 받아들이게 하는 과정이 중요하다'는 내용을 고려하면 기축통화인 달러라 할지라도 돈의 쓰임이 무분별해지면 그 상징력이 약화될 수 있습니다.

디지털 달러와 미국의 노림수

디지털 달러를 사용하면 전통 화폐에 비해 신속성·편의성 등이 향상될 것이다.
특히 금융 취약 계층에게도 금융의 편의를 누리게 할 가능성이 크다.

디지털 화폐와 디지털 자산의 구분

미국은 수년 전부터 미국 달러 체계의 시스템을 위해 디지털 달러 (CBDC: Central bank digital currency)의 도입을 예고해왔습니다. 디지털 달러가 보편화되면 기존의 화폐와 어떻게 병용될지, 이로 인해 나타날 변화는 무엇일지 알아보겠습니다.

디지털 달러가 상용화되는 세상에서의 현실적 그림을 그려보기 위해서는 화폐 자체의 기본적인 속성과 디지털 달러 도입의 취지 등을 우선 살펴볼 필요가 있습니다.

그동안 미국 재무부와 Fed가 발간했던 디지털 달러와 관련된 백서를 살펴보면 다음과 같은 내용을 확인할 수 있습니다. 디지털 화폐의 체계를 구축하는 데 있어서, 미국 정부는 화폐의 기본적 속성인 세 가지(회계 단위, 교환 매체, 가치 저장)의 기능을 유지하는 데 초점을 맞추고 있습니다.

디지털 화폐는 기존의 디지털 자산(코인)과 유사한 개념이 일부 있지만 정부가 보증하고 가치가 동일하게 유지된다는 점에서 큰 차이점이 존재합니다. 디지털 화폐를 굳이 디지털 자산(코인)의 체계와 비유해 표현하면, 디지털 화폐는 스테이블 코인과 유사합니다(다만 민간의 자산 기반 스테이블 코인은 디지털 달러와 달러 교환 요청 시에, 혹은 단기 또는 장기 부채 청구 시에 지급이 막히는 한계가 존재합니다).

미국의 디지털 화폐는 발행된 전자화폐의 액면가격이 변동하지 않는 일종의 스테이블 코인과 동일한 개념입니다. 이 디지털 화폐와 전통 화폐의 합으로 국가 전체의 화폐량을 측정할 수 있습니다. 당연히 디지털의 성격을 지니기 때문에 화폐 전송 등에 필요한 블록체인 기술과 시장 중개인(화폐의 2차 공급자) 시스템 등이 필요합니다.

디지털 화폐를 상품 구입 대가로 지불할 때에는 분산 원장에 트랜잭션을 기록하게 되고, 트랜잭션의 세부 정보를 로컬 네트워크 호스트로 데이터를 전송하게 됩니다. 디지털 화폐는 정부가 관리하는 화폐이기 때문에 일종의 트랜잭션 검증자가 필요하게 되고(예를 들어 전송이 잘 되었는지, 전송의 정보가 잘 기록되었는지를 검토하는 역할), 이러한 기능을 트랜잭션 시스템 운영자에게 시행하게끔 합니다.

디지털 화폐는 기초적인 전송 지불 과정을 통해 화폐의 세 가지 핵심 기능을 갖추게 되는데, 이것은 ① 법정 통화로서의 역할 ② 일

대일로 준비금 잔액 또는 지폐로 전환 ③ 페드와이어(Fedwire: Fed를 이용하는 은행 간의 자금 결제 시스템) 또는 페드나우(FedNow: Fed가 설계한 실시간 총액 결제 방식의 신속 자금 이체 시스템) 등을 통해 즉시 청산 및 정산하는 것입니다.

아직은 디지털 화폐 개념이 어려울 수도 있습니다. 쉽게 표현하자면, 디지털 화폐에 법적인 정부 발행 화폐의 기능을 부여하기 위해 몇 가지 기초적인 시스템을 구축하는 과정이라 볼 수 있습니다.

전체 통화량을 100으로 정해놓고, 그중에 10 정도를 디지털 화폐로 공급한다고 가정하겠습니다. 이러한 경우에 디지털 화폐가 법적 화폐 기능을 원활히 수행하기 위해서는 100원의 디지털 화폐가 100원의 전통 화폐와 바로 교환이 될 수 있다는 보증이 있어야 할 것입니다. 이에 Fed는 공급된 10의 디지털 화폐를 전통화폐로 언제든지 교환해주기 위해서 10만큼의 전통화폐를 준비금으로 저장해두어야 합니다.

Fed에서 현금과 디지털 화폐를 즉각적으로 교환할 수 있는 저장 체계를 갖추어놓으면 그 다음에 필요한 것은 즉시 결제, 청산 시스템입니다. 현재의 전자결제, 카드결제 시스템 속에서 카드나 전자시스템으로 결제를 하고, 구매한 대금이 계좌에서 빠져나가는 데는 수일이 소요됩니다. 하지만 디지털 화폐 세상에서는 상품 구입, 결제와 대금 청산 등의 과정을 즉시적으로 모두 처리합니다. 즉 A라는 소비자가 1원의 디지털 화폐로 상품을 구입함과 동시에 1원의 현금이 상품 제조자 계좌로 바로 입금 처리되는 것입니다.

디지털 달러가 가져올 혁신

디지털 화폐를 사용해서 상품을 실제 구매하는 사례를 구체화하면 다음과 같습니다. 우선, A라는 소비자는 디지털 화폐 1원을 시스템에서 결제해 제조자에게 상품을 구매합니다. 이 경우 1원의 디지털 화폐는 분산 원장의 트랜잭션 거래에 기록되고, 이러한 기록은 로컬 네트워크 호스트로 전송됩니다. 소비자가 1원의 디지털 화폐를 전송했다는 것이 입증되면 해당 정보로 즉시 결제 청산을 하는 시스템으로 연결됩니다.

이러한 즉시 결제 청산 시스템은 페드와이어나 페드나우를 일컫는데, 이 경우 소비자의 계좌에 있는 1원의 현금은 제조자의 계좌로 즉시 이체되는 것입니다. 상품 구입과 동시에 모든 결제의 과정이 바로 처리되는 것입니다.

이러한 즉시 결제의 과정을 신속하게 하기 위해 미국 정부는 디지털 화폐와 결합될 수 있는 페드나우 시스템의 개발에도 지속적인 노력을 기울이고 있습니다. 페드나우는 입금, 이체 등의 서비스뿐만 아니라 지급 요청 서비스, 계정 정보를 유지·관리하는 데이터베이스 구축, 사기 예방 등의 부가서비스 등을 모두 망라합니다. 여기서 자금 결제는 참가 기관이 Fed에 예치한 당좌계좌 잔액(지급준비금) 내에서 실시간 총액 결제 방식으로 처리되고, 자금을 즉시 주고 받게 됩니다.

결국 이러한 서비스를 통해 모든 결제, 이체의 과정은 첫 소비자

【 미국의 가계가 지불 수단별로 소득이 사용되는 비중 】

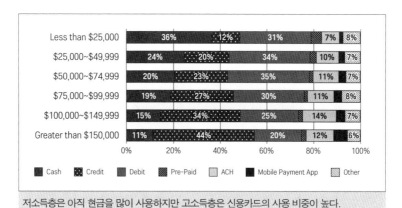

저소득층은 아직 현금을 많이 사용하지만 고소득층은 신용카드의 사용 비중이 높다.

자료: Federal Reserve Bank of San Francisco

【 기존의 온라인 결제 시스템 】

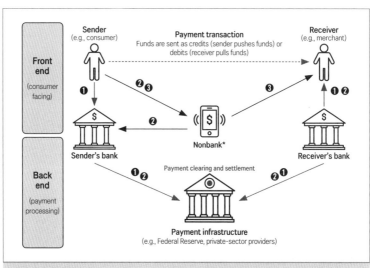

온라인 결제 시 비금융(결제 애플리케이션) 부문에서는 기록만 남고, 실질적으로 은행이 결제 금액을 청산해주는 금융 서비스를 수행한다.

자료: Board of Governors of the Federal Reserve System

가 거래를 시작함과 동시에 즉시적으로 현금이 지급되어 처리됩니다. 소비자는 디지털 화폐를 기초로 하여 현금을 대체하고 온라인 구매를 신속히 하게 됩니다. 물론 자동 청구서 등도 즉각적으로 발부합니다.

이와 관련해 의문을 가질 수 있습니다. '기존의 카드 사용 시에는 지금 구입을 해도 한 달 이후에 계좌에서 돈이 빠져나가므로 여유가 있었는데, 돈이 즉시 빠져나가면 항상 현금이 있어야 하나?' 하지만 실제로 계좌에 돈이 없는 경우에는 시스템의 중재자(은행)에게 준비금이 있기 때문에 준비금으로 판매자에게 먼저 돈을 전송해주면 됩니다. 현재의 신용카드 결제 시스템과 거의 같습니다. 소비자가 한 달 이후 못 갚은 현금을 시스템의 중재자(은행)에 이체해주면 모든 결제 과정이 끝납니다.

이처럼 미국이 주도하는 디지털 달러의 세상은 매우 혁신적이고 멋있는 세상을 연출할 것으로 보입니다. 특히 Fed의 보고서에 따르면,* 미국의 1,500만 명 이상이 은

> *미국 내에서도 상품 결제를 하는 데 있어서의 현금 사용 비중은 2012년 40%에서 2020년 19%로 감소한 것으로 나타난다.

행 계좌가 없어서 급여 담보 대출, 수표 현금화 서비스, 우편환과 같은 과거 시스템에만 의존하는 것으로 확인됩니다. 디지털 달러가 상용화되면 금융 접근성이 취약한 노인 계층이나 약자 계층 등이 편리한 금융 서비스를 이용할 수 있고, 소매 구매, P2P 결제 및 B2B 결제 등에서도 편리함을 더할 것으로 평가되고 있습니다.

🪙 디지털 달러의 국제 상용화를 노리는 미국

미국 정부는 백서를 통해서 '기업도 디지털 화폐를 사용하면 효율성이 더해진다'고 주장합니다. 기업의 입장에서는 디지털 화폐를 통한 결제 청산의 과정을 통해 기업 간 결제, 급여 지급 또는 금융 거래 등을 즉각적으로 처리하게 된다는 것입니다. 정부의 입장에서도 디지털 달러의 지불을 통해서 세금 납부(임금, 세금 환급 및 기타 연방 지급금을 전달) 등을 빠르고 정확하게 처리할 수 있고, 더 나아가 미국 정부는 디지털 달러 도입으로 경제적으로 취약한 가정과 지역사회 등에도 충분한 보조를 할 수 있다고 언급합니다.

이처럼 미국은 달러의 패권을 지키려는 명분 외에도 개인, 기업, 정부의 입장에서 효율적인 금융 거래를 하기 위한 수단으로 디지털 달러가 필요하다는 점을 역설하고 있습니다. 실제로 미국 정부는 2018~2019년 FATF(Financial Action Task Force)를 수립하고, 디지털 화폐의 국제적 표준을 개발하고자 노력 중입니다. 특히 디지털 달러 사용에 대한 국제적 명분도 만들어가고 있습니다. 구체적으로 G7과 함께 CBDC 시스템을 구축해 여러 가지 국제 금융 거래에서 나타날 수 있는 잠재적 위험 요소를 제거하고 불법 금융의 위험을 모니터링하고자 합니다.

미국 정부가 국제적으로 디지털 달러의 상용화를 피력하는 다양한 논리는 이렇습니다. 첫째, 미국은 G7 파트너와 협력해 CBDC 시스템의 투명성, 법치주의 및 건전한 경제 거버넌스를 만들겠다고 합

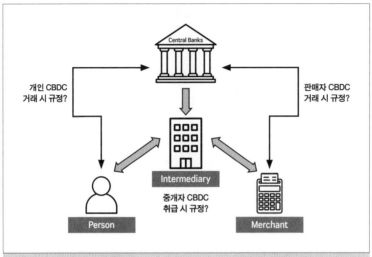

달러 CBDC 시스템 구축 시 개인, 중개업자, 판매자 등은 중앙은행에 이행해야 할 수많은 기준과 규정이 생길 것이다.

자료: Us Congressman(JIM Himes)

니다. 둘째, 테러리스트의 불법 자금 거래, 자금 세탁업자의 불법 거래, 대량 살상 무기 거래 등을 방지할 수 있다고 합니다. 셋째, G7이 공조적으로 CBDC 시스템을 개발해 국제적인 프라이버시, 인권 및 기타 민주적 가치의 원칙 등도 지킬 수 있다고 합니다. 즉 디지털 달러가 주도하는 CBDC 시스템은 건전한 거시경제정책의 근간이 되고, 투명한 제도 환경하에서 자율적인 통화 유통 시스템을 만들 것이라고 주장합니다.

그런데 여기서 궁금증이 생길 수밖에 없습니다. 미국이 중심이 되어서 G7과 CBDC 시스템을 구축하고 기술 기반을 미국 기업이 주도한다는데, 과연 그런 시스템이 공정하고 안전할까요? 그렇지 않을 가능성이 크다는 판단입니다. 미국의 내수 관점으로만 제한한다면 결제의 편의와 신속성, 자금 청산의 효율성 등에는 충분히 도움을 줄 것입니다. 하지만 이것을 국제적 관점으로 확장하면 과연 디지털 달러를 중심으로 이루어지는 CBDC 시스템에 결함이 없을 것인지에 대해서는 상당한 의문점이 듭니다.

디지털 달러 도입 전 해결해야 할 문제들

디지털 달러를 도입하고 이를 금융기관이 취급할 경우
예금자 보호, 준비금, 이자율 등에 대해서 구체적인 규정이 필요하다.

🪙 아직 완벽하지 않은 디지털 달러

디지털 달러가 주도하는 CBDC 시스템은 50개국이 파일럿 프로그램을 진행했거나 아키텍처를 테스트 중입니다. 일부의 국가는 CBDC 시스템을 소프트 런칭하기도 했습니다. 특히 114여 개국의 중앙은행은 CBDC를 이용한 통화정책의 방식에 대해 연구중이며, 미국은 G7과 함께 통용할 수 있는 시스템의 방식을 고민하고 있습니다.

만일 CBDC 시스템이 상용화된다면 향후에는 많은 새로운 중개기관이 필요해질 수 있습니다. CBDC 시스템을 구축하는 데 있어서 유동성을 보증하는 중앙은행은 물론이고 결제 및 송금을 지원하는 공공 및 민간 기업 참가자들이 필요할 것입니다. 미국 재무부의 백서에 따르면, 이러한 설계 시스템에는 첫째로 다양한 역할을 수행하는 스마트 카드, 모바일 애플리케이션 및 중개 사업자가 필요할 것으로 보입니다. 둘째, 시스템상으로 CBDC는 기존 미국 달러의 전통적인 형태와 원활하게 통합되도록 설계되어야 합니다. 셋째, CBDC 시스템에서 발생할 수 있는 유동성 위험의 리스크를 최소화해야 합니다(디지털 달러 결제 시에 전통화폐와 바로 교체되도록 해야 하고, 결제 과정에서 디지털 달러 혹은 현금이 부족해질 위험을 방지해야 합니다).

특히 디지털 달러가 기존의 화폐와 병용되려면 금융 시스템에서 자유롭게 호환되도록 설계하는 것이 중요합니다. Fed, 재무부가 디지털 달러를 발행하고 이것을 시스템적으로 포용할 수 있는 금융기관을 순차적으로 선정해나가야 합니다. 또한 총 발행 토큰(디지털 달러) 범위 안에서 민간 은행이 허용된 수량의 디지털 달러를 발행할 수 있는 기능도 갖추게 해야 합니다.

미국 재무부 백서를 참고하면, 금융기관의 입장에서 디지털 달러를 통해 거래를 하면 결제, 청산, 은행 간 이체 등의 거래에서 효율성을 높일 수 있습니다. 예를 들어 기존의 전통 화폐 시스템에서는 어음 지급을 해야 하는 개인이 돈을 A라는 은행에 입금하면 어음 수취자가 이용하는 B은행으로 이체하는 데 1일 정도의 시간이 소요되었습니다. 하지만 디지털 달러를 사용하면 그러한 과정이 몇 시간 안에 해결될 수 있는 것입니다.

미국 정부는 디지털 달러의 예금자 보호의 법적 이슈와 디지털 예금에 대한 이자 지급 수준, 금융기관이 갖추어야 할 준비금 규모 등에 대한 방안을 결정하지 못했습니다.

미국 상업은행이 일정 수준의 디지털 달러를 발행하고, 신속한 거래가 보장된다면, 개인 입장에서도 기존 화폐보다 디지털 달러를 더욱 선호할 수 있습니다. 즉 상업은행의 시스템을 편리하게 이용하기 위해서 기존 화폐보다는 디지털 달러에 집중되는 경우가 생길 수 있습니다. 이럴 경우 상업은행으로 이체되는 전통 화폐의 입금량은 줄어들고, 이를 해결하기 위한 다양한 법적·경제적 이슈가 발생할 것입니다.

개인의 입장에서는 은행 이자를 고려하지 않는다면 송금, 결제 등에서 디지털 달러만을 사용할 수 있다는 것입니다. 또한 최근처럼 불확실한 금융시장의 상황에서는 자신의 돈을 빠르게 이체시키기 위해서 예금주들은 전통 화폐보다는 디지털 달러를 선호할 수도 있습니다.

이 때문에 Fed와 재무부는 디지털 달러만을 선호해 기존의 화폐 사용이 줄어들거나 축소되는 일을 방지하기 위해 여러 대안을 고민 중입니다. Fed가 개인의 CBDC 지갑에 보관할 수 있는 디지털 달러 양을 제한한다든지, CBDC를 이용한 결제 금액에 일일 한도를 제한하는 식입니다.

이외에도 개인이 상업은행의 디지털 지갑에 돈을 예치해두었을 때, 상업은행은 과연 어느 수준의 이자를 지급해야 하는지(기존 예금금리와 동일하게 줘야 하는지, 아니면 거래 편리성이 크므로 좀 더 싼 이자를 지불해야 하는

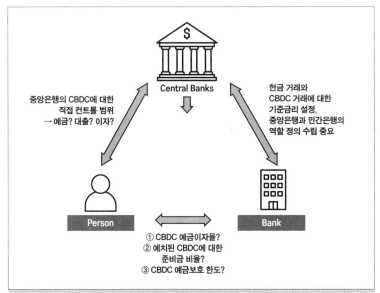

중앙은행의 CBDC에 대한
직접 컨트롤 범위
→ 예금? 대출? 이자?

Central Banks

현금 거래와
CBDC 거래에 대한
기준금리 설정,
중앙은행과 민간은행의
역할 정의 수립 중요

Person

Bank

① CBDC 예금이자율?
② 예치된 CBDC에 대한
준비금 비율?
③ CBDC 예금보호 한도?

개인과 민간 은행 간 CBDC 거래에 대한 이자율, 준비금 등의 문제가 존재한다. 또한 중앙은행과 민간 은행의 CBDC에 대한 역할 정의가 필요하다. CBDC 계정에 대한 컨트롤 및 확인 능력이 중앙은행에 존재하므로 기존의 현금 거래 체계와 상충되는 부문이 다수 존재한다.

자료: Us Congressman (JIM Himes)

지, 혹은 이자를 지급하지 않아야 하는지) 등에 대한 사안도 큰 고민 사항 중의 하나입니다.

금융기관의 입장에서도 디지털 달러를 취급하기 위해 준비해야 할 사항이 매우 많습니다. 개인의 요청이 있을 때 디지털 달러를 현금으로 바로 바꿔줄 수 있는 정도의 준비금을 마련해야 하고, 디지털 달러 예금자들에게는 예금 보호의 한도를 어느 수준으로 설정해야 하는지 등에 대한 사항들입니다.

같은 측면에서 이러한 준비들은 매우 중요한 이슈이고, 아직은 미결 과제입니다. 특히 미국 정부도 이러한 준비 사항에 대해서 명쾌한 해결책을 제시하지는 못하고 있습니다. 이러한 사항들이 본질적으로 해결되지 않으면 미국 내에서의 디지털 화폐 상용화에도 큰 걸림돌이 될 것입니다. 이에 디지털 달러 도입을 낙관적으로만 바라보기보다는 예금자 보호의 법적 이슈와 디지털 예금에 대한 이자 지급 수준, 금융기관이 갖추어야 할 준비금 규모 등에 대해서 어떻게 해결되는지 관찰해나가야 할 것입니다.

🪙 디지털 달러와 상업은행의 미래

지금까지 이루어진 디지털 달러의 세상을 상상해보면 다음과 같습니다. 우선 전 세계 소비자 누구든지 디지털 달러를 통해 글로벌 플랫폼을 통한 소비와 결제를 신속하게 할 수 있습니다. 지금도 글로벌 플랫폼에서 카드 결제는 가능합니다. 하지만 카드 결제 이후 수수료, 예금에서의 결제대금의 인출(환전율 고려) 등의 과정이 소비자에게는 익숙지 않았습니다. 디지털 달러가 지배하는 CBDC 시스템에서는 디지털 달러로 책정된 상품을 바로 결제하므로 전 세계가 보다 직접적인 달러 권역에 있을 수 있습니다.

또한 개인이 금융기관을 통해 송금할 때도 군이 자국 통화를 가장 유리한 환전율을 찾아 달러로 환전하고, 수수료가 싼 금융기관을 찾는 수고를 할 필요가 없습니다. 단순하게 디지털 달러를 구입해 자신의 계정에 넣어두고 그것을 수신자에게 직접 발송하면 끝이 납니다. 수신자는 받은 디지털 달러를 자신에게 편리한 금융기관을 통해 환전하거나, 그대로 계정에 두었다가 다음에 그 돈으로 소비를 하면 됩니다.

전 세계의 디지털 달러 친숙화 현상은 금융기관이나 기업의 입장에서도 마찬가지입니다. 우선 수입과 수출 과정에서 결제를 할 때 상호 간의 대금 지급 및 결제 등 기존의 복잡한 과정을 거치지 않아도 될 것입니다. 금융기관 입장에서도 다른 금융기관과의 거래에서 자금 지급, 결제, 청산 등이 한번의 디지털 달러 송금으로 간단히 끝날 수 있습니다. 이러한 디지털 달러의 거래와 관련해서 이를 중개하는 민간 기업들이 매우 많아질 수 있으며, 보유하고 있는 디지털 달러를 다양한 디지털 통화로 환전하는 많은 플랫폼도 생겨날 수 있을 것입니다.

다만 현실적인 화폐시장에서는 설명된 것처럼 획일적이고 매우 쉽게 디지털 달러를 구현하기에는 한계도 있을 것입니다. 디지털 달러와 CBDC 시스템을 도입하더라도, 특정 국가에 대한 제한된 접근성, 서로 다른 통화 교환의 메커니즘, 국가별 법률 제도 및 기술 인프라의 차이, 시간대의 복잡성, 환거래 은행 및 비은행 금융 서비스 제공자를 포함한 중개자 간의 조정 문제 등의 현상이 발생할 수 있습니다.

이 때문에 미국 입장에서는 보다 신속하고 편리하며 신뢰성 높은 디지털 달러 체계를 구축하는 명분으로 미국 CBDC 시스템에 접근하기 위한 제약 조건을 만들 가능성이 있습니다. 미국의 입장에서

【 CBDC 시스템에 대한 패러다임과 실제 】

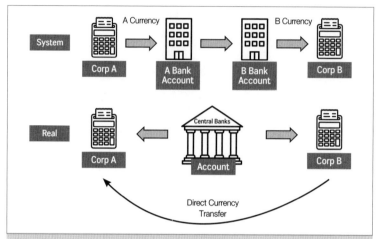

중앙은행이 기업 간 거래에서 민간 은행의 계좌 및 현금 이체 등 모든 과정을 통제하거나 중개할 가능성이 충분하다.

자료: Us Congressman(JIM Himes)

【 CBDC 시스템으로 변화될 요소 】

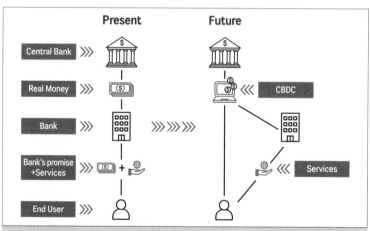

① 중앙은행의 개인 계좌에 대한 직접적 통제(사적 정보 탐지) ② 중앙은행이 민간 은행 없이 직접적으로 이자 부여 ③ 민간 은행의 역할: CBDC 신용 창출? 혹은 CBDC 중개 기관? ④ CBDC 거래와 현금 거래에 대한 금융 업무 차이에 따른, 회계적 이슈

자료: What is a Central Bank Digital Currency and why should people prefer CBDC over bank accounts, Darko Pilav, May 2020

는 산업 부분(시스템 반도체 등)의 송·수금 결제 시스템을 미국 CBDC로 제한하면, 디지털 달러의 가치저장의 기능도 한층 강화할 수 있을 것입니다. 이는 반대로 미국이 아닌 다른 국가의 입장에서는 '편리한 디지털 달러'에 친숙해지는 만큼 또 다른 지불 대가가 커질 수 있음을 의미합니다.

마지막으로 미국의 디지털 달러 세상에서는 미국의 상업은행의 기본 기능이 어떻게 변모될까요? 궁극적으로 디지털 달러로 송금, 수신, 환전, 결제 및 계정 내 예금 등의 체계가 갖추어지면 상업은행의 기능은 필요 없어질 것입니다. 많은 개인과 기업 등이 디지털 달러를 통해서 신속 정확한 거래를 하고 있다면, 기존의 상업은행에 대한 필요성은 적어질 것입니다. 게다가 만일 디지털 달러 계정을 갖추고 있는 개인의 입장에서 그 계정하에서 바로 예금 이자를 받고 대출이 이루어질 수 있다고 한다면, 상업은행은 완벽히 대체될 수 있습니다.

이처럼 상업은행의 기능을 갖춘 디지털 달러 세상은 디지털 달러 발행, 유통 등을 관장하는 Fed가 모든 국가의 시스템을 관할하게 됨을 의미하기도 합니다. 결국 Fed가 디지털 달러를 이용해 자국 산업 부분과 대외 금융 부분에 대한 이자 시스템까지 관할한다면, Fed는 실질적인 전 세계 디지털 중앙은행으로 자리매김할 것입니다. 디지털 달러의 세상에서 모든 통화와 관련된 기능과 권한이 Fed에만 더욱 집중될 가능성이 큰 것입니다.

💰 또 하나의 달러 세상을 꿈꾸는 미국

　미국 정부는 디지털 달러를 내수에서만 사용하지 않고 G7과 전세계로의 통용을 목표로 하며 달러의 패권을 지켜 나가려고 합니다. 미국의 디지털 달러 상용화 목적이 내수에서의 거래, 이체 효율성 등에도 존재하지만 실질적으로 많은 부분은 달러 패권을 계속 지키려는 데 있습니다. 이미 미국 달러는 일정 수준의 심리적 신뢰성이 떨어지고 있고, 중국의 위안화가 다른 국가들과 연합하면서 그 영향력이 과거에 비해 축소되고 있습니다.

　이에 미국은 디지털 달러를 바탕으로 유로 파운드 또는 위안화 같은 대체 기축통화가 달러 패권을 위협하는 것을 막으려고 합니다. 실제로 2022년 5월 26일 하원 금융 서비스 위원회에서 레이널 브레이너 Fed 부의장은 '미국의 디지털 달러는 달러를 사용하는 전 세계 사람들이 계속해서 최고의 통화로 사용하게 하는 근간이 될 것'이라고 언급한 바 있습니다. 디지털 달러 하나만으로 모든 국가의 개인들이 직접 송금, 수신을 하고 결제까지 하는 '달러의 세상'이 다시 한번 구축될 수 있습니다.

THE FUTURE ECONOMY

9

THE FUTURE ECONOMY

9장에서는 미국이 전 세계 1등을 유지하기 위해 쓰고 있는 기법들에 대해 알아본다. 미국의 부채가 계속 최고치를 경신하며 증가하는 데는 이유가 있다. 달리는 말 위에 있는 미국, 앞으로도 달려야 한다. 미국은 전 세계에 세금을 이용해 달러를 받아들이게 하고 있다. 굳이 지금도 인플레이션 2% 목표를 시행해야 할까? 미국이 세금을 바꾸지 않는 한 임금은 계속 오를 것이다.

미국이
전 세계 1등을
유지하는 기법들

미국이 비정상적 정책을 계속하는 이유

부채가 많아진 상황에서 유동성은 자산 투자에 집중되고 있다.
이에 미국 정부는 유동성을 더욱 활용하기 위해서 부채를 계속 증대시킨다.

투자시장의 이상현상

미국 가계는 최근에 임금이 오르긴 했지만, 물가 상승 속도만큼 임금이 오른 것은 아닙니다. 특히 생산성이 늘어난 수준을 고려하면 실질 임금이 낮은 수준입니다. 이는 미국 가계가 자신들의 총근로소득으로 생산된 모든 제품을 구매하기에 충분치 않다는 것을 의미합니다.

결국 소비를 촉진하려면 가계의 근로소득 이외의 소득이나 현금이 필요합니다. 근로소득 이외의 소득을 늘려주기 위해 미국 연방정부는 사회이전지출을 통해 꾸준히 돈을 투입했고, 가계는 근로소득 이외의 소득 증분을 위해 다양한 자산에 투자합니다. 이는 개인들로 하여금 달러를 보유하게 하는 동기를 제공하기보다는 달러를 쓰게 끔 하는 요인으로 작용합니다.

가계의 입장에서 돈을 예금에 예치하면 이자율은 5%대(이는 지역 은 행에서 일부 조건을 충족할 경우에 가능하고, 실제 대형 은행에서는 대체로 1%대 내외) 가 되므로 올라가는 물가나 자산가치를 고려하면 돈을 가지고 있을 수록 손해가 됩니다. 결국 미국의 가계는 소비나 투자에 집중할 수 밖에 없고, 이는 가계가 현금을 보유하는 기간(일시적 예금 포함)이 매우 짧아진다는 것을 의미합니다.

가계가 돈을 보유하는 시간이 짧아지면, 전체적으로 돈의 유통 속 도가 높아진다고 생각할 수 있습니다. 돈이 자꾸 회전되어 경제가 발전하는 데 큰 도움이 된다는 것입니다. 하지만 미국의 통화 유통 속도(GDP/M2)는 역사적으로 꾸준히 하락해왔습니다. 가계가 소비, 투자 혹은 저축 중에서 선택해 돈을 쓰는 것을 고려할 때, 미국 가계 는 일부는 소비를 하고 나머지 대부분의 금액을 투자에 사용하는 것 으로 볼 수 있습니다.

최근처럼 부채가 증가하고 이로 인한 원리금 부담이 이어지는 시 기에는 대출이자를 상회하는 기대수익률을 지니는 자산의 매력도가 높아집니다. 결국 가계는 대출금리가 싸든 비싸든 간에 금리를 상회 하는 자산 투자에 집중하게 되고, 이는 결국 공급된 돈이 투자시장 에 머무르게 되는 역설적인 현상을 낳습니다.

결국 실물경제에서 쓰이는 돈보다 투자시장에서 쓰이는 돈이 더 많아지게 된다는 논리입니다. 이렇게 되면 어떠한 자산시장이든지

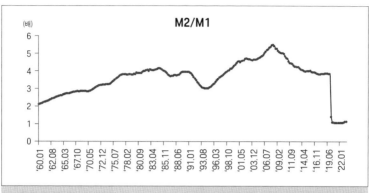

【 M2/M1 유동성 승수 】

M2/M1

M1을 공급하는 것 대비해 M2의 증가 수준이 크게 제한된다. 결국 금융기관을 통한 유동성 창출 능력이 제한되므로 추가적인 본원통화(돈)의 공급이 필요하다.

자료: FRED

간에 투자자금이 집중되어서, 항상 오를 때는 많이 오르고 내릴 때는 많이 내리는 높은 변동성을 보이게 됩니다. 결국 미국 내에서는 돈의 가치저장 기능이 퇴화되면서 가계는 이를 대체할 시장에 집중하고, 이것이 논리적으로는 이해할 수 없는 심한 쏠림을 만드는 것입니다.

극단적인 경우에는 투자시장에서 돈을 벌어도 그것을 소비에 쓰지 않고, 다시 다른 성격의 자산시장으로 옮겨갑니다. 이는 자산시장 내의 유동성을 끊임없이 증가하게 하는 요인이 됩니다. 이러한 이상현상은 미국을 중심으로 전 세계가 돈을 풀었던 현대화폐이론이 오용된 결과이며, 종국에는 화폐가 교체되거나 투자시장에서의 돈을 인위적으로 축소시키지 않는 이상 투자 유동성의 급증세는 멈추지 않을 것입니다.

🪙 브라질의 실패에서 배우는 전략

　신흥 수출국의 입장에서 인플레이션을 통제하려면 어떠한 정책을 사용하는 것이 좋을까요? 특히 통화 패권력이 약한 수출 국가의 경우에는 어떠한 정책을 사용해야 인플레이션을 통제할 수 있을까요?

　과거 1990년대 브라질은 인플레이션 발생으로 민간 부문의 실질소득 감소와 소비 위축을 우려해 적극적인 재정지출을 했습니다. 그런데 정부지출이 보조금으로 과다하게 민간에 투입되어 인플레이션을 더 자극했습니다. 물가 상승으로 임금이 오르고, 생산비용을 감당하기 위해서 기업은 제품 가격을 올리는 등 임금-물가 사이에 악순환 고리가 형성되었습니다.

　그럼에도 브라질의 민간 부분 경제 성장이 좋지 못해 세수입은 줄었습니다. 특히 세입의 과거 회귀성* 때문에 재정적자도 확대되었습니다. 1993년에는 인플레이션율이 3,000%에 이르는 등 말 그대로 하이퍼

> *과거 회귀성: 정부가 매기는 세금은 과거의 경제성장 실적을 기반으로 이뤄지기 때문에 현재 나타나는 인플레이션 상황에 맞추어 세금을 많이 걷지 못하는 현상을 말한다.

인플레이션이 이끄는 스태그플레이션 경제가 가속화되었습니다.

　브라질처럼 물가 위기를 겪는 경우의 해법은 과감한 재정지출의 변화입니다. 단기적으로 경제가 고통을 겪더라도 임금과 사회복지 지출 금액의 인상을 모두 지연시켜, 우선적으로 임금-물가 간의 악순환 고리를 끊어야만 합니다. 정부가 지출을 억제하면 자연스레 재정적자 규모도 줄어들고, 일단 국가의 국채 금리와 환율도 안정화될

수 있습니다.

재정지출의 제한으로 '임금-물가' 사이의 악순환 고리를 완전히 끊은 것은 아니지만, 강건한 통화정책으로 악순환적 인플레이션을 통제한 사례가 있습니다. 1980년대 Fed 의장을 맡았던 폴 볼커는 예상되지 않는 금리인상(한꺼번에 100bp 이상으로 기준금리를 인상)을 단행하면서 인플레이션을 잡고자 노력했습니다. 그 결과 정부가 재정지출을 해도 시중에 돌아다니는 돈이 크게 줄어들었습니다. 당연히 수요도 줄어 기업은 임금을 낮추고 상품 가격도 낮추는 결과를 만들어 냈습니다.

물론 미국이 강한 긴축정책을 시행했던 3~4년의 기간 동안에는 실업률이 늘고 가계소득이 감소하는 등 경제에 고통이 수반되었습니다. 하지만 그러한 정책을 시행하지 않았다면 미국은 1990년대까지도 높은 인플레이션율을 겪고 이로 인한 고통은 구조화되었을 것입니다. 폴 볼커 의장은 추후 회고록에서도 '만일 본인이 지금도 그렇게 인플레이션이 악순환되는 상황에서 Fed 의장을 맡게 된다면 과거에 한 것처럼 강한 긴축정책을 쓸 것 같다'고 언급했습니다.

경제성장을 원하는 정부의 입장에서는 강한 긴축은 두려운 일일 수 있습니다. 쉽게 말해 기껏 돈을 풀어서 민간 부문의 소득도 늘리고 소비도 개선시켜 놨는데 인플레이션 때문에 경기가 갑작스레 추락할 수 있기 때문입니다. 하지만 물가의 악순환 고리가 형성되었을 때 고통을 감내하고 그것을 끊지 못하면, 다음번에는 정부가 지출을 해도 그 돈이 유휴자금으로 전락할 수 있습니다. 이는 국가 경제 내에서 물가를 계속 높이는 요인으로 작용합니다. 인플레이션으로 기업이 감당해야 하는 생산비용이 높아진 상황에서는 정부가 직접 관여해 값싼 원자재를 생산해서 공급해주지 않는 이상, 어떤 방식의 재정지출로도 비용 부담을 줄일 수 없게 됩니다.

달리는 말 위의 미국

다음 기에 정부가 재정지출을 해도 생산비용은 줄어들지 않고 기업은 근로자를 줄이거나, 상품 재고를 덜 쌓는 식으로 대응하게 됩니다. 실업은 늘고 물가는 계속 높은 스태그플레이션에서 벗어나지 못하게 됩니다. 이러한 경우의 수를 고려하면, 2022년 이후 나타난 높은 물가에 대응하는 미국 정부의 정책과 Fed의 통화정책은 매우 비합리적으로 보입니다.

Fed는 물가를 잡기 위해 기준금리도 올리고 보유중인 자산도 줄이는 테이퍼링(tapering) 정책을 취하고 있습니다. 반면에 재무부는 아직도 열심히 부채를 조달하고 재정지출을 해 가계에 충분한 소득이 지원되게 노력하고 있습니다. 결국 미국의 한쪽은 돈의 공급을 억제하고자 노력하고, 한쪽에서는 돈을 꾸준히 공급하는 식으로 균형이 깨진 정책을 취하고 있는 것입니다. 왜 이런 현상이 나타날까요?

만일 그동안 미국 정부가 산업과 기업에 충분한 자금을 공급해 산업과 기업의 자생적 성장이 이뤄졌다면, 비정상적인 정책을 실시할

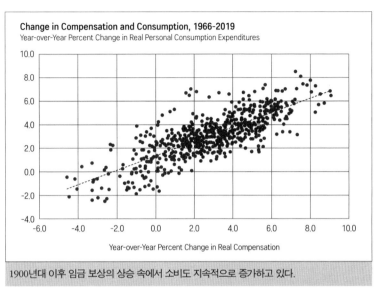

Change in Compensation and Consumption, 1966-2019
Year-over-Year Percent Change in Real Personal Consumption Expenditures

1900년대 이후 임금 보상의 상승 속에서 소비도 지속적으로 증가하고 있다.

자료: Bureau of Labor Statistics, White House

이유가 없었을 것입니다. 만일 정상적인 정책으로 기업의 현금 흐름이 좋아졌다면 굳이 정부가 나서서 가계에 사회이전지출을 늘릴 필요도 없었을 것입니다. 그런데 2008년 위기 이후 정부와 Fed는 대체로 금융기관 살리기와 금융기관 유동성 투입에 집중했습니다.

결국 현대화폐이론의 근본적 원리에서 벗어나 금융 부문 유동성 공급에 집중한 미국 정부는 '돈 풀기를 멈추면, 경제가 어디까지 나빠질지에 대해 확신을 할 수 없는' 상황이 된 것입니다. 또한 미국 연방정부 입장에서는 물가가 잡혀도 향후에 무너진 경제를 살리려고 할 때 지금보다 몇 배의 돈이 필요할지 모릅니다.

'재정적자-소비와 경상수입의 증가' 구조로 균형을 이루어온 미국 경제는 만약 정부의 지출 노력이 잠시라도 멈추면 경제 위상의 추락과 달러 패권력의 약화가 동시에 올 수 있는 불확실한 상황에 놓인 것입니다. 역사적인 경제 변곡점을 거치면서 정부의 재정지출에 대한 의존도가 커져버린 미국 경제는 향후 몇 년 이후에도 재정에 의한 돈 풀기가 조금만 잘못되더라도 언제든 물가가 급등할 수 있는 비효율성도 내포하게 되었습니다. 이러한 딜레마는 '미국이 달러 패권을 이용해, 산업의 안정화보다는 금융의 성장을 꾀하고자 하는 전략'에서 비롯된 것이며, 이는 앞으로 많은 경제 부작용을 초래할 수 있습니다.

미국의 계속되는 임금상승

미국의 주요한 조세는 급여세, 소비세, 법인세 등으로 이루어져 있습니다. 미국의 급여세는 가계에 대한 사회보장적 성격의 이전지출보다는 많은 금액으로 징수되므로 과거에는 미국이 적정한 디플레이션 압력을 만드는 중요한 요인으로 작용했습니다. 하지만 미국의 많은 노동자들은 2010년대 이후부터 급여세에 비례하는 수준으로 임금 인상을 요구했고, 이로 인해 지속적으로 완만한 임금 인상이 이루어져 왔습니다.

이후 미국은 사회보장 시스템을 통해 실업자들에게 적정한 소득과 소비의 수준을 유지시키기 위해 많은 수당을 지급했습니다. 또한 연방정부는 공공 부문의 일자리를 창출해 최저임금 수준을 정하고 완전고용을 추구하는 정책을 시행해왔습니다. 이러한 최저 임금 수준과 다양한 일자리 프로그램 등은 미국 고용시장 내에 질 좋은 완전고용을 이룬다는 측면에서는 분명히 긍정적입니다.

다만 멈추지 않고 상승하는 임금, 정부가 전체 소비를 유지시키기 위해 지급하는 실업수당 등은 결국에는 정부가 세입 금액을 높여야 하는 중요한 요인이 됩니다. 하지만 미국 연방정부는 다양한 이유로 세입 금액을 증대시키지 못하고 있고, 이에 재정적자 상태가 계속됩니다.

또한 근로자의 임금의 하한선을 유지시키기 위해 만들어졌던 '일자리 프로그램'은 민간에서의 임금 협상의 최저 기준선 역할을 하며 임금을 높이는 또 다른 원인으로도 작용합니다. 미국은 2010년대 이후 나타났던 디플레이션 위기를 극복하기 위해 다양한 방식으로 일자리 정책을 실시해왔습니다. 그런데 이러한 정책들이 십수 년이 지난 지금에는 인플레이션을 한꺼번에 집중시키는 부작용을 만들고 있는 것입니다.

경제학자 비어즐리 러믈이 주장한 것처럼 임금 비용 상승에 따른 인플레이션을 억제하기 위해서는 정부의 세금 징수 역할이 중요합니다. 또한 정부가 일부의 노동 분야에 대해서는 수요를 통제함으로써 임금과 물가 간의 악순환을 제어하는 것도 중요합니다. 다만 최근까지 완전고용을 이루기 위해 다방면으로 돈을 공급해온 미국 정부의 입장에서는 두려움이 존재하는 듯 보입니다. 결국 미국의 완전

【 개인에 대한 세금 의존도가 높은 미국 】

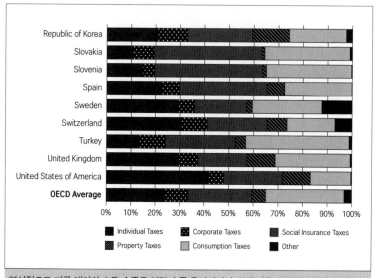

역설적으로 미국 개인의 소득 수준을 일정 수준 유지시키기 위해 미국 정부는 꾸준히 노력하고 있다.

자료: OECD

【 연방 정부의 개인 이익에 대한 한계 세율 추이 】

역사적으로 한계 세율(최고치)는 꾸준히 낮아져왔다.

자료: 미국 노동부, 노동통계국(Bureau of Labor Statistics)의 소비자 물가 지수 인플레이션 계산기
(Consumer Price Index Inflation Calculator)로 조정

고용과 양호한 소비를 위한 노력은 다른 부문에서의 부작용 혹은 불균형을 초래하고 있습니다.

이제는 미국 경제 내의 부작용을 최소화하기 위해 새로운 시스템 원칙 제정이 필요합니다. 하지만 부문별 불균형적인 성장에 익숙해진 미국은 경제 내에서 극단적인 자본주의적 경쟁 구도 촉발에만 집중하고 있습니다. 이는 마치 달리는 말에서 내리지 못하고 급여 인상 경쟁을 부추기며 부의 편중이 심화되는 현상을 만드는 셈입니다.

이러한 불균형 해소를 위해서는 전체적인 성장 확대에 집중하기보다는 부문별 균형적 성장과 구체적인 목표치가 필요합니다. 이를테면 '고용 몇 프로 증가-물가 몇 프로 상승'이라는 균형화된 목표를 바탕으로 미국 정부도 '성장-분배'의 조화로운 정책에 집중할 필요가 있는 것입니다.

미국이 세계가
달러를 받아들이게 하는 방식

미국 연방정부는 직접세와 간접세 등을 이용해서 화폐 수용,
경기 조절 재원 마련, 달러 가치 조절, 부의 재분배, 수입 통제 등을 실행하고 있다.

세금의 교묘한 다른 이름

　국가의 세금은 자국의 통화를 공식 화폐로 받아들이게 하는 강력한 수단입니다. 모든 국가의 가계와 기업은 세금 납부의 의무를 지기 때문에 이를 바탕으로 화폐에 대한 보유 욕구가 발생됩니다. 세금은 국가의 입장에서 경제 시스템을 지속시키기 위한 필수적인 도구인 셈입니다. 한편 세금을 통해 마련된 예산으로 정부는 재정지출을 통해서 내수 경기를 컨트롤합니다.

　정부는 내수에 돈을 공급해 인플레이션을 유발하거나, 반대로 세금을 올려서 인플레이션과 수요를 조절할 수도 있습니다. 정부는 징

수된 세금을 기반으로 부의 재분배나 공공사회적 지출 등의 정책도 수행할 수 있습니다. 다시 말해 한 정부 입장에서 세금은 화폐를 국가적으로 수용하게 하는 요인이자 경기를 조절하는 재원의 수단입니다. 그런데 미국의 입장에서는 세금이 '국가 화폐 수용' '경기 조절 재원' 이상의 의미를 지닙니다.

첫째, 미국 정부는 달러의 구매력을 유지시키기 위해 내수에서 세금을 징수하고 대외적으로도 간접세를 징수합니다. 이는 대내외 세입 혹은 세출 등의 과정을 통해 달러의 가치를 안정시키는 데 도움을 줍니다. 둘째, 공공사회적 정책을 추진하기 위해 세금을 징수합니다. 이는 부동산세와 투자 거래세 등을 통해 사회적 자원을 일부분 재분배하는 정책입니다. 셋째, 일종의 해외 사치품이나 대외적으로 무역 제한을 두는 품목(중국의 일부 품목)에 대해서 수입관세를 크게 부과해 해당 제품의 수입을 통제합니다.

세금은 국가 화폐 수용의 도구, 경기 조절 재원 이상의 의미를 지니고, '달러 가치 조절, 예산 마련, 수입 통제' 등을 위한 중요한 수단으로도 사용됩니다. 미국이 세금을 이용해 '화폐 수용, 경기 조절 재원 마련, 달러 가치 조절, 부의 재분배, 수입 통제' 등을 이행하는 과정에 대해서 상세히 살펴보겠습니다.

정부 입장에서 민간이 달러를 국가의 화폐로 받아들이고, 성실히 세금을 납부하게 하려면 어떠한 도구가 필요할까요? 지속적인 인플레이션 유발입니다. 즉 경제 내에 유동성을 과하게 지출해 모든 상품과 급여 등에서 인플레이션이 발생하게 한다면, 세대를 거듭해도 세금을 거둬들일 수 있습니다. 정부가 민간에게 어느 정도의 인플레이션과 소득 유발 효과를 창출해주면, 민간에서는 세금을 납부하려는 충분한 동기를 가질 수 있습니다.

'화폐 수용, 경기 조절 재원 마련' 측면에서 미국 정부는 세출이 세입보다 많은 상황을 지속하고 있습니다. 미국 연방정부는 Fed의 통화정책과 상관없이 계속적인 지출을 통해 달러의 법정화폐로서의 지위를 지속시키기 위해 경기를 계속 부양합니다.

'달러 가치 조절'의 측면을 살펴보면, 미국 정부는 2023년 새로운 미국 내 투자 원칙 정책을 대외적으로 표명했습니다. 이는 미국의 일자리를 늘리기 위해 '제조업 회귀'라는 대의를 내세우고, 주변 국가들에게 미국 내에서 상품을 팔려면 투자를 집행하게끔 하는 것입니다. 그런데 미국의 '제조업 회귀' 정책이 표면적으로는 자국의 제조업 살리기 정책이지만, 실질적으로는 달러를 필요로 하는 수출국 기업에게 매기는 간접세와 유사합니다. 미국 시장에서 일정한 수출을 통해 달러를 벌어들이는 기업을 대상으로 달러를 미국 내에 선투자하게 하는 간접세인 것입니다. 수출 기업 입장에서도 달러 매출을 증대시키려면 미국에 시설 투자를 늘릴 수밖에 없습니다. 이는 향후 벌어들일 매출에 비례하는 금액을 미리 납부하게 하는 일종의 간접세이며, 미국 연방정부는 이러한 정책을 통해 내수에서 그리고 대외 부분에서의 달러 구매력을 유지시키고 있습니다.

'부의 재분배' 측면에서 보면, 미국 정부는 일정 수준의 부자 증세(기업 관련 세금)를 통해 사회적 자원을 가난한 이들에게 재분배한다고 볼 수 있습니다. 물론 현재의 미국 정부가 과연 효율적인 부자 증세 시스템을 유지하고 있는지에 대해서는 의문점이 존재합니다. 그럼에도 미국의 재정을 통한 사회공공 부문의 이익 창출은 적정 수준 이상의 효과를 창출하는 것으로 판단됩니다. 예를 들어 미국 정부는 메디케어드(Medicaid), 메디케어(Medicare), 푸드스탬프(저소득층 식료품 지원), 육아지원 등에 매년 일정한 수준 이상의 금액을 예산으로 책정하고 있습니다. 의회는 이러한 지원에 대해서 다소 과다한 지출이라는 지적도 합니다. 하지만 정부의 적극적 사회보장 지출은 가계가 짊어져야 하는 부담을 경감시켜주기 때문에 미국 가계의 '부양 의무와 의료비' 등의 부담을 줄여 소비 여력을 늘려준다고 할 수 있습니다.

'수입 통제'의 측면에서 살펴보면, 미국 연방정부는 일부 사치품이나 혐오재 등에 대해서 수입관세를 부과하고 있습니다. 특히 중국

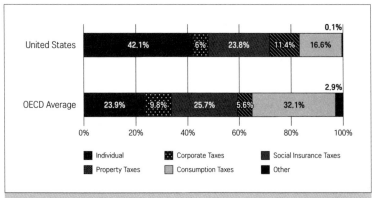

미국은 개인에 대한 세금 의존도(42%)가 OECD 평균(23%)보다 높고, 기업에 대한 세금 의존도는 적다. 다만 외국에 대한 투자 조항을 다양하게 설정해 외국에 대한 간접세 성격의 부담을 부여하고 있다.

자료: OECD

의 상품에 대해서는 큰 규모의 수입관세를 부과하고 있습니다. 중국에 대한 수입관세 부과는 미국이 추구하는 정책과 배치된다는 이유에서 시작되었고, 최근에는 양국 간 갈등 속에서 일부 품목은 금수조치까지 시행하고 있습니다.

💰 수입관세의 부정적 전망

하지만 이런 세금 기반의 미국 정책이 장기적으로 계속 효과를 거두기는 힘들 수 있습니다. 실제로 비어즐리 러믈은 '세금은 자국 통화의 안정성과 신뢰성을 확보할 정도로는 높아야 하지만 그 적정 수준을 넘어서면 오히려 통화의 안정성과 신뢰성은 약화될 수 있다'라고 지적합니다.

현재는 미국 연방정부가 많은 부분에서 세금으로 통화 및 경제적 안정 효과를 거두고 있지만, 과도한 수입관세가 장기간 지속될 경우 여러 측면에서 부정적 현상들이 나타날 수 있습니다. 장기적으로 미국 기업들의 채산성이 악화될 수 있고, 경상 거래에서의 비효율적인 관세로 많은 국가들이 달러를 받아들이지 않으려는 움직임이 나타날 수 있습니다.

지금도 인플레이션 2% 목표를 시행해야 할까?

2% 물가 정책은 현재처럼 경제, 인구 구조가 크게 변화한 상황에서는 효율적이지 못할 수 있다. 경제 상황과 중앙은행의 역할 변화에 맞춰 물가 정책도 변해야 한다.

💰 과거의 규칙일 뿐

전 세계 인플레이션 2% 목표 통제 정책은 과연 무엇을 위한 것일까요? 미국 Fed의 연방공개시장위원회(FOMC)는 개인 소비지출 물가지수의 연간 변동율이 2% 이하의 수준일 때 최대 고용 및 물가 안정을 이루는 데 가장 높은 효과를 창출한다고 언급하고 있습니다. 특히 FOMC는 인플레이션율이 2% 이하의 수준에서 관리될 때 가계와 기업이 저축, 차입 및 투자에 관한 건전한 결정을 내릴 수 있다고 평가합니다.

Fed뿐 아니라 스웨덴의 릭스방크(Sveriges Riksbank), ECB(유럽중앙은행), BOE(잉글랜드중앙은행) 등 주요국 중앙은행과 한국 중앙은행인 BOK도 인플레이션 목표치를 2%에 둡니다. 하지만 대부분의 중앙은행이 2%의 인플레이션 목표치를 설정하는 데 대해 명확한 근거가 존재하지 않습니다.

1989년 돈 브래쉬가 뉴질랜드의 중앙은행 총재를 수행했던 기간에는 인플레이션이 15% 정도로 매우 높은 수준이어서 모든 정책 방향을 인플레이션 통제에 집중했습니다. 이에 뉴질랜드 재무장관인 로저 더글라스는 한 언론 인터뷰에서 뉴질랜드의 경제 안정화를 위해서는 인플레이션율을 한 자리수로 제어하는 것이 중요하다는 점을 강조했습니다. 특히 인플레이션율이 0~1% 정도로만 제어된다면 급격하게 성장하는 인구 증가율을 고려했을 때 가장 안정적인 소비를 할 수 있을 것으로 언급했습니다.

뉴질랜드가 이와 같은 정책이 가능했던 것은 인구 증가와 관련이 있습니다. 사실 뉴질랜드는 1980년대 총인구 300만 명대에서 1990년대에 350만 명대로, 적은 인구이지만 급격히 증가한 상황이었습니다. 이 때문에 인적자원의 증가 속에서 원활한 인프라 자원의 성장도 누릴 수 있었습니다. 결국 당시의 경제 상황에서는 물가가 0~1%로만 제어되면 그 누구도 적극적으로 소비할 수 있을 것으로 기대되어 결국은 생산과 소비 모두 원활한 이상적인 경제를 꿈꿀 수 있었습니다.

이러한 상황에서 뉴질랜드의 중앙은행 총재인 돈 브래쉬는 0~1%의 물가 목표제에 대해 0.75%p 정도는 편향되었을 것이라고 추정

【 뉴질랜드의 역사적 인구 증가 추세 】

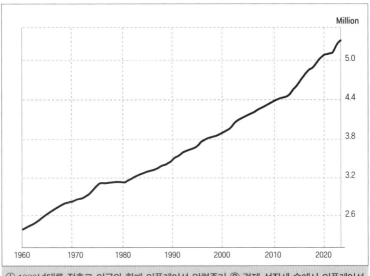

① 1980년대를 전후로 인구와 함께 인플레이션 압력증가 ② 경제 성장세 속에서 인플레이션 통제 이슈 대두

자료: 뉴질랜드 통계청

해 최대 목표치를 2%로 정했습니다. 이후 미국 와이오밍주 잭슨 홀에서 열린 중앙은행 회의에서 돈 브래쉬는 2% 물가 목표제에 따른 경제적 성과를 자랑했고, 이러한 성과물은 여타의 중앙은행 수장들도 인상깊게 받아들였습니다. 결국 뉴질랜드 중앙은행의 2% 물가 목표제는 유럽, 영국, 스웨덴, 캐나다 및 미국 등으로 확산되었고, 현재는 전 세계 대부분의 중앙은행이 2%를 물가 목표제의 기준으로 삼고 있습니다.

🪙 유연한 목표제 운용이 필요하다

　최근처럼 유동성 공급의 규모가 크게 급증했음에도 돈의 투입 효율성(통화 유통 속도)이 낮아져 있는 상황에서 굳이 2% 물가를 설정하는 게 가장 합리적인지에 대한 본질적인 의문이 존재합니다. 1900년대에는 인구의 증가율이 높고 인프라가 급증하는 시기에서 물가를 낮추는 쪽에 목표를 두는 것이 합리적이었습니다. 즉 명목임금의 상승이 물가 상승으로 상쇄되는 것을 최소화하기 위해 물가를 컨트롤해둘 필요가 있던 것입니다.

　하지만 최근과 같이 유동성 대비 평균 급여의 비율이 떨어지고 있는 상황에서는 사실상 물가를 굳이 2%로 잡고 싶다면 유동성 공급만 줄이면 될 것입니다.

　그럼에도 2% 물가 목표제를 꼭 지켜나가고자 한다면, 정부와 중앙은행이 협력적으로 유동성을 풀어온 만큼(현대화폐이론에 근거해) 정부와 중앙은행이 물가 목표제를 함께 준용해나갈 필요가 있습니다. 이를 역설적으로 표현한다면, 물가를 2%로 통제하기 위해 정부도 지출을 줄이거나 세금을 올리는 적극적인 행동을 취해야 한다는 것입니다. 만일 정부가 여전히 경기부양에 집중한다면 굳이 2%를 다소 초과하는 인플레이션에 대해 경계할 이유는 없을 것입니다.

　결론적으로 2000년대 이후에는 인구 감소와 추가 성장산업에 대한 고민이 상존하기 때문에 굳이 과거와 같은 고성장 시기에 설정한 2% 물가 목표제를 고집할 필요가 없습니다. 지금과 같은 상황에서는 물가의 목표 범위를 보다 탄력적으로 넓혀나가는 것이 중요하며, 사실상 0~4% 혹은 0~3% 물가 목표 등과 같은 유연한 목표제 운용이 필요해보입니다.

10

THE FUTURE ECONOMY

10장에서는 앞으로 10년간 두고두고 조심해야 할 경제 문제들에 대해 분석한다. 향후 10년은 인플레이션 복병을 조심해야 한다. 화폐가 상품을 따라다니지 않을 때 인플레이션은 해결된. 사다리화가 되고 있는 가계부채, 이제는 그 징검다리를 무너뜨려야 한다. 양극화로 흐르지 않는 냇물들이 많아질 것이며, 이제는 부채를 물려주는 세상이 보편화될 것이다.

앞으로 10년간
꼭 유의해야 할
경제 문제들

인플레이션 복병

미국의 합목적적이지 않은 대규모 부양정책은 전 세계의 물가 불안정성의 복병으로
작용할 수 있다. 당장은 큰 불안이 없어도 항상 조심해야 한다.

미국의 완전고용의 이면

과거 위기가 발생할 때마다 미국은 구제금융과 경기부양을 시행하는 과정에서 부자는 더 부자가 되고 가난한 자는 더 가난해지는 현상이 반복되어 왔습니다. 과거 금융위기 당시 경제학자 애덤 사이먼 포즌은 'Fed가 대거의 자금을 동원해 월스트리트의 금융권만을 지원해줬다'라는 비판을 했습니다. 하이먼 민스키도 진정한 경기부양을 위해서는 빈곤층이 높은 임금을 받는 직업을 많이 갖게 해야 한다고 주장했습니다. 미국 가계의 소득이 한쪽으로 쏠리지 않고 균형적으로 분배될 때 소득의 양극화가 해결될 수 있다는 의미입니다. 소득의 양극화가 해결되어야지만 지나친 사회적 지출과 재정적자를

줄일 수 있다고 분석했습니다.

과거 미국에서는 완전고용을 목표로 한 균형적 일자리 정책이 시행된 바 있습니다. 이는 1944년의 완전고용 정책 담론을 담은 '루즈벨트 대통령의 상시적 연방고용 프로그램'입니다. 루즈벨트는 뉴딜 사업의 공공사업진흥국(Works Progress Administration)과 시민자원보존단(Civilian Conservations Corps)을 통해 일자리를 직접 창출했습니다. 이후 상시적 완전고용을 입법화하기 위한 노력이 계속되었으며, 1978년 완전고용균형성장법이 제정되었습니다. 그러나 이러한 목표에도 불구하고 2020년대 이전까지는 이러한 완전고용의 목표가 현실화된 적은 없었습니다.

그런데 2021년 바이든 정부가 들어서면서 실업률이 4% 이하로 통제되는 완전고용의 현상이 나타나고 있습니다. 바이든 대통령이 취임 직후에 '더 나은 재건(BBB: Build Back Better)' 구상을 국정 운영의 목표로 제시했는데, 이 정책을 통해서 많은 일자리 관련 재정지출을 하게 된 것입니다. BBB 법안의 내용은 크게 미국 구조 계획, 미국 일자리 계획, 미국 가족 계획 등 세 부분인데, 10조 달러 이상의 예산을 투입해 일자리를 늘리는 것을 목표로 한 정책입니다.

이 세 가지 법안을 세부적으로 살펴보면 다음과 같습니다. 우선, 미국 구조 계획은 코로나19 사태로 경제적 어려움에 처한 시민들을 지원하면서 경기를 부양하는 것입니다. 코로나19 사태가 한창이던 2021년 3월 11일 미국 의회는 1조 9,000억 달러 규모의 미국 구조 계획 법안을 통과시킨 바 있습니다. 이는 트럼프가 대통령이던 시절에 유사한 법안(CARES법)이 검토된 바 있었기 때문에 조기 입법이 가능했습니다. 한편 이러한 미국 구조 계획은 사실상 자영업자들과 개인들에게 현금을 무상으로 직접 지급하는 형태인데, 최근에는 법안을 통해 현금 지급 유보액을 철회하려고 합니다.

다음으로, 미국 일자리 계획은 고속도로, 인터넷망, 상수도 등의 인프라 확충과 재생에너지 개발을 통해 일자리를 창출하는 법안입니다.

마지막으로, 미국 가족 계획 법안은 중산층 재건을 목표로 공교육 투자와 육아 보조금 확대에 맞춰진 내용입니다. 신재생에너지와 전기차 보조금 등의 지원 정책이 포함된 3조 5,000억 달러 규모의 정책입니다. 하지만 이 법안은 초기에는 공화당의 반대(신재생에너지 등 환경 관련 지출로 인플레이션 압력을 부추길 우려)로 초안 예산의 절반 수준인 1조 8,500억 달러로 예산이 축소되었습니다. 이후에도 미국 가족 계획 법안은 지속적인 수정 과정을 거치게 되었습니다. 결국 민주당 지도부가 공화당 의원들과 같은 당내의 법안 반대자인 조맨친 의원 등을 상대로 비밀 협상을 수차례 벌여 최종적인 합의안을 도출했습니다. 세금을 많이 거둬들인다는 조건으로 재정지출을 할 수 있게 한다는 내용입니다. 대기업에 대한 세금을 올리고 고령자에 대한 의료보험(메디케어) 한도(연간 2,000달러)를 설정해, 연방정부가 7,370억 달러의 자금을 조달하고 이를 기반으로 4,370억 달러의 예산 지출을 한다는 내용입니다. 최종적으로 이 법안은 '인플레이션 감축법'으로 명명되었습니다.

🪙 또 다른 인플레이션 조세

하지만 인플레이션 감축법은 양당 간 합의로 이뤄졌음에도 여전히 갈등 요인이 되고 있습니다. 바이든 대통령과 민주당은 재생에너지 투자 확대와 전기차 보조금 지급에 많은 예산을 투입해야 일자리가 늘어난다고 주장합니다. 반면에 공화당 의원들은 일자리를 늘리기 위해서는 노후화된 인프라 개선 정책을 세워야 한다고 주장합니다. 양당의 초점이 '일자리 늘리기'에 있다는 것은 동일하지만 서로가 바라보는 수단과 방편에서는 차이가 큰 것입니다.

이와 같이 대규모의 재정지출 시행으로 미국 경제는 다행히도 4% 이하의 실업률을 기록하면서 완전고용의 형태를 이어가고 있습니다. 과거 루즈벨트 대통령이 완성하지 못한 완전고용의 체계를 이룬 것이라 할 수 있습니다. 다만 2021년~2023년에 이루어진 일자리와 관련된 정책들은 대부분이 새로운 산업에 새로운 투자를 하는 형태입니다. 신규 투자산업과 연관되어 일자리들이 창출되다 보니 자연스럽게 인플레이션 유발 요인이 되기도 합니다. 기존에 부재했던 생산 라인이 새롭게 구축되면서 이전에는 쓰이지 않던 원자재까지 동원되다 보니 결국에는 인플레이션을 자극할 수밖에 없는 것입니다.

표면적으로는 '중서민 계층을 위한 완전고용'의 목표를 이룬 것같지만 실제로는 또 다른 인플레이션 조세가 발생하는 것입니다. 완전고용으로 가계의 소득이 전반적으로 증가한 것 같지만 고소득의 일자리는 일부 계층에 집중됩니다. 또한 중서민 계층은 일자리로 인해 노동소득을 벌어들이지만 인플레이션이 심해 실질적으로 쓸 돈은 부족합니다. 대규모 재정지출로 인해 새로운 일자리도 생기고 미국의 가계가 부자가 된 것 같지만 서민 계층은 여전히 어려운 살림살이를 이어가고 있습니다. 이런 이유에서 2023년 고금리 정책 시기 동안에 가계 전체의 연체율은 낮은 편이지만 중서민 계층의 카드대출 연체율은 지속적으로 상승중입니다.

결론적으로 미국은 최근 '완전고용'과 '강한 소비'라는 경제적 회복의 명제를 이룬 것으로 보입니다. 하지만 실질적으로는 그동안의 역대 연방정부에서 균형점을 고민했던 '대규모 재정지출·완전고용 vs. 인플레이션'의 관계 속에서 '대규모 재정지출·완전고용'으로만 정책 방향을 굳힌 셈입니다. 이미 이루어진 완전고용은 다음의 연방정부에도 반드시 지켜야만 하는 '기준선'이 되었고, 이에 차후의 연방정부도 대규모 재정지출을 해야만 하는 '돌이킬 수 없는 딜레마'에 빠진 것입니다. 이러한 딜레마가 지속되는 한 당연히 인플레이션은 언제든 경제의 복병으로 다가올 가능성이 큽니다.

인플레이션에서 벗어날 수 있는 유일한 해법

목표에 맞춘 경제정책, 그리고 사회적 약자 계층을 위한 실물 상품 공급 등 종합적인 방법을 고려해야 한다. 단순히 돈 공급을 위한 정책은 비효율적이다.

목적을 상실한 미국의 정책

2020년 이후 최근까지 우리는 거대한 인플레이션의 시대에 살고 있습니다. 혹자는 인플레이션이 모두 '화폐적 현상이다'라고 분석합니다. 물론 인플레이션은 돈의 힘으로 나타나는 현상이기도 하지만 보다 세부적으로는 '돈이 어떻게 쓰여지느냐?'의 문제가 더욱 중요합니다.

예를 들어 100만 원의 재정자금을 사회적 약자를 위해 식료품 쿠폰으로 나눠주는 경우와 금융기관에게 유동성을 투입하는 경우를 비교해서 살펴보겠습니다.

사회적 약자의 경우에는 의식주 해결 능력이 부족할 수 있으므로 식료품 쿠폰을 이용해 음식을 살 경우 인플레이션이 크게 강화되지는 않습니다. 만일 식료품 쿠폰을 '우유'라는 단일 상품으로만 지급한다면 일시적으로는 우유 가격이 높아질 수는 있습니다. 하지만 이 경우에도 소비가 다 이뤄지고 나면 우유 가격은 정상 범위 내로 회귀할 가능성이 큽니다.

이에 반해 은행에 유동성이 투입된 경우는 조금 다릅니다. 은행은 100만 원의 자금을 지급받아 일부는 대출 실행에 이용할 것입니다. 전체적인 자산 규모가 커지는 만큼 대출 자산을 근간으로 한 또 다른 '투자 혹은 대출'이 가능해집니다. 지급받은 유동성을 기반으로 두 배 이상의 신용 창출 능력이 생깁니다. 만일 이러한 신용 창출 능력 확대가 다른 은행으로까지 확장된다면 시장의 신용 증가 수준은 더 커질 수 있습니다. 은행을 통한 유동성 공급은 단순히 해당 금액만큼만 시중 유동성이 늘어나지 않고 그보다 증배해 늘어나는 경향이 있습니다.

최근 미국 상황을 현대화폐이론적 측면에서 생각해보면, 정부는 재정적자를 꾸준히 내면서 돈을 가계에 공급해 가계는 흑자재정을 유지합니다. 여기에 Fed가 결합되어 민간 금융기관에 유동성을 투입하면 가계가 쓸 수 있는 돈은 '정부의 재정지원 + 민간 금융기관을 통한 신용' 등으로 늘어납니다. 그러면 최근에 나타나는 과도한 인플레이션의 현상을 어떻게 해석할 수 있을까요?

경제 내 단순화된 모형을 생각해보겠습니다. A와 B라는 소비자만

이 존재하고 있고, A가 자산 1개를 소유한다고 가정해보겠습니다. 최초에 자산 1개를 1달러 가치로 보유하고 있는 A는 해당 자산을 시장에 팔고자 내놓습니다. B는 자산 가격이 1달러 미만으로 내려갈 때를 기다립니다. 하지만 시간이 지나면서 지속적으로 정부가 재정지출과 동시에 개인들에게 세금을 거둬들이고, 금융기관이 충분히 대출을 할 의사를 지니면 이야기는 달라집니다. 우선 자산을 매수하려는 B의 입장에서는 재정지원과 금융기관 신용을 통해서 자산을 살 수 있는 여력을 확보했습니다. 하지만 A는 자산을 보유함으로써 향후에 내게 될 세금의 증가폭을 고려해 자산의 매도 가격을 높이게 됩니다.

만일 해당 자산의 공급이 제한되는 경우라면 자산의 프리미엄은 더욱 높아질 것입니다. 정부의 입장에서는 인플레이션 환경하에서는 재정지출에 필요한 돈도 더 늘어나게 되므로 인플레이션 환경(일반적으로 인플레이션 조세라고도 합니다)을 부정할 이유는 없습니다. 모든 상품의 가치가 조금씩 높아지는 만큼 정부는 늘어난 가치에 비례해 세금을 더 징수하게 되기 때문입니다. 인플레이션 환경에서는 개인이 내야 하는 세금 규모가 증가하므로 개인이 매도하려는 자산의 가격을 더욱 높이는 동인이 됩니다.

만일 이러한 환경에서 시중 금리도 상승하면 어떻게 될까요?* 과거 새케인스학파의 경우에는 시중 금리를 올리고 이를 통해

* 2020년 이후 미국 재무부는 민간 은행이 보유해야 하는 지급준비금 비율(지준율)을 예금의 0% 규모로 낮추었다. 이는 은행이 보유한 유동성을 전부 대출에 사용해도 무방하다는 논리와 같다. 하지만 정부의 재정지출과 민간 은행의 신용 확대를 통해 공급된 유동성이 충분하다면 금리를 올려도 상품 가격의 하락을 유도시키는 것은 충분하지 않다.

수요를 축소시킴으로써 상품의 가격을 떨어뜨릴 수 있다고 했습니다. 이러한 금리의 인플레이션 통제 능력은 시장 경제 내에서 유동성이 적정 수준으로 제어되고 은행의 유동성도 제한이 되는(Fed가 지준 이자율을 통해 은행의 유동성을 통제하는 경우) 경우에만 해당됩니다.

인플레이션 고착화와 그 해결책

자산 소유자의 경우에는 금리가 오름에 따른 프리미엄을 고려해 해당 자산의 가격을 높여서 받고자 할 것입니다. 또한 시중에 유동성이 마르지 않는 한은 민간 은행은 지속적으로 대출을 실행해 이윤을 얻고자 할 것입니다. 대출의 공급자가 이렇게 적극적이면 언제든 수요자만 생기면 대출이 실행되게 됩니다. 공급자의 매도 가격 인상과 수요자의 진입으로 자산의 가격은 계속 올라갑니다.

결국 정부의 돈이든, 중앙은행의 돈이든 시중에 유동성이 충분히 존재하는 상황에서는 '프리드먼의 화폐적 현상'은 가속화될 수밖에 없습니다.

정부의 재정지출과 은행의 유동성이 반드시 필요한 주체에게 목적에 맞게 쓰여지지 않으면 해당 시장 경제를 둘러싼 모든 상품의 가격은 떨어지기 힘든 구조가 됩니다. 이는 유동성이 충분한 상황에서 이자율이 높아지면 기존의 생산된 가격에 이자율만큼의 프리미엄이 붙는 구조가 형성되기 때문입니다. 이자율만큼의 프리미엄이 붙은 상품 가격은 유사한 대체품의 가격을 올리는 데 기여하고, 이는 순환적으로 인플레이션을 확장시킵니다.

결론적으로 한 국가의 시장 경제 내에 돈이 많다고 해서 반드시 물가가 오르는 것은 아닙니다. 오히려 공급되는 돈의 목적지가 정확하지 않을 때 그를 둘러싼 상품의 가격이 전반적으로 올라가게 되는 것입니다. 방향을 잃은 유동성을 '유동성 자산(idle money)'이라고 합니다.

미국은 연방정부와 Fed의 발권력을 통해서 달러를 공급하고 이를 통해 가계를 흑자로 만드는 데는 성공한 듯 보입니다. 하지만 가계가 흑자재정을 유지하고 있는데도 정부의 세율은 오르지 않고(인플레이션 조세만큼만 증분), 은행의 가계 대출 행태는 매우 양호합니다. 이에 미국 내에서 공급된 달러의 양만큼 경제 내의 상품 가격은 오름세를 유지하는 것입니다.

이러한 상품 가격의 상승세는 다른 국가에도 전이가 되어 전 세계적 인플레이션이 고착화되고 있는 형태입니다. 결국 이러한 고착화된 인플레이션을 해결하기 위해서는 정부와 Fed가 직접적으로 금리의 유동성을 거둬들여서 시중에 돌아다니는 '유동성 자산'의 양을 통제하는 것이 중요할 것입니다. 경제 내에서 돈이 합목적적으로 쓰여지는 데 집중한다면 인플레이션의 고착화 현상은 제어될 가능성이 큽니다.

신흥국을 위한 전략

　신흥국은 항상 높은 환율 변동성, 자본 유출 위험, 고물가 위협 등에 시달려오고 있습니다. 이런 요인으로 신흥국의 통화주권력은 항상 약한 것이 일반적입니다. 신흥국의 통화주권력을 강화시킬 수 있는 방법은 없는 것일까요? 아무리 규모가 작고 외부 부채에 대한 의존도가 높아도 신흥국이 통화주권력을 향상시킬 방편은 존재합니다.

　통화주권력을 강화시킬 수 있는 중요한 요소로는 자국만이 지니는 기술, 자원 및 정책적 의지 등을 바탕으로 국가의 수출경쟁력을 제고시키는 방법과 교역의 협상력을 증대시키는 방식입니다. 비기축통화 국가라고 하더라도 자국만이 실현시킬 수 있는 고품질의 상품 제조 기술이 있다면 전 세계에서의 해당 통화에 대한 인식은 다소 달라질 수 있습니다.

　만일 신흥국의 정부가 재정을 통해 기술이 있는 기업 혹은 산업에서 상품화할 수 있는 경로를 열어준다고 가정해보겠습니다. 해당 상품의 품질력과 희소성이 보장되는 경우 수입국을 대상으로 많은 협상 카드를 얻게 됩니다. 과거 1830년대 이후 영국이 면직 산업에서 기계 발명을 통해 기술을 확보하고 이를 통해 대량생산 체제를 이룬 사례를 생각하면 답은 간단합니다. 영국은 당시 면직 상품에 대한 생산 경쟁력을 갖춘 이후 해당 면직품을 해외로 수출할 때 낮은 관세를 부과해 수출 환경을 유리하게 열어주었습니다.

이러한 과정에서 자본주의 계급과 노동자 계급의 갈등과 같은 부정적 현상도 일부 발생하기도 했습니다. 하지만 실질적으로는 많은 영국산 면제품 수출과 함께 파운드로 결제가 이뤄지면서 파운드의 통화 패권력도 강화되었습니다. 물론 신흥국들은 이미 비기축통화 체제로 굳혀져 있기 때문에 영국의 사례와는 다소 다를 수 있습니다. 하지만 수출 국가들 중에서 매우 경쟁력 높은 산업 부문의 체계를 확립해놓으면 수출 국가 중에서 상대적으로 외부 부채에 대한 상환 압박에서 벗어나 좀 더 여유로운 부채의 차환 발행 스케줄을 확보할 수 있습니다.

수출 증가와 함께 해당 신흥국의 통화 공급량을 늘리게 될 경우 내수 혹은 대외에서 해당 통화의 사용 빈도와 거래를 늘려 외환거래상의 상대적 통화가치의 증대를 유발할 수 있습니다. 결국 기술력 확보와 이를 통한 산업 체계 확립은 통화가치의 안정성과 통화에 대한 신뢰성을 높일 수 있습니다. 이미 기축통화와 비기축통화의 시스템이 자리 잡혀 있는 현 상황에서도 기술력을 확보해 그것을 통해 상대적인 통화의 패권력을 높일 수 있는 것입니다.

금융적 측면에서는 신흥국의 환율 안정화를 위해 국가 자산 포트폴리오의 다각화가 매우 중요한 요소입니다. 국가의 외환보유액을 이용해 외국의 다양한 자산에 투자를 할 필요가 있습니다. 정부가 다양한 외화의 채권 자산 포트폴리오를 구축했다고 가정해보겠습니다. 이 경우 설령 경상수지로 벌어들이는 돈이 적다고 해도 이자로 수취하는 외화가 고정적으로 들어와 경상수지 축소의 영향을 상쇄

합니다.

　이렇게 외부에서 수취되는 외화 금액이 늘어나면 국내외 외환시장에서 외화를 자국 통화로 교환하는 거래의 빈도도 증가하게 됩니다. 특히 스왑시장 등에서의 자국 통화에 대한 수요도 동반해 늘어날 수 있습니다. 이와 같이 국가의 금융적 포지션을 통해 자국의 화폐의 거래 빈도를 늘리는 것은 결국 외부에서의 자국 통화에 대한 수요를 증진시키는 결과를 만들 수 있습니다. 미국이 외국에서 달러로 채권을 발행하면 항상 수요가 있듯이 수출 국가도 외국에서 외화를 수취하는 경로를 많이 만들어놓으면 해당 통화에 대한 수요도 늘어날 수 있는 이치입니다.

　신흥국 정부는 위와 같은 환율 안정화 정책과 동시에 내수 물가 안정화 정책을 취하는 것도 중요합니다. 화폐가 상품을 크게 따라다니지 않게 하는 것인데, 이를 위해 정부의 사회복지 지출 및 저소득층 지원 정책 등은 현금으로 이루어지기보다는 직접적인 상품 혹은 서비스로 지급되는 것이 중요합니다. 현대 사회에서 정부의 지원금을 상품으로 지원받는 것을 좋아할 리 만무하지만, 사실상 이러한 상품의 직접 투입이 이뤄지지 않으면 물가는 화폐의 구매력 약화로 계속 오르게 됩니다.

'부채의 늪'에서 벗어나기

인위적으로라도 부채 조정은 한 번은 반드시 해야 한다.
젊은 층들의 자산 규모는 상대적으로 적고, 부채 부담은 크게 증가하고 있다.

인위적 부채 조정의 필요성

국가가 고령화되면서 나타나는 부작용들은 상당합니다. 본질적
으로 가계의 순금융자산은 시간이 지나면서 축적되는 경향을 지니
는데, 고연령은 자산이 늘어나면서 순채권자의 지위를 갖게 됩니다.
이에 반해 젊은 계층은 순자산의 규모가 크지 않고 순채무자의 지위
를 지니게 될 가능성이 큽니다. 그런데 국가의 가계부채가 전체적으
로 늘어나면서 가계의 일부 계층(고연령)은 고자산을 획득해 이에 대
한 세금을 지출하게 됩니다. 반면에 가계의 다른 계층(젊은 계층)은 오
히려 순채무자의 입장에서 소득의 대부분이 금융 비용(이자 상환 등)으
로 지출합니다.

국가 경제 활동의 주요 계층이 생산활동을 하면서도 순채무에 따른 제약을 받게 될 가능성이 큽니다. 경제 전체적인 인플레이션이 심할 땐 이러한 젊은 계층의 금융 비용 부담도 높아져 소비 등의 경제활동에 제약이 가해질 가능성이 큽니다. 이러한 젊은 계층의 제약은 결국에는 저출산 혹은 경제활동에서의 이탈(해외로의 유학이든 경제활동 의사 포기이든)로 전환될 가능성을 높이며, 이는 전체적인 노동생산성의 하락으로 이어집니다.

결국 국가의 고령화와 양극화 현상이 동시에 진행될 가능성이 있으며, 이는 단순한 부의 집중화 이상의 문제를 야기할 수 있는 것입니다. 더욱이 이러한 문제는 인간의 기대수명이 길어지면서 누적적으로 매우 더디게 진행될 위험이 큽니다.

이러한 부작용은 '부채의 증가 속에서 나타나는 고령화와 양극화'라는 공통되고 오래된 환경에서 비롯됩니다. 부채 증가라는 환경은 기업에게도 부작용을 창출하는데, 현대 경제처럼 기업이 부채를 원활히 차입하기 쉬운 환경에서는 더 그렇습니다. 기업의 부채란 본래 기술력이 좋으나 당장의 자금력이 부족한 기업들에게 혁신적인 기술을 개발하도록 도움을 주는 데 목적이 있습니다. 하지만 현금 유동성이 양호한 기업들도 더 많은 금액을 빌릴 수 있는 환경에 노출되면서 빚에 둔감해지는 현상이 나타납니다. 이는 마치 본래 건강한 수면을 하는 이들과 불면증에 시달리는 이들이 모두 다 수면제를 먹는 일종의 '집단적인 중독'이라고도 볼 수 있습니다. 특히 일부 기업들은 빚을 내서 생산적 투자 외에도 투기 활동에 집중하기도 합니다.

결국 현대 경제에서 많은 경제학자들은 '빚은 나쁘다' 혹은 '빚 지면 결국에는 파산합니다'라는 당위적 명제를 바탕으로 빚을 줄이라고 요구합니다. 그런데 현실적으로 과다한 부채에 노출되어 있거나 이미 많은 부채를 지고 있는 민간 주체가 당장에 빚을 줄이라고 하면 그것을 금방 줄일 수 있을까요? 특히 정부가 자기 자산의 몇 프로까지는 빚을 줄이라고 요구하더라도 현실적으로 이를 적극적으로 수용할 사람들은 많지 않습니다. 설령 부채가 나쁘다고 해도 매월 다음의 소비와 다음의 투자계획을 짜야 하는 개인이나 기업들 입장에서는 부채에서 스스로 벗어나기가 힘듭니다.

이처럼 우리는 경제를 대하고 경제 문제를 논할 때 항상 원론적이고 수치적인 논리에서 출발하지만 이는 현실의 문제에서 상당한 차이가 있습니다. 특히 전통경제학자들은 부채를 줄이지 않으면 언젠가는 큰일이 날 것이라고 경고합니다. 그 '언젠가'가 10년 후인지, 100년 후인지, 아니면 500년 후인지에 대해서는 아무도 말하고 있지 않습니다. 특히 빚을 어떻게 줄여야 하는지에 대한 구체적인 방편도 제시하지 않습니다.

부채 조정을 위한 정부의 개입

우리가 문제라고 인식하는 많은 경제적 현상들은 이미 우리의 삶에 깊숙이 자리잡고 있으며, 이러한 문제들을 해결하기 위해서는 그

【 국가별 고령층(55세 이상)의 소득 분위별 비중 】

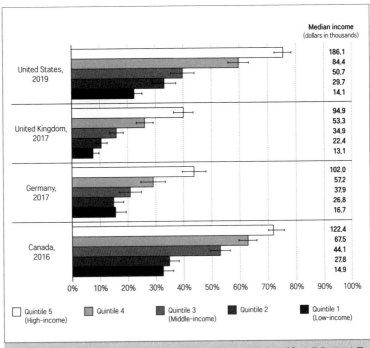

전 세계적으로 고령층은 고소득이 상당한 비중을 차지한다. 여기서 고령층 소득은 근로소득, 투자소득, 퇴직연금 프로그램, 사회이전지출 등을 포함한다.

자료: Proportion of Older Households Reporting a College Degree or Higher, by Income Quintile Comparison of Income, Wealth, and Survival in the United States with Selected Countries(2022).

이유와 인과적 관계에 대해서 살펴볼 필요가 있습니다. 또한 원론적으로 '이래야만 한다'라는 방식보다는 현실 속 경제적 관습을 받아들이면서 불균형 문제를 점진적으로 해결할 방편을 고민하는 것도 중요합니다.

전체 가계의 부채가 늘어나는 과정에서 노령층의 자산가치도 부채발 인플레이션으로 상승하기 때문에 노령층의 부채에 대한 부담은 상대적으로 적을 수 있습니다. 하지만 자산이 형성되지 않은 젊은 층의 입장에서는 부채 증가에 대한 차입 부담이 가중됩니다. 특히 부채가 늘어나는 구간에서는 금리가 조금이라도 상승하면 그 부담은 배로 커집니다. 반대로 금리를 너무 낮추면 부채에 익숙한 이들은 영원히 부채에서 벗어나지 못할 가능성이 큽니다.

금리를 너무 높이면 부담이 커지고, 금리를 너무 낮추면 부채가 다시 증가해 멈추지 않는 부채의 늪에 빠지는 것입니다. 이러한 문제는 대출시장이 다변화되어 기존의 은행뿐 아니라 개인과 개인 간 대출을 연결하는 P2P 대출, 온라인 대출 플랫폼, 가상통화 대출 등이 활성화된 것이 큰 이유입니다. 이러한 가계의 대출 문제는 정부가 해결할 수밖에 없으며, 이를 위해 정부는 부채 조정을 위한 일정 부분의 재정지출을 단행할 수밖에 없을 것입니다.

'성장 포기' 결단이 필요한 때

가계의 부채는 어떻게 축소될 수 있을까요? 가계가 보유하는 금융자산 등을 적극적으로 매도하지 않는 이상 가계 전체는 부채가 늘어난 상태로 유지될 수밖에 없습니다. 가계의 부채는 2000년 초반 이후 비가역성이 매우 강한데, 이것은 가계 운영이 방만한 탓이 아니라 과거 위기를 여러 번 거치면서 빚을 권하는 문화가 일상화되었기 때문입니다.

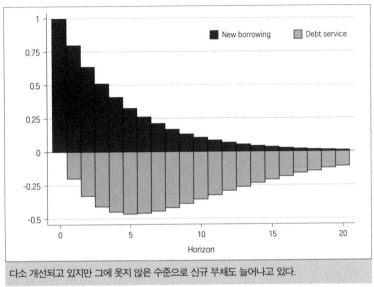

다소 개선되고 있지만 그에 못지 않은 수준으로 신규 부채도 늘어나고 있다.

자료: Drehmann et al.(2023)

특히 위기를 겪은 자본주의 정부 입장에서는 가계가 매월 소득-지출이 마이너스가 날 경우, 자국 내수시장에서 큰일이 벌어질 수 있다는 '대공황식의 트라우마'를 가지고 있습니다. 가계가 갑작스럽게 지출을 줄이는 환경이 생기면, 그것이 기업의 매출을 악화시키고, 이는 결국 정부의 세금 수입까지 감소시키는 최악의 결과를 창출할 것이라는 두려움이 있는 것입니다.

최근에는 부채를 기반으로 하지 않고서는 그 어느 국가도 성장을 담보할 수 없게 되어 부채의 문제는 매우 예민하고 위험하지만 그 누구도 진실을 보려 하지 않습니다. 부채의 위험을 인지하고 있으면서도 마치 그것이 새로운 경제학적 도구인 것처럼 포장해 사람들을 현혹하고 국가의 성장을 유지하고자 합니다.

2023년 초에 벌어진 미국 중소형 은행들의 위기 이후 미국의 FDIC가 은행을 지원할 수 있는 금액이 부족해지자 미국 정부는 대형 은행이 FDIC에 내는 수수료를 더욱 높였습니다. 취지는 은행 시스템의 안정화를 위해서 더욱 많은 자금이 필요하다는 논리였습니다. 하지만 이는 사실상 미국 정부가 또 다른 방식으로 민간에게 빚을 지는 형태이며, 은행에 매겨지는 과다한 수수료는 다시 가계에 부담(은행 거래에서의 이자율 지급 등을 통해 반영)이 됩니다. 결국 정부는 가계에게 빚을 지고, 가계는 은행에게 빚을 지는 악순환적 빚의 체제를 강화시킨 것입니다.

이러한 지경에 이르다 보니 미국 정부는 부채를 찍어낼 때마다 새로운 명칭 혹은 조약 등을 설정하게 됩니다. 심지어 정부가 재정 마련을 위한 부채 한도 증액 과정에서도 새로운 예산 명칭과 복잡한 조약(이 부채를 조달하면 경제가 몇 프로 성장하므로 이 부문에서 어느 정도의 증세 효과가 있는지 등과 같은 형식)으로 포장해 나갑니다. 이러한 과정이 반복되면 민간 부채는 앞으로도 줄어들 가능성이 적습니다.

가계, 기업, 정부의 부채 순환 구조에서 만일 어느 한 부문이라도 성장을 멈추면 부채의 순환구조가 끊기고, 국가 경제 내에서 돈을 서로 못 빌리고 못 갚는 '시스템 위기'가 나타날 가능성까지 존재합니다. 이러한 문제가 발생하지 않도록 전 세계 정부가 노력 중이지만, 이제는 '부채발 인플레이션'의 장기화 가능성까지 엿보이고 있습니다.

부채의 악순환적 구조를 해결하기 위해서는 정부가 주도적으로 디스인플레이션 혹은 일정 수준의 디플레이션을 유도하는 수밖에 없을 것입니다. 이렇게 되면 부채에 대한 과다한 수요와 부채발 인플레이션에 따른 채무자의 리스크가 조금씩 경감될 수 있습니다. 하지만 국가 경제에서 디플레이션이 진행되면 자연스레 세수가 줄게 되므로 정부의 재정 여력은 크게 줄어듭니다. 이를 다시 표현하면, 정부가 '성장 포기'를 감내할 때만 민간의 부채가 조금이라도 조정 과정을 거칠 수 있을 것입니다.

'그들만의 리그'가 되지 않기 위해

양극화가 심해지면 한 지역에서 다른 지역으로 돈이 순환되지 않는 경우가 많아진다.
특정 상품에 대한 수요도 한쪽에만 집중되는 현상들도 강화될 수 있다.

로마 시대의 양극화

과거 번성기를 누렸던 로마 제국도 결국 사라졌습니다. 게르만 민족의 외부 침략, 인플레이션으로 인한 부의 불평등, 정치적 부패, 다수의 암살로 인한 정치적 불안정, 노동력 감소와 노예 제도에 대한 과잉 의존, 과잉 확장, 과잉 지출, 권력의 불균형으로 어려움을 겪으며 체제가 몰락하게 되었습니다.

특히 로마 제국 시대에는 폭력적인 쿠데타, 암살, 지배적인 야망, 내전, 계급과 성별 간의 충돌, 정부 통제의 문제 등 복합적인 사회·정치적인 문제가 만연했습니다. 그런데 이러한 문제의 본질은 의외로 간단했습니다. 로마가 부강해지면서 부유한 로마인들은 시민의 의무를 소홀히 했고, 그들은 더 많은 권력과 부를 얻는 데만 집중하였기 때문입니다.

이로 인해 부자와 가난한 사람의 차이가 커지며 양극화의 문제를 초래했습니다. 그 결과 노동자 계층의 다발적인 반발 운동이 일어나고, 결국 전체적인 사회 시스템의 불안과 함께 로마 제국은 몰락의 수순을 밟게 된 것입니다. 물론 과거 로마 제국의 양극화 및 분열의 양상은 매우 과격한 측면이 있었고, 현대 경제에서 일어나고 있는 양극화 분열의 양상과는 다른 측면이 있습니다.

현대 경제의 양극화

최근 경제에서의 양극화는 주로 경제적 분리와 계층 형성을 통해서 사회적 양극화가 동시에 진행되는 양상을 나타냅니다. 이러한 양극화는 근본적으로 사회경제적 배제(social and economic exclusion)에서 발생하는 문제인데, 이러한 현상은 다면적, 복합적으로 나타나고 있습니다. 예를 들어 지식 및 기술 수준의 차이에 따른 개인 간 소득격차 심화를 기본으로 제조업 vs. 서비스업, 수출 vs. 내수산업, 성장산업 vs. 전통산업 간 격차에서 양극화가 강하게 진행되고 있습니다. 최근의 양극화 현상은 경기 순환으로 해소되지 않는 경향도 점점 강해집니다.

특히 개인의 측면에서 살펴보면 다양한 측면에서 양극화가 진행

【 양극화의 극심한 악화 현상 】

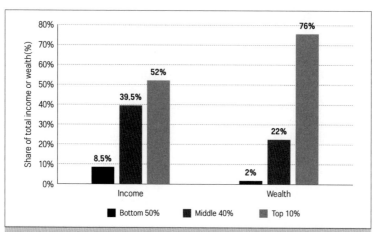

전 세계의 하위 50% 계층은 전체 소득의 8.5%, 전체 자산의 2%만을 보유하고 있다. 반면에 전 세계의 상위 10% 계층은 전체 소득의 52%, 전체 자산의 76%를 보유하고 있다.

자료: WORLD INEQUALITY REPORT 2022-Global income and wealth inequality, 2021

【 전 세계 불평등의 지표 】

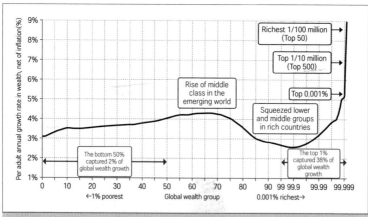

상위 10%-하위 50% 간의 소득 차이는 1820년 20배가량에서 2020년대 40배가량으로 급상승했다. 특히 코로나 기간 동안 불평등 정도가 심화되었다.

자료: wir2022.wid. world/methodology and Chancel and Piketty, 2021

되고 있습니다. 우선 전 세계적 금융 자유화 체제가 확장되면서 이른바 '돈이 돈을 벌어들이는' 현상이 가속화되는 것입니다. 개인이라 하더라도 자본력이 충분하면 국내외 부동산 투자를 통한 이익 증대, 해외 투자를 통한 차익 거래, 해외 주식투자를 통한 자본차익, 고금리 상품 투자를 통한 이자 이익 창출, 기업 상장을 통한 상장차익, IPO 기업에 대한 투자를 통한 자본차익, 심지어 일부 디지털 자산 투자를 통해 부를 창출할 수 있는 기회가 무한히 확장되고 있습니다.

물론 이러한 투자의 다양화가 자본력이 큰 개인의 무조건적인 부를 담보하지는 않습니다. 자본력이 높은 개인 역시 투자에서 실패할 확률도 존재하지만 그들은 다양한 네트워크 속에서 부를 획득할 기회를 상대적으로 더 많이 갖는 것입니다. 예를 들어 10억 이상의 규모로만 투자할 수 있는 부자용 금융 상품, 부자들만이 참여할 수 있는 미국의 우주산업에 대한 지분 투자 등은 정보와 자금력 모두를 지닌 부자만이 할 수 있는 그들만의 전유물입니다.

여기에 더불어 최근 지식 기술의 급격한 진보는 개인의 신기술 적응도에 따라 양극화를 유발하기도 합니다. 전통적인 지식 차이에 의한 양극화는 대표적으로 의사, 변호사 등과 같은 전문 직업을 가진 개인과 그렇지 않은 개인 간의 차별화일 것입니다. 그런데 이제는 IT 기술 흡수력에 따라 지역 간, 계층 간 디지털 디바이드(Digital Divide) 현상이 나타나고 있습니다. 예를 들어 AI 기술에 대한 흡수력에 따라 개인의 성과와 기회, 더 나아가 부의 차이가 결정되는 것입니다.

물론 전 세계 정부는 이러한 양극화를 해결하기 위해 다양한 경제 개혁 프로그램을 추진하고 있습니다. 실업수당 및 취업 확대, 사업장의 해고 제한, 자영업 및 저소득 일자리에 대한 취업 촉진, 청년 직업 훈련 강화, 교육제도의 혁신을 통한 고급 기술인력 양성, 중소기업(SMEs)에 대한 지원 강화, 빈곤 계층에 대한 집중적인 지원 강화 등이 그 예입니다. 하지만 여러 정책 시행에도 불구하고 전 세계의 양극화 현상은 사라지지 않고 있으며, 오히려 보다 심화되고 있습니다.

양극화 현상이 '나쁘다. 해결되어야 한다'라는 차원의 당위적인 이야기는 이제 조금 구태의연한 이야기가 되는 듯합니다. 오히려 이제는 양극화의 심화가 향후 어떠한 현상을 초래할 것인지에 대해 고민하는 것이 현실적으로 보입니다.

극심한 양극화로 인해 한 국가 내에서 계층적 경제 집단과 분리된 경제 공동체를 형성하게 되는 것이 가장 최종적인 시나리오일 것입니다. 한 국가 내에서 이렇게 소득의 격차에 따라 집단화되면 서로 다른 경제권역으로 분리되면서 '그들만의 리그'와 같은 현상이 가속화될 것입니다. 이것은 국가 경제 내에서 분배의 왜곡을 초래할 수 있습니다.

과거 일본이 부동산 버블 붕괴 이후에 타 지역 대비 상대적으로 높은 가격을 형성한 도쿄의 집값이 그 이후에도 고가를 이어 갔습니다. 하지만 도쿄의 집은 여타의 지역 주민들이 매수할 수 없고, 그들이 특별히 매수할 동기조차 일으키지 않는 타인의 전유물로 인식되기도 했습니다. 이러한 도쿄 지역과 타 지역 간의 경제권역 분리화는 상호 간의 경제권에 대한 인식도 차별화시켰습니다. 도쿄의 주민들은 상대적으로 부유하다고 인식했지만, 반대로 도쿄 지역에 대한 부동산 매수 수요는 줄어들었습니다. 실현되지 않는 '높은 가치'의 자산만을 보유하게 된 셈이었습니다.

결국 경제권역의 분리와 양극화는 높은 가격이 매겨진 상품이 존재함에도 전체 경제 주체자들이 그것을 군이 갈망하거나 사고자 하는 동기를 일으키지 못하는 결과를 초래할 가능성이 있습니다. 보다 직접적으로 비싼 고가의 '미술품'이 존재하지만 그것은 그것을 살 수 있는 사람이 나타날 때에만 현금성의 가치가 형성되는 것과 같은 논리입니다.

이러한 양극과 심화 현상은 결국 상징적인 부자와 상징적인 중서민 계층을 더욱 분리할 뿐이며, 실제로는 부자도 그렇게 현금이 많지 않고 자산을 현금화하기도 쉽지 않은 '비순환적 시스템'으로 흘러갈 가능성이 큽니다. 이러한 과정에서 결국 경제적 부의 순환은 이뤄지지 않고, 국가 경제는 점차 성장이 제한되는 '일종의 흐르지 않는 냇물'과 같은 부작용을 만들어낼 가능성이 큽니다.

11

THE FUTURE ECONOMY

11장에서는 미국 경제가 신흥국을 어떻게 괴롭히는지 알아본다. 달러 시스템이 지속되는 한 다른 국가의 돈 가치가 높게 유지될 가능성은 적다. 항상 불안한 신흥국 경제, 우선은 세금으로 풀어나가야 한다. 이런 해법을 통해 위기 속에 헤매던 아르헨티나도 잘 살 수 있었고, 터키도 과거의 경제적 불운을 뒤로 하고 일어설 수 있을 것이다.

신흥국을 괴롭혀
자국의 이익을
도모하는 미국

달러 세상에서 약자가 살아남는 법

기축통화로써 달러의 가치가 계속 유지된다는 것은
역설적으로 다른 통화의 가치가 크게 오르지 못한다는 것을 뜻한다.

제조업 부상에 주목하는 이유

달러가 전 세계에 공급되기 시작한 1900년대부터 전 세계 국가들은 달러를 중심으로 한 다양한 방식의 경쟁을 펼치고 있습니다. 기축통화이니 당연히 가장 많은 수요가 몰리기도 하지만, 달러를 둘러싼 각 국가의 정치·경제·사회적 입장이 모두 다르다 보니 이에 따른 다양한 이해관계와 문제들이 생기는 것입니다.

그런데 2000년대 중반 이후부터는 달러 공급을 받는 몇몇 국가들은 많은 제약에 직면하기도 합니다. 금융 거래이든 경상 거래이든 미국에게 직간접적으로 달러를 공급받은 국가 및 기업의 입장에서 '다양한 범위의 약속과 규제 사항의 준수 의무'가 생기곤 했습니다.

같은 관점에서 달러가 공급되는 동안에는 달러를 기반으로 열심히 돈을 벌고 국가적으로 저축률을 높이는 것이 중요합니다. 달러가 공급된 이후 달러를 상환하기 직전까지 국가, 가계, 기업 모두 이윤을 창출해 달러 저축률을 높여놓아야 합니다. 혹은 달러를 거둬들이는 기간에도 제약 요인에 압박당하지 않을 정도로 미국과 돈독한 관계를 유지해야 합니다. 최근의 금리인상 정책도 그러한 달러 거둬들이기의 일환이라 할 수 있습니다.

그러면 도대체 달러 화폐가 공급되는 호혜로운 시간 동안에는 통화 패권력이 약한 신흥국은 무엇을 해야 할까요? 기업의 입장에서는 달러를 자유로이 쓸 수 있는 기간 동안에 투자 확대, 내수 고용 창출, 브랜드 이미징, 이윤 창출, 수요처 확보 등을 충분히 이뤄내야 합니다.

내수 경제와 환율에 영향을 주는 요소들	비달러 통화가치를 압박하는 경로
수출/수입 비율	위축 시에는 -효과, 확장 시에는 +효과
산업의 성장에 제한이 올 가능성	글로벌 수요 상황에 따라 교역도 변화 → -효과
외국인들의 투자가 빠져나갈 가능성	외국인 자금의 변동 가능성 (neutral)
글로벌 기업의 지적재산권 방어 전략	기업들이 지적재산권 공격으로 시장 진입 불가 → -효과
자본의 집약 수준	내수 투자를 통하여, 외부의 부정적 효과를 상쇄 (neutral)
고용의 수준	신규 투자로 인프라 혁신 유발 → +효과
교육의 수준	교육 확대로 노동자의 생산성 확대 → +효과

글로벌 교역과 각국의 내수에서 비달러 통화가치는 하락의 압박을 더욱 많이 받는다.

자료: The economic and social effects of real exchange rate, Paris, France OECD Development Centre, 20-21 January 2011

물론 통화 사이클상 4~5년 정도에 불과한 달러 공급 기간 동안에 기업이 그와 같은 효과를 모두 이룬다는 것은 버거울 수밖에 없습니다. 대부분 이미 시장에서 인지도가 있는 글로벌 대기업들은 수요처를 뺏기지 않기 위해 다양한 방편(지식재산권, 수요처를 대상으로 한 가격 다운 정책)으로 노력을 하고 있기 때문에 기업들은 브랜드 이미징과 수요처 확보, 그리고 이윤 창출에 성공할 가능성이 낮습니다. 결국 전 세계의 제품 시장이 촘촘하게 수요처와 공급자 간의 리그로 짜여져 있는 교역 관계에서는 기업이 자금을 공급 받는 시간 동안에 성공적인 결과를 창출할 가능성이 매우 적을 것입니다.

💰 불안정한 경제 구조에서 탈피하는 첫걸음, 세제개혁

미국은 항상 재정적자와 큰 규모의 부채를 지면서도 다음에 돈을 잘 벌어들이면 된다는 논리로 계속 채권을 발행해오고 있습니다. 이러한 미국 경제의 적자재정의 논리를 가장 잘 설명해준 것이 현대화폐이론입니다.

그러면 통화주권이 약하고 환율의 변동성이 커서 항상 외화부채 상환 위험에 시달리는 국가들에게도 현대화폐이론적 설명과 대안이 존재할까요?

수많은 현대화폐이론 학자들이 미국과 그 외의 선진 경제에 대해서는 부채를 찍어내더라도 경제가 순항한다는 논리를 펼치고 있습니다. 하지만 화폐에 대한 수요가 적고 외환시장 변동성이 너무 큰 신흥국들에 대해서는 설명과 대안이 없습니다.

통화주권이 약한 신흥국은 외화부채를 조달하고 이를 갚아나가는 과정이 항상 힘에 부칩니다. 경상수지나 자본수지로 외화를 벌어들이지 못하면 항상 대외부채 상환의 부담을 갖게 됩니다. 해당 국가의 금리가 오르고 통화가치가 떨어지면 갚아야 할 외화부채 평가액도 증가하게 됩니다. 결국 신흥국이라면 통화주권이 약하기 때문에 내수에서의 재정문제를 더욱 신경 써야 합니다.

전통적으로 신흥국에서는 항상 경제가 외풍에 시달리고, 인플레이션이 고착화되어 있습니다. 정부는 재정지출로 적자가 되기 쉽고, 물가 불안으로 인해 환율 변동성이 커지면서 대외부채 평가액 부담도 커집니다. 게다가 신흥국 대부분은 많은 대외부채 부담을 지고 있는데, 세금도 제대로 징수하지 못하니 재정적자와 부채로 대외 환경에 크게 휘둘리는 것입니다. 물론 신흥국일수록 부의 편중이 심하고 지하경제 규모가 커서 세금 징수를 하기도 쉽지 않습니다.

만일 신흥국에서 자주 발생하는 재정정책과 통화정책 간의 잘못된 매칭 문제를 세금으로써 잘 해결해간다면, 이러한 신흥국의 한계는 일부 극복될 것입니다. 장기 목표를 가지고 세제개혁을 통해 내수에서 편중된 부의 역효과를 줄이고, 재정적자를 줄여나가는 노력을 반드시 기울여야 합니다. '세금을 높이면 당장은 가계와 기업이 힘드니깐, 안 그래도 힘든데 여기서 세금까지 올려?'라는 이유로 항상 대외부채와 외풍에 휘둘리고 있는 현실을 냉정하게 인식해야 합니다.

이러한 불안정적인 경제 구조에서 탈피하기 위한 첫걸음은 '세제 개혁'입니다. 이러한 세제개혁은 세금 징수의 일원성과 합리화, 세금 인상과 동시에 시행되어야 하는 세제 인센티브 정책 등 다각적인 구도로 이뤄져야 합니다.

아르헨티나의 실패와
튀르키예의 성공 예감

아르헨티나처럼 통화주권이 약한 국가는 자국만의 경쟁 요소를 만드는 것이 중요하다.
튀르키예는 경제적 열세를 정치력으로 극복하려는 노력을 하고 있다.

자국만의 히든 카드 하나

아르헨티나는 1980년대 군사정권의 잘못된 정치와 재정정책, 불안한 통화정책 등이 이어지면서 실업률 문제와 인플레이션 폭등의 경제난을 겪은 바 있습니다. 이에 1992년 당시의 통화였던 10,000 아우스트랄을 1페소로 액면가격을 평가절하함과 동시에 미국 달러 대 페소화의 환율을 1대 1로 고정시키는 조치를 취했습니다.

아르헨티나는 자국 페소화와 달러의 태환으로 환율도 안정화시키고 페소화의 신뢰성도 높일 수 있다는 기대를 하기도 했습니다. 아르헨티나의 정치권에서는 자국의 페소화가 달러와 태환(고정환율제)될 정도로 미국과 긴밀한 관계에 있는 것으로 자부했습니다. 경제 부문에서의 상호 교역, 개발 및 외환시장 정책 등의 측면에서 모두 미국과 가까운 측면이 있으니 미국의 원조도 기대할 수 있다는 식이었습니다. 실제로 당시의 통화정책 이사회 등에서는 페소화가 달러와 태환되어 있는 만큼 미국이 외환정책을 통해 달러 고정제인 자국을 지원해줄 것이라는 막연한 기대감도 있었습니다.

하지만 실질적으로는 미국의 원조를 전혀 받지 못했고, 지속적으로 쌓여가는 외채와 경제난으로 2001년에는 결국 국가 부도 사태를 선언하게 됩니다. 2002년에는 '환율체계의 개혁 및 국가비상사태 법안'이라는 경제개혁안을 통해 달러 태환정책(태환법)을 포기했습니다. 그럼에도 현재까지 아르헨티나의 재정정책은 그다지 큰 효과를 보지 못하고 있습니다.

아르헨티나는 외채가 누적되고 환율이 주기적으로 불안정해지는 악순환을 겪고 있습니다. 이에 수차례의 구제금융을 받았고, 최근 2020년 들어서는 또다시 외채를 갚지 못하는 위기에 봉착해 블랙록, 피델리티 등 주요 글로벌 자산운용사들이 포함된 채권단을 대상으로 채무를 어렵게 재조정하기로 합의하기도 했습니다.

아르헨티나 입장에서 외부적 충격에 대한 노출 영향을 최소화하기 위해 달러와 태환도 해보고, 독자적인 통화도 사용해보았습니다. 하지만 결국엔 외부에서 돈을 빌리는 입장이기에 해당 채권국이 도와주지 않으면 위기에서 벗어나기 힘든 것입니다. 결국 아르헨티나 내부적으로는 재정정책이 아직도 제대로 정비되지 못하고,

【 아르헨티나 페소화의 비공식 환율(비공식 암화폐상 시장)과 공식 환율의 괴리 】

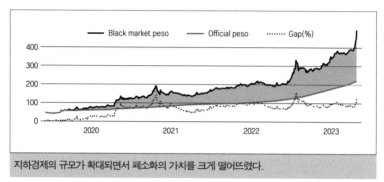

지하경제의 규모가 확대되면서 페소화의 가치를 크게 떨어뜨렸다.

자료: Refinitive Eikon, Reuters

【 전 세계와 아르헨티나의 세금 부담 지수 】

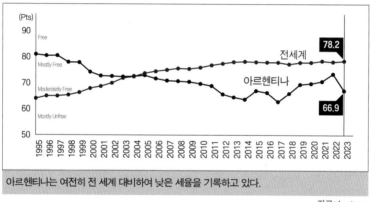

아르헨티나는 여전히 전 세계 대비하여 낮은 세율을 기록하고 있다.

자료: heritage

외부적으로는 통화주권이 약하니 외풍에 항상 흔들리는 것입니다.

　이에 아르헨티나는 최근에 브라질 등 남미 국가들과 협조해 외채에 의한 외풍을 막고자 '남미 달러'라는 공동통화 개발도 논의 중입니다. 하지만 이러한 남미 달러라는 새로운 통화에 대해서 전 세계적 관심과 수요는 크지 않은 편이어서 남미의 경제적 불안 징후는 계속되고 있습니다.

아르헨티나 사례를 살펴보면 통화주권, 재정정책 효율성, 채권국을 설득할 만한 경제적 수단, 이 중에서 하나라도 갖추지 못하면 신흥국은 항상 빚의 위기에 시달릴 수밖에 없다는 것을 알 수 있습니다. 이러한 아르헨티나의 사례에서 통화주권이 약한 국가일수록 자국만의 무기가 필요함을 절실히 느낄 수 있습니다. 즉 자국의 경제정책에 자신이 없다면, 미국에게 꺼내어 보일 수 있는 카드 하나(예를 들어 미국채를 살 수 있는 자본의 규모, 값싼 노동력을 통해 미국을 지원할 수 있는 방안, 자원국으로서의 주권을 지키는 것, 상호 교역 관계에서 꼭 필요한 기술을 보유) 정도는 있어야 합니다. 그래야만 그나마 국가부도라는 최악의 결말은 피할 수 있을 것입니다.

💰 정치력과 경제력의 상관성

한편 유럽의 튀르키예 역시 통화주권력이 약한 나라입니다. 저성장이 오랫동안 지속되고 있고, 최근에는 우크라이나 전쟁으로 인해 재정적자, 고물가, 환율의 극심한 변동 문제까지 겹치면서 어려움이 가중된 상황입니다. 만기가 도래한 국가부채를 상황해야 한다는 부담도 있습니다. 하지만 정부가 재정지출을 해도 특별한 성장의 요인이 부재하다 보니(제조업에서 특별한 기술력이 있거나, 가성비 좋은 상품 수출도 힘든 구조), 내수 성장은 항상 제한적입니다. 내수 성장이 약하니 세금을 올려서 징수할 명분도 없습니다.

이 때문에 부채 상환을 하기 위해서는 항상 외국에서 또 다른 부채를 발행해(차환 발행) 원리금을 갚아야만 합니다. 물론 차환 발행을 하는 과정도 녹록치 않습니다. 새로운 채권을 발행하는 전제조건으로 공무원의 구조조정, 임금 삭감을 통한 재정 건전화 방안 등을 약속할 때에만 IMF 등의 원조를 받을 수 있었습니다.

통화주권력이 약한 국가의 모든 단점을 지니고 있는 튀르키예는 항상 경제적 사건만 터지면 리라 환율이 급등하고, 국가의 CDS프리미엄(국가의 부채를 보험화하는 일종의 스왑 상품)도 급등했습니다. 그런데 최근 튀르키예는 러시아·우크라이나 전쟁을 계기로 국제사회에서 자국의 외교력을 드높이려는 시도를 하고 있습니다. 예를 들어 우크라이나의 흑해를 통한 농산물 수출을 이어갈 수 있도록 러시아와 우크라이나의 관계를 중재하고 있습니다. 또한 러시아를 설득해 추가적으로 전쟁이 확산되지 않도록 노력 중입니다.

이러한 튀르키예의 외교적 노력은 인도주의적 입장에서 혹은 러시아·우크라이나와 동시에 좋은 관계를 맺고 있다는 측면에서 이뤄지는 듯 보입니다. 하지만 이러한 튀르키예의 중재자적 노력을 경제적인 측면으로 해석하면, 조금은 다른 내용을 알 수 있습니다.

첫 번째는 자국의 외교적 노력을 국제사회에 호소함으로써 국제기관을 통한 자금 원조에 도움을 받고자 하는 것입니다. 물론 정성적인 외교적 노력이 바로 경제적 원조로 이어지지 않습니다. 하지만 그들의 도움으로 식량의 보급이 필요한 열악한 국가들에게 농산물을 제공하는 데 기여했다는 것은 향후 국제적 정책 결정에 있어서 큰 포인트로 작용할 수 있습니다. 즉 UN과 IMF 등의 기구 입장에서 튀르키예의 중재자적 노력이 필요한 부분으로 인식되면 그만큼 튀르키예의 부채 관련 협정은 유리해질 수 있습니다.

둘째로 유럽 내부에서의 자금조달 및 자금지원 등에 있어서도 유리할 수 있습니다. 튀르키예는 과거부터 유럽연합위원회를 통해 구제금융을 받거나 ECB에서 자금지원을 받곤 했습니다. 이에 경제가 극심하게 혼란스러울 때에는 지원 자금을 바탕으로 국가 예산을 어렵게 마련했습니다. 하지만 튀르키예의 자생적 경제력이 취약하다는 이유로 유럽의 튀르키예에 대한 지원은 서서히 줄어들었고, 최근에는 자금 지원의 줄이 끊기기도 했습니다. 이처럼 유럽의 자금 지원이 절실한 튀르키예의 입장에서 러시아·우크라이나 전쟁에서의 중재자적 능력을 인정받으면 향후에는 조금 다른 결과를 만들 수 있습니다.

튀르키예의 외교적 능력이 유럽의 주요국에서 중요한 정치적 해법으로 인식될 경우를 가정해보겠습니다. 그렇게 되면 유럽 내의 정치·자원·외교 분쟁의 부문에서 튀르키예가 중요한 역할을 할 것으로 기대되고, 이 경우 튀르키예에 대한 유럽의 지원은 이전과는 다른 양상으로 이어질 수도 있습니다. 그들의 만기 채권 상환이나 신규 채권 발행 등의 건에서 유럽 국가들이 우호적인 입장으로 변화할 수 있습니다. 시간이 지난 이후에는 점진적으로 튀르키예의 차환 발행에 대한 요건이 완화되는 데도 큰 도움이 될 것입니다.

이러한 튀르키예의 사례는 통화주권력이 약한 국가가 경제적·정량적 정책으로 찾지 못하는 돌파구를 외교적·정성적 정책으로 찾아 나가려 하는 대표적 경우라 볼 수 있습니다. 결국 경제적 측면에서 보면, 통화주권력이 약한 튀르키예는 경제적 어려움을 극복하는 나름의 정치적 돌파구를 찾는 것으로 볼 수 있습니다.

미국과 같은 통화패권 국가의 경우에는 탑다운의 방식으로 통화패권력을 이용해 정치·외교 등에서도 강점을 발휘합니다. 하지만 통화패권력이 약한 튀르키예의 경우에는 다운탑의 방식으로 외교적 능력이라도 인정받음으로써 국제사회에서 튀르키예에 대한 인식도를 바꾸고자 노력하는 것입니다.

THE FUTURE ECONOMY

12

THE FUTURE ECONOMY

12장에서는 변화하는 미래경제에서 한국이 어떻게 돌파구를 찾아야 할지 돌파전략들을 제시한다. 원화를 사용하는 우리는 연기금을 통해 돌파구를 찾아야 한다. 그리고 어려운 시대에는 경제개혁에 성공하는 국가는 일류가 될 수 있다. 우리의 돈(원화)으로만 살 수 있는 시장이 커져야 하며, 양극화를 이겨내기 위한 새로운 아이디어도 반드시 필요하다.

미래경제에서
살아남기 위한
한국의 전략

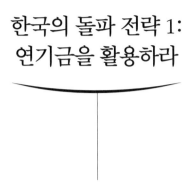

한국의 돌파 전략 1:
연기금을 활용하라

국내의 연기금이 투자 포트폴리오 측면에서
원화 자산에 대한 포지션을 적정 수준 유지해 나가는 것이 중요하다.

우리는 원화를 사용하는 국가이고, 원화를 단일 화폐로 계산해 사용합니다. 대부분의 분석가들은 국내 경제의 열악함과 많은 부채의 규모, 수출 경제 국가로서 달러에 대한 높은 의존도, 외환시장에서의 원화의 상대적으로 낮은 위상 등으로 환율이 불안정할 수 있다고 이야기합니다. 하지만 국내의 원화 환율의 불안정성은 생각보다 단순한 부분에 원인이 있습니다.

국내 민간 부문에서 가계와 기업은 원화의 계산을 통해 수익을 수취하고 비용을 지출합니다. 그런데 정부는 대체로 외부, 즉 달러 자금 시장을 통해 채권을 발행하고 외화로 부채를 산정합니다.

정부가 조달해온 부채 자금은 원화로 계산되어 원화 자금으로 예산에 쓰입니다. 여기서 문제가 발생하는 것입니다.

정부는 부채를 달러로 환산해 조달하고, 그 조달된 달러는 원화로 민간에 쓰여집니다. 만일 단순 모형으로 생각해보면, 정부가 외부에서 1만큼의 달러를 조달해서 그 1을 민간에 지출해 1만큼의 총생산을 이루었다고 가정해보겠습니다. 민간에서는 정부지출 1을 받아 1의 생산을 이루었으니 잘한 것이라 하겠습니다(물론 1대 1이니깐 효율성은 크지 않습니다).

그런데 정부는 1의 일부분의 세율로 세금을 징수합니다. 이러한 과정에서 환율이 올라가면 정부는 거둬들인 돈은 조금인데 갚아야할 부채와 이자는 많아집니다. 그러한 부채와 이자 문제는 또다시 정부가 부채로 자금을 조달할 때 부담으로 작용합니다. 국내 경제 내수에서 정부는 달러로 빚을 져서 민간에 원화를 지출해주고, 막상 정부는 달러로 빚을 갚아야 합니다. 결국 빚을 지는 주체와 빚으로 살림을 영위하는 주체의 계산 화폐가 다르다는 것입니다. 이러한 내수 주체와 계산 화폐의 디스매칭은 구조적으로 원화에 대한 불안정성을 유발하게 됩니다.

물론 대부분의 아시아 국가들이 외부에서 달러로 자금을 조달하고 그것을 자국 통화로 전환해 예산으로 활용합니다. 하지만 일정 수준의 경제 성장을 이룬 국가에서는 그 불안정성을 헷지할 만한 도구를 지니고 있습니다. 일본 사례에서 보면, 정부의 부채 자금 조달에서 정부가 갚아야 할 부채의 계산화폐가 자국 통화를 쓰는 기관과 타국 통화를 쓰는 기관 등으로 뒤섞여 있으므로 자국 통화의 가치

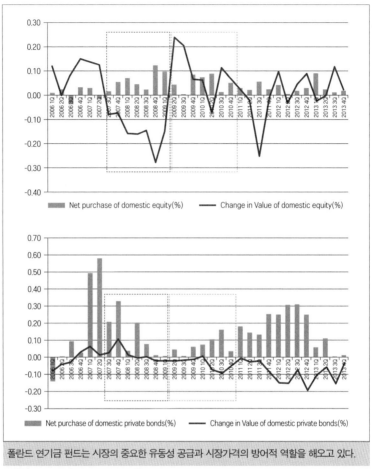

【 폴란드 연기금 펀드의 주식 및 채권 투자와 시장에 대한 효과 】

폴란드 연기금 펀드는 시장의 중요한 유동성 공급과 시장가격의 방어적 역할을 해오고 있다.

자료: IOPS Working Papers on Effective Pensions Supervision, No.3, Taejin Han, Kyoung Gook Park, Dariusz Stańko December 2018

변동에 따른 부채 원금과 이자 부담을 고스란히 정부가 떠앉지 않아도 됩니다.

이러한 논리는 정부가 부채를 발행할 때 돈을 빌려주는 자의 입장에서 생각해보면 자연스러울 것입니다. 예를 들어 나는 달러로 A에게 돈을 빌려주었는데 A는 자국 내에서 달러보다 불안정한 통화로 돈을 벌어서 갚는다고 생각하면(특히 A는 나에게 달러로 빌린 돈이 전부이다), 나는 얼마나 불안할까요? A가 약속을 잘 지키는 사람이라 하더라도 A가 벌어들이는 통화의 가치가 너무 떨어져서 이자도 못 내면 어쩌나 하는 '성실한 납세자의 불안정성'에 대해 걱정할 수밖에 없습니다. 만일 그러한 불안정성이 해소가 되지 않더라도 나와 A의 관계가 돈독해 내가 달러를 위급 시에 공급한다는 계약을 하면, A에 대한 불안정성은 내가 직접 나서서 해소시켜 주는 셈입니다.

물론 최근에는 국내 정부도 순대외 채권국으로서 대외부채에 대해 상당히 양호한 능력을 갖추었다고 볼 수 있습니다. 하지만 애초에 국가 연기금 등과 중앙은행이 정부의 부채 자금 조달에 있어서 더 많은 역할을 한다면, 해외 기관들도 원화 가치의 불안정 가능성을 크게 우려하지 않을 수 있습니다.

한국의 돌파 전략 2:
경제 개혁이 필요하다

자국의 성장 기반에 도움을 줄 수 있는 경제 개혁은 매우 중요한 요소이다.
경제 개혁을 하면 해당 국가는 좀 더 효율적으로 변모할 수 있다.

미국이 과거 신용등급 강등을 겪었던 사례를 살펴보겠습니다. 현대화폐이론에서는 미국과 같은 기축통화 국가에서는 적자나 부채의 수치적 규모보다는 실질적으로 돈을 풀고 세금을 거둬들일 수 있는 경제 시스템의 안정성이 매우 중요한 요소로 인식되고 있습니다. 2011년 신용등급 전망의 강등은 어떻게 일어나게 된 것일까요? 물론 당시 미국의 재정적자는 GDP 대비 8%로 취약한 구조였던 것은 사실이었습니다. 부채 규모도 GDP 대비 90%로 상당히 부담이 되는 상황이었습니다.

당시 신용평가사의 입장에서는 단순히 미국의 과도한 재정적자와 부채 규모만을 지적하진 않았습니다. 글로벌 신용평가사들도 미국에 대해서는 '어차피 차후 부채를 좀 더 끌어다가 재정에 돈을 써서 경제를 회복시킬 텐데'라는 식의 미국식 경제 논리를 이해하고 있습니다. 하지만 이보다는 미국 경제를 이끌어가는 합의와 의사 결정 패러다임에 더 큰 의미를 두었습니다.

미국 경제를 이끌어갈 재정 마련을 위해 필수적인 부채에 대해 살펴보면, 미국의 부채 한도에 대한 합의에서는 의회의 승인을 받는 것이 관례화되어 왔습니다. 이러한 부채 한도와 함께 논의되어야 하는 사항이 바로 내년 회계연도의 안입니다. 미국 의회는 과거부터 항상 서로 다른 입장 차이를 보여왔는데, 민주당은 '철학적 가치에 맞게 돈을 써서 경제 구조를 발전시켜나가자'라는 입장이고, 공화당은 '당장의 경제적 효율성이 보장된 곳에 돈을 쓰자'라는 입장으로 갈라집니다.

양당 간의 입장 차이가 존재하다 보니 당연히 부채 한도와 예산안에 대한 합의를 이루는 과정에서도 서로 간의 이견이 크게 존재했습니다. 특히 2011년에는 2012년의 대선을 앞두고 있었던 상황이기 때문에 공화당은 민주당의 예산안 지출 사항에 대해 극도로 반대했습니다. 그 이유는 공화당의 입장에서 민주당이 추진해온 '녹색성장'의 패러다임이 효율성이 적고 친환경 정책이 경제를 살리는 데는 한계가 있다고 생각하였기 때문입니다.

이에 2011년에는 양당 간의 의견 차이와 이로 인한 부채 한도 협상안의 불이행 가능성 등을 근거로 글로벌 신용평가사는 미국의 신용등급을 하향했습니다. 이와 같은 과정을 살펴보면, 미국의 재정적

자 규모의 수치나 부채의 절대적 규모보다는 정책에 대한 합의 과정
과 의사결정의 프로세스가 가장 중요하게 여겨진 것입니다.

　결국 미국에 대한 시각의 중심이 당장의 수치보다는 향후의 성장
그림에 있다는 점은 많은 것을 시사합니다. 전통경제학에서 주장했
던 부채의 적정 규모와 재정수지의 합리적 수준 등은 이미 큰 의미
가 없었을 수 있습니다. 오히려 각 국가의 성장 패턴과 성장의 주축,
그리고 그것을 뒷받침할 만한 정부의 의지가 있는지 등과 같은 '정성
적 요소'가 매우 중요합니다. 경제 평가 시스템조차도 과거 전통경제
학적 논리보다는 현대화폐이론적 측면에 초점을 맞춰간다는 것을 알
수 있습니다. 주요 경제 및 금융적 수치보다는 '돈을 어떻게 써 나갈
것이냐'라는 실리적 측면에 더 중요한 의미를 둔다는 것입니다.

　동일한 맥락에서 과거 2017년 전후로 인도의 모디 총리가 시행
했던 화폐개혁과 세제개혁 등은 실로 현대화폐이론적 측면에서 매
우 유용하고도 획기적인 정책이라 하겠습니다. 이는 화폐개혁을 해
서 지하경제 내에 있던 화폐를 양지권으로 끌어올려 국가의 세금 징
수 기반을 확충하고 이를 바탕으로 비효율적인 세금 시스템을 개혁
하는 방식입니다. 이로 인해 인도는 조세 징수의 당위성을 확보하는
등 인도 루피 화폐에 대한 신뢰성을 증대시켰습니다. 다만 인도가
조세개혁을 이뤘음에도 실제로는 성장률이 기대한 만큼의 결과를
창출하지 못했습니다. 하지만 이러한 기대는 장기적으로 지속되었
고, 이에 외국인 투자자들은 인도 루피 자산에 큰 매력을 갖기도 했
습니다.

결국 현재 전 세계에서 나타나는 국가 경제 시스템에 대한 시각들은 어찌 보면 당장의 성장률, 경상수지, 재정적자 등에 더 많은 비중을 두기보다는 향후의 성장 패러다임과 해당 국가의 화폐에 대한 신뢰성, 더 나아가 해당 정부에 대한 신뢰성에 큰 무게를 두고 있습니다. 이러한 현상은 현대화폐이론에서의 '화폐와 조세징수자에 대한 신뢰'와 공통되는 부분이 존재합니다. 동 관점에서 생각해보면, 기축통화 국가이든 비기축통화 국가이든 간에 자국의 성장 기반에 도움을 줄 수 있는 경제 개혁은 매우 중요한 요소임을 확인할 수 있고, 이러한 요소는 결국 외국인의 직접투자(FDI)나 해당국 통화에 대한 투자 수요 증대 등으로 귀결될 수 있다는 것을 알 수 있습니다.

한국의 돌파 전략 3:
우리 돈으로만 살 수 있는 시장을 키우자

우리의 상품에 대한 수요를 늘릴 수 있는 방안을 집중적으로 강구해야 한다.
원화에 대한 거래 빈도를 늘려 나가야 외환시장 안정성을 키울 수 있다.

복잡다단해지는 현대 경제에서 통화정책은 단순히 물가와 경기 조절에 초점이 있다고 보기는 힘듭니다. 오히려 현대화폐이론 관점으로 접근하면, 통화정책은 경제의 부문별 균형을 더하는 데 많은 비중이 있다고 볼 수 있습니다. 통화정책을 통해서 정부는 화폐라는 자원을 분배하고 민간은 노동과 생산을 적극적으로 하는 것입니다.

비록 비기축통화 국가이더라도 정부는 재정지출을 꾸준히 늘릴 수 있습니다. 다만 정부의 지출 이후에 민간에서의 노동과 생산에 대한 욕구를 지속시키는 것이 매우 중요합니다. 만일 노동과 생산에 대한 욕구가 축소되면, 케인스가 언급한 것처럼 '유효수요 감소'의 상황이 나타날 수 있습니다.

같은 관점에서 정부의 세금 징수액이 생산과 소득 규모에 비해 너무 적으면 민간 주체는 생산과 소득 창출에 대한 적극성을 띠지 않을 수 있으며, 반대로 세금 징수액이 너무 많으면 생산과 소득 창출에 대한 효과가 떨어지고 조세저항이 나타날 수도 있습니다. 민간 부문의 생산과 소득 규모에 적합한 세금 규모를 찾아나가는 것이 자국 통화에 대한 보유 욕구를 유지시키는 전략으로 직결됩니다.

이러한 세금 징수는 해외에서 벌어들이는 이전소득 등에 대해서도 적절한 규모가 설정되어야 합니다. 이는 결국 적정한 세금 징수는 자국의 통화에 대한 보유 의지와 회전을 높이는 요인이 되며, 대외적으로도 해당 통화의 신뢰성을 높이는 데 기여합니다. 결국 자국 통화의 패권력을 높이는 것은 우선적으로 내수시장 확장을 통해 통화의 사용 빈도와 욕구를 높이는 것이며, 외국과의 경상 거래에서 자국 통화에 대한 사용 빈도와 욕구를 높이는 것도 방편이 될 수 있습니다.

자국민의 다수가 신뢰를 갖고 보유하고자 하는 통화가 되게끔 하는 것이 정부의 역할이며, 그것이 힘들 경우에는 상품 경쟁력 확보 혹은 금융적 거래 등을 통해 대외에서의 자국 통화 보유 욕구와 신뢰를 높이는 것이 중요합니다. 만일 국민들이 자국 통화를 보유해 세금을 지출하는 과정에서 '세금 회피를 위해 자국 통화 보유보다는 외국 통화를 보유하는 것이 낫다'라고 생각하는 경우에는 해당 통화에 대한 수요와 신뢰성은 크게 약화된 것으로 볼 수 있습니다. 정부의 입장에서는 충분한 세금 징수와 이러한 과정을 충분히 받아들이려는 민간의 공감이 형성될 때 통화의 신뢰성을 높이는 것입니다.

또한 자국의 통화로 살 수 없는 상품들이 많아지는 경우에는 외환 시장에서 외국 통화에 대한 보유 욕구가 강해지며, 이는 자국 통화에 대한 보유 욕구를 약화시킬 수 있습니다. 극단적인 경우 외국 통화로 살 수 있는 상품의 수가 다양화되면 기업과 가계는 애초에 외국 통화를 보유하려고 할 것입니다. 이러한 한계성을 극복하기 위해서는 많은 수의 상품과 원자재 등을 자국 통화만으로도 구입할 수 있는 자율적 시장이 확대되는 것이 중요하며, 이는 많은 신흥 수출극들이 극복해야 할 중요한 과제입니다.

한국의 돌파 전략 4: 원화 가치를 올려라

자국 통화의 패권력을 높이는 우선적인 방법은
자국 내에서부터 통화에 대한 신뢰성을 높이는 것이다.

신흥국은 어떻게 화폐의 신뢰성을 지킬 수 있을까요? 제1차 세계 대전 이후의 바이마르 공화국의 하이퍼인플레이션과 화폐가치의 몰락, 아르헨티나의 지속되는 하이퍼인플레이션과 구제금융 위기, 베네수엘라의 화폐가치 붕괴와 고질적인 인플레이션 등의 현상은 애초부터 불가피한 현상이었을까요?

상품화폐론자들은 신흥국의 높은 물가와 환율 불안에 대해 화폐수량설에 입각해서 돈의 양이 과도하게 공급된 것을 이유로 지적합니다. 다만 상품화폐론자들의 경우에는 신흥국들의 경제적 문제를 경기순환 혹은 완전고용, 화폐의 역사적 신뢰성 등의 관점에서는 분석하지 않습니다. 만일 화폐수량설의 입장에서 돈이 풀린 것이 문제라면, 이러한 신흥국은 내수 부양 혹은 사회약자들을 위한 재정지출은 물론이고 통화정책도 항상 긴축을 해서 이자율을 높게 지속시켜야 합니다.

그런데 케인스학파들이 주장하는 것처럼 높은 이자율이 반드시 수요 위축과 물가 안정을 만들어주는 것은 아닙니다. 오히려 신흥국 내에서는 자원이 제한되므로 판매자들은 높은 이자율을 고려해 판매가에 높은 비용을 전가할 수 있습니다. 대외 부분에서도 높은 이자율이 외국인들에 대한 채권투자 유인이 될 수는 있지만 화폐 자체에 대한 신뢰성이 낮으면 해당 국가에 대한 투자는 크게 일어나지 않을 수 있습니다.

신흥국의 고물가와 환율 불안에 대해서 많은 경제학자들은 화폐를 매매 척도나 가치척도 등의 관점으로만 접근하기 때문에 단기적인 관점의 해법만을 제시하는 것입니다. 인플레이션을 해결하기 위해서는 내수 약화를 무릅쓰고 고강도 긴축이 필요한데, 화폐에 대한 신뢰가 없으니 여전히 인플레이션은 해결되지 않습니다. 더욱이 해당 정부의 재정지출 기능의 손과 발은 꽁꽁 묶어두어야 하는 한계에 봉착합니다.

신흥국의 화폐에 대한 신뢰성을 높여나가기 위해서는 우선적으로 인플레이션에 대한 관점 조절이 필요합니다. 신흥국의 인플레이션은 효과 없는 방만한 재정지출로 자폐가 남발되어 화폐가치가 떨어졌기 때문입니다. 이러한 국가들의 재정적자는 만성적일 가능성이 크므로 재정에서의 목표치를 명확히 제시하는 것이 필요합니다.

여기서 현대화폐이론 경제학자인 제임스 갤브레이스의 모델 이론 (Galbraith' model)을 참고하면, 실질금리와 실질성장률의 차이에 따라 재정적자 비율과 부채비율 목표치를 변화시켜 나가는 것이 중요합니다.

'실질금리 〈 실질성장률'의 상황에서는 재정적자와 부채가 늘고, '실질금리 〉 실질성장률'의 상황에서는 재정적자와 부채가 줄어드는 것이 일반적입니다. 이를 설명하면, 전체 국민생산의 증가 속도보다도 실질이자율이 낮은 상태가 지속되면, 당연히 민간에서는 생산을 하고 소비하는 것보다 돈을 빌려 소비하는 것에 더 집중하게 됩니다. 사실상 현재 생산활동에 집중해서 돈을 버는 것보다 이자율이 더 낮게 형성되면, 당연히 자본 차입을 통해 소비를 하고 생산으로 돈을 버는 것은 나중으로 보류하게 됩니다.

이처럼 실질이자율이 낮은 상태가 지속되면, 민간의 부채는 끊임없이 증가하게 되고, 소득으로 원리금을 갚지 못할 상황으로까지 확대됩니다. 글로벌 금융위기, 유럽 재정위기의 본질도 이러한 부채 조절력의 실패에 있다고 해도 무방합니다. 결국 정부와 중앙은행은 실질이자율을 실질이자율을 높이는 데 집중해서 내수에서의 화폐에 대한 신뢰성, 즉 생산을 통해 화폐를 획득하려는 의욕을 고취시켜야 합니다.

그러면 정부의 재정지출은 어떠한 방식으로 이루어져야 할까요? 사회약자 계층들을 위한 복지를 현물 혹은 복지서비스로 제공해 물가를 자극하지 않는 것입니다. 예를 들어 식료품이나 고령층 의약

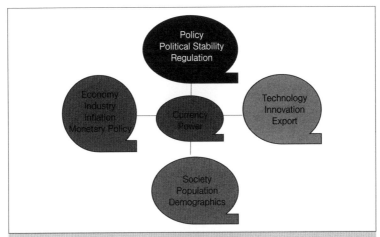

정치적 안정성, 경제·통화정책 안정성, 기술 혁신, 사회·인구 등의 제반 요소들이 결합되어 자국의 통화가치를 결정한다.

품, 병원 서비스 등의 복지지출을 돈으로 하는 것이 아니라 현물 혹은 현물 대용 쿠폰으로 지급합니다. 이 경우 정부는 가격 협상력을 갖고 민간에서의 식료품이나 의료 서비스에 대한 통제를 하면서 공공복지 정책은 유지될 수 있습니다.

다른 한편으로는 공공부문의 시간당 급여를 일정 수준으로 통제하는 것입니다. 민간에서의 임금은 공무원의 급여체계에 준해 혹은 최저임금 등의 정책에 사용되는 것이 일반적입니다. 이에 공공부문의 급여를 일률적으로 동결하는 것이 아니라, 급여에서 인상분을 현물로서 지급하는 방식입니다. 이와 같은 재정지출은 내수에서의 화폐에 대한 신뢰성을 지키는 방편이 되기도 합니다.

대외적으로 화폐에 대한 신뢰성을 높이기 위해서 재정 운용의 철학이 필요합니다. 대체로 모든 국가들의 재정정책은 과거지향적으로 명분을 쌓는 데 집중되는데, 예를 들어 이미 지나간 과거 경제 성적이 좋으면 정부는 자신감을 갖고 긴축에 돌입합니다. 하지만 경제가 좋아진 경우에는 일반적으로 인플레이션이 발생하기 때문에 재정지출 필요 금액은 더욱 커집니다. 반대로 경제가 안 좋아진 경우에는 인플레이션이 안정화되었을 가능성이 있기 때문에 재정지출을 다소 축소하는 것이 합리적입니다.

결국 재정정책 철학을 최소 3~5개년으로 잡고 해당 기간 동안에 세율을 조정해 세입을 늘리고, 다음의 3~5개년에는 세출을 늘리는 방식으로 진행되는 것이 합리적입니다. 경기가 좋아진 기간에는 차후의 경기 악화를 대비해 지출을 늘리고, 경기가 안 좋아진 기간에는 차후의 경기 반등을 고려해 지출을 줄이는 경기 역행적 재정정책도 필요합니다.

이러한 재정정책의 철학과 경기 역행적 정책은 미래의 국가의 화폐에 대한 신뢰성을 높이는 효과를 거두게 됩니다. 보다 구체적으로 외국인들도 당장의 해당국 화폐가치는 낮지만 향후에는 좋아질 것으로 신뢰하며 투자하고 부채 발행에 응할 가능성이 있는 것입니다.

이러한 관점은 신흥국뿐 아니라 모든 국가들의 경제정책에서 당장에 거두어진 경제수치 성적에 집중해서는 현안의 문제만을 해결할 뿐이라는 것을 시사합니다. 즉 돈으로 나타나는 수치 성적보다 향후의 화폐에 대한 신뢰성을 어떻게 높일 것인지에 집중할 필요가 있다는 것입니다.

한국의 돌파 전략 5:
미국과 짐바브웨의 차이를 주목하라

미국과 짐바브웨의 경제 및 화폐정책 방식이 양적으로 유동성을 공급한다는 점에서는 크게 다르지는 않다. 하지만 통화의 패권력 차이는 엄청난 결과 차이를 부른다.

미국은 1930년대 수정헌법에서 공공부채법을 제정해 '모든 연방정부와 공공기관의 채무는 기준에 맞게 준수되어야 한다'는 원칙을 정했습니다. 이에 사회보장, 메디케어, 국방, 기타 연방정부 프로그램을 포함한 연방 지출을 충당하기 위해 연방정부가 법적으로 차입할 수 있는 최대 금액을 매 회계연도마다 설정하고 있습니다. 그런데 사실상 부채 한도를 승인하는 과정에서 관습적으로 선행되는 절차는 의회의 '예산 지출 사항 합의'였습니다.

미국의 재무부는 돈을 빌려오거나 발권하는 능력이 무제한적으로 존재하지만 지출을 함에 있어서는 의회의 승인이 먼저 이루어져야 합니다. 이는 표면적으로 재무부가 약속된 예산에 맞춰 책임감 있게 지출을 하도록 하기 위함입니다. 그런데 예산에 맞추어 부채 한도를 설정하는 것은 다소 앞뒤가 바뀐 모순적인 방식입니다.

예를 들어 미국 의회가 예산 지출에 대해 합의를 이루면 사실상 재무부는 과도한 예산 지출이 일어나는 경우 지출을 줄이거나 세금을 올리는 방식을 취하는 것이 합리적입니다. 하지만 미국 재무부의 경우에는 통상적으로 합의된 금액 이상을 지출하기 때문에 부채 한도가 항상 수반되는 것입니다. 미국의 부채 한도 협의와 관련해 '예산 지출을 얼마로 할 것인가?'가 쟁점이 되곤 하는데, 부채 한도는 이러한 예산 지출 합의 이후에 별도로 계획되어야 하는 것입니다.

물론 일각에서는 정부가 과도한 지출을 하지 못하게 예산 한도를 두고, 거기에 부채 한도를 둠으로써 제약적인 상황을 만들 필요가 있다고도 주장합니다. 하지만 한편으로는 재무부가 의회의 승인을 얻어서 예산안에 대한 법적 권위를 가지게 되면 재무부는 그에 맞추어 지출하다가도 특별 예산을 통해 추가지출을 할 수 있습니다. 그런데 이러한 경우에는 부채 한도를 넘어서버리므로 이것에 대해서 일각에서는 '정부 정책의 실패'라고 비난하기도 합니다.

미국의 부채 한도와 예산 합의 등에 있어서 논란이 지속되는 것은 정부 정책 기능에 대해서 정의가 명확히 이루어지지 않았기 때문입니다. 사실상 정부의 존재성은 원칙 준수 여부에 있지 않고 기능에 더 중요한 의미를 지닙니다. 현대화폐이론가들은 정부가 수익사업을 목표로 하는 기업이거나 재정 균형을 맞춰야 하는 가계가 아니라고 주장합니다. 정부는 민간의 불균형을 해소해 경제를 유지시켜야 하는 '기능'에 집중해야 한다는 것입니다. 정부가 이러한 기능적 역할에 집중한다면 부채 한도 역시 정부의 지출을 효과적으로 하기 위한 방식에 초점이 맞춰져야 한다는 것입니다.

만일 미국 정부의 역할이 원칙 준수에 초점이 맞춰지면, 예산 지출에 대한 합의보다는 부채 상한선에 대한 의무를 강제하는 것이 우선일 것입니다. 반대로 정부의 역할을 기능적 부분에 초점을 둔다면, 부채 상한선보다는 예산 지출을 함으로써 거두는 목표에 집중해야 할 것입니다.

하지만 최근의 미국 정부는 경제정책의 가치에 집중해 부채 한도와 예산 지출을 모두 과도하게 높이려는 경향이 있으며, 정부의 목표를 달성하기 위해 지속적으로 지출을 하는 데 집중합니다. 이는 정부의 기능적 역할 측면에서도, 원칙 준수(재정적자 한도 혹은 부채 한도) 측면에서도 모두 다 부정적인 것이며, 외부적 시각에서 보았을 때에도 미국 정부가 도대체 발권을 통해 무엇을 하고자 하는지 명확하지 않은 것입니다.

Fed도 2008년 이후부터는 재무부의 채권을 매입함으로써 정부의 예산 자금을 확보하는 데 충분한 도움을 주고 있습니다. 이것이 현대화폐이론상 그릇된 정책은 아닙니다. 하지만 그렇게 해서 모아진 재정을 통해 미국 정부가 무엇을 하고자 하는지 확인할 수 없다는 것이 문제입니다. Fed가 지원한 돈으로 '산업을 몇 프로까지 성장시키겠다'든지, 'GDP 성장률을 몇 퍼센트까지 올리겠다든지' 하는 구체적 목표가 필요합니다.

하지만 이러한 투명한 공개 없이 부채 발행은 발행대로 하고 예산은 과도하게 지출하니 마치 부채의 소용돌이 속에 빠져 있는 듯 보입니다. 이 때문에 글로벌 신용평가사들은 미국 정부의 예산과 관련된 행태에 대해서 비판적인 시각을 갖곤 합니다. 물론 달러는 누구나 원하는 통화이지만 이러한 미국 정부의 예산 지출의 모순적 행태는 남아프리카 짐바브웨의 정부가 수조 달러의 화폐를 발행하고 지속적으로 지출하는 경우와 본질이 크게 다르지 않습니다.

한국의 돌파 전략 6:
전자 시스템화되는 금융 리스크에 대비하라

금융 시스템들이 IT 시스템들과 결합되면 편리성은 확대될 수 있다.
하지만 보이지 않는 곳에서 리스크들이 쌓이고 그것이 현실화될 수 있다.

계산화폐적 기능은 측량된 돈의 양을 계산해 장부에 기록하는 것을 일컫습니다 이는 화폐의 가치척도 기능을 금융적 거래로 확장해 계산화폐 기능으로 정의한 것입니다. 현대 경제 상황에서는 급여의 지불이나 상품 결제 등의 과정에서 사실상 인출과 이체 등의 과정 없이 계좌로의 전송과 전자결제 시스템에서의 이체로 이루어집니다. 이러한 과정을 통해 거래 주체자들의 부채-자산 조정 등이 이루어지는 것입니다.

이제는 상품의 매매와 급여의 지불 등에서 현금 사용 빈도는 매우 적고, 사실상 대부분의 거래가 상대방과 온라인상의 자산-부채의 교환으로 이루어집니다. 실제로 기업의 자산으로 쌓여 있던 돈은 급여일에 고용자의 계좌로 이체되며, 기업이 예금해놓은 은행에서의 자산 감소와 준비금 인출로 이어집니다. 이는 고용자 은행에서의 자산 증가와 준비금 증가로 이어집니다.

고용주와 고용인의 계좌 인출 및 입금 과정이 이루어지는 동시에 고용자는 정부에 대한 조세 채무를 지게 되며, 이러한 과정을 고용주가 동시에 계산해 세금을 납부하게 됩니다. 이후 고용주-고용인-정부 간의 부채, 자산의 청산 절차가 동시에 진행되어 세금의 납부가 실행됩니다. 현대의 경제 금융시스템은 전자적 지불과 상대방과의 회계적 청산 절차가 주를 이루며, 현대화폐이론 경제학자 랜덜레이는 이러한 과정이 축구 게임에서의 전자 점수판 기록과 같다고 비유했습니다.

최근에는 경제 금융시스템의 전자화가 진행되면서 두 가지 특징이 나타납니다. 첫째는 실질적으로 현금이 부족해 파산하는 자들이 적어지고 있는 현상입니다. 재무 상황이 부실화되어 부채가 쌓여 있는 가계를 생각해보겠습니다. 과거에는 당장 원리금 납입일에 채무 상환을 이행하지 않으면 압류를 당하거나 파산의 과정을 거치게 되었습니다. 하지만 최근에는 정부의 채무 탕감 혹은 지원 프로그램 등으로 채무를 탕감 받는 가계가 늘고 있습니다.

가계와 은행 간의 부채-자산의 회계 관계에서 정부가 양측의 부채-자산을 조정해 주는 역할을 하기도 합니다. 이러한 과정은 기업 부문에서도 종종 일어납니다. 이러한 부채 축소의 프로그램이 많아지면서 가계와 기업의 극단적 파산 가능성은 점점 적어지고 있습니

Sector description	Digital	Digital + Fin.	Digital + Bus.	Digital + Distr.	Digital + Arts.
Utillities					
Construction					
Distribution				●	●
Transportation and storage					
Accmmodation and food services					
Publishing, audio-visual and broadcasting	●	●	●	●	●
Telecommunications	●	●	●	●	●
IT and other information services	●	●	●	●	●
Financial and insurance activities		●	●	●	●
Real estate activities					
Other business sector services			●	●	●

출판, 방송, 텔레콤, IT, 정보 서비스, 금융 및 보험 서비스 등이 디지털 금융 시스템과 결합되면서 편리한 플랫폼이 확대되었다. 다만 이러한 기능이 디지털 금융화에 따른 리스크도 확대시키고 있다.

자료: Shifting into Digital Services : Does a Crisis Matter and for Who?, Erik van der Marel ECIPE & Université Libre de Bruxelles, ECIPE WORKING PAPER, 01/2020

다. 다만 이 프로그램으로 가계-기업-정부 간의 회계적 조정 과정이 정례화되면서 정부의 채무 조정 역할이 당연시되고, 이는 가계와 기업이 자산의 채무에 대해 일정 부분만 책임지려는 도덕적 해이 현상을 낳고 있습니다.

두 번째는 금융시스템의 전자화 과정 속에서 전자기술 시스템의 불안정성이 커지는 현상입니다. 전자 금융 거래에서는 현금의 거래를 수반하지 않은 채로 부채-자산의 청산 과정이 빠르게 일어나는 것이 일반적입니다. 이는 전자기술 시스템에서는 '속도와 편의성' 등이 강조되기 때문입니다. 자본의 충분성과 안정성을 기반으로 회계적 청산 과정을 수행하는 금융기관보다는 전자적 시스템을 편리하고 빠르게 이용할 수 있는 IT 기반의 테크 기업들이 주로 사용되면서 부작용이 생기는 것입니다.

테크 기업들의 금융 시스템은 분명히 '속도와 편의성'에서는 장점을 지닙니다. 다만 이용자들의 동시적 거래로 자산 감소와 준비금 인출이 동시에 나타나는 경우 장부상 수치를 맞추지 못해 시스템 불안을 야기할 수 있습니다.

테크 기업들의 논리는 100명의 소비자가 과수원에서 100개의 사과를 동시에 요구할 확률이 적으므로 10개의 사과만을 비치해두고, 그때 그때 모자라면 사과를 다른 곳에서 충당해오면 된다는 방식입니다. 물론 이러한 기업들도 시스템 이용의 편리성과 신속성의 이점으로 유동성을 보충할 수 있는 능력이 개선될 수는 있습니다. 하지만 이용자들이 동시에 집중적으로 거래하는 경우에는 해당 기업에 대해 동시다발적 채무 이행이 요구되어 시스템의 불안정성이 극대화될 수 있습니다. 즉 금융 시스템의 전자화 과정은 우리가 겪어보지 못한 새로운 현상과 위험들을 하나씩 초래할 가능성이 있다는 것을 늘 염두에 두어야 합니다.

한국의 돌파 전략 7:
양극화 해소를 위한 아이디어가 필요하다

사회적 공공이익과 공공 장애물에 대한 규정을 하고, 이에 대한 세율을
점진적으로 조절함으로써 사회·경제적 이익을 재분배해 나가는 것은 매우 중요하다.

국가의 정부는 세금과 재원 마련을 통해 부의 재분재를 시행하고
자 노력합니다. 하지만 부의 재분배라는 것이 현실적으로 쉬운 일은
아닙니다. 현실적으로 부자들을 옹호하는 정치인 집단이 존재하게
마련이고, 부자들이 세금을 납부하지 않고 회피하는 경우에 자신의
매출을 줄여서 신고하는 등의 경우를 생각하면, 부를 세금으로 거둬
들이고 분배하는 것은 매우 어려운 과정이라 하겠습니다.

그럼에도 불구하고 선진화되고 많은 부자들을 창출하는 국가의
입장에서는 이익의 재분배라는 것을 시스템적으로 실현해나갈 필
요가 있습니다. 국가 내의 이익을 재분배한다는 것은 여러 측면에서
다양한 아이디어로 실현시킬 수 있습니다. 예를 들어 부동산을 소유

하고 있는 이가 저소득층에게 저렴하게 임대를 하는 경우 세율을 조정해줍니다. 또한 누구나 가고 싶어하는 자연 경관의 관광 장소가 존재하면 그곳으로 가는 통행료 등은 낮게 조정해줍니다. 저소득층이 갖고 싶어하는 물건을 싸게 팔려는 기업이 있으면 그 기업에게는 세율을 낮게 조정해줍니다. 누구나 받고 싶어하는 육아 혹은 노인 요양 등의 서비스를 제공할 의사가 있는 이들에게는 급여세나 소득세 등을 낮게 조율해줍니다.

이와 같이 세금을 부과해 수치적으로 보이는 재산의 분배가 불가능하더라도 정부가 공공의 이익이 창출되는 곳을 정의하고 이에 맞추어 세율을 조정하면 사회적 이익의 분배 시스템은 언제든지 만들어질 수 있습니다. 이러한 시도가 분야별로 이루어지고, 그것이 결국은 사회 시스템의 안정과 자신의 후세대에서의 복지 안착 등에 도움을 줄 수 있다는 확신이 들 수 있도록 해야 합니다. 어찌 보면 공공의 이익을 더 많이 정의하고 그것을 사회적으로 보편화할 때 세금의 합리성과 이에 부수하는 화폐의 신뢰성은 더 강화될 것입니다.

이와 동일한 논리로 공공의 이익에 반하는 경제활동과 상품 등을 규정해 이 부문에 대해서는 세율을 높이는 방식으로 많은 정책적 효율성을 높일 수 있을 것입니다. 사회적 공공이익과 공공장애물에 대한 규정을 하고, 이에 대한 세율을 점진적으로 조절함으로써 사회·경제적 이익을 재분배해 나가는 것은 매우 중요합니다.

한국의 돌파 전략 8:
불신을 신뢰로 바꾸는 정책이 필요하다

부채를 발행한 이후에 특정한 산업의 성장률을 몇 프로 이상
증진시킨다는 분명한 목표가 있는 전략만이 효율성을 더할 수 있다.

국가의 부채 증가는 어떠한 메커니즘으로 늘어나는 것일까요? 단순히 '세입이 부족해서 외국에서 빚을 진다'라고 생각하기 쉽습니다. 하지만 반대로 생각해보면, 외국에서 빚을 진 이후에 나라가 살림살이를 잘하면 이후에는 더 이상 빚을 지지 않아도 됩니다. 하지만 기축통화 국가와 비기축통화 국가 간의 프레임을 보면, 국가부채의 증가는 단순한 원리가 아닙니다.

비기축통화 국가가 다른 통화로 부채를 발행하는 경우를 가정해보겠습니다. 이 경우 해당 부채에 대한 이자율은 비기축통화 국가의 기준금리에 따른 이자율, 부도 리스크에 대한 프리미엄 이자율, 여기에 전 세계적으로 형성된 이자율의 추세 등에 의해 결정됩니다.

비기축통화 국가는 자국 통화로 부채를 발행하는 경우보다 높은 차입 비용을 지불하게 됩니다. 이는 결국 부채 조달 시점에서 계산된 이자율과 만기 시 실제로 갚아야 하는 이자율 간의 괴리를 발생시킵니다.

그런데 비기축통화 국가들이 부채 발행에 성공하는 대부분의 경우는 전 세계 유동성이 양호한 시기에 약간의 이자율 프리미엄만을 더해서 부채 발행에 성공하곤 합니다. 동 시기가 지나가면 국가의 재정적자가 늘고 전 세계적으로 유동성도 줄어들어 해당 국가는 만기 상환 압박을 받습니다.

결국 비기축통화 국가들이 발행하는 부채의 경우에는 언제든지 수요가 위축될 위험이 커집니다. 이 때문에 비기축통화 국가는 세수를 충분히 늘려놓지 않으면 부채 발행으로 항상 악순환을 겪게 될 수밖에 없습니다.

하지만 기축통화 국가인 미국이 발행하는 부채는 성격이 다릅니다. 부채를 발행한 후 충분한 세입을 만들지 않아도, 만기 시에 또 다른 부채를 발행해서 오래된 부채를 상환하면 됩니다. 영국, 유럽, 일본 등의 국가 통화는 미국 달러처럼 기축통화의 성격이 강하진 않지만 미국 Fed의 통화스왑(언제든 통화가치가 불안하거나 유동성이 부족하면 Fed에게서 자국 통화를 바탕으로 달러를 빌림)을 바탕으로 달러를 빌릴 수 있습니다. 이에 해당 국가의 채권 발행에 대해 투자자들은 대체로 안정된 투자로 여기는 경향을 갖습니다.

이러한 상황을 종합해보면, 국가가 부채를 발행함에 있어서 한쪽은 투자 수요가 탄탄한 쪽이 있고, 다른 한쪽은 투자 수요가 적은 쪽으로 나눌 수 있습니다. 특히 비기축통화 국가의 경우에는 수요 기반이 약해질 것이 감안되어 부채 발행 이자율도 높게 형성되어 있습니다. 그럼에도 불구하고 신흥국 투자 수요는 제한되는 것이 일반적입니다. 이는 결국 국가별로 적정한 부채와 재정적자에 대한 기준이 동일하게 적용될 수 없음을 의미합니다.

결국 이러한 관점은 현대화폐이론에서 제시한 '통화의 패권력과 부채 발행의 자율성'과도 직결되는 것이며, 이는 국가의 경제정책에서 '통화의 패권력과 신뢰성'이 매우 중요함을 의미합니다. 현실 경제 상황에서는 통화 패권력이 해당 국가의 채권에 대한 시각을 결정하므로 이를 보정하기 위한 노력이 필수적임을 의미합니다. 그러므로 비기축통화 국가의 경우에는 통화의 패권과 신뢰성 제고를 위해 많은 노력을 할 필요가 있습니다.

2000년대 이후 중국의 경우에는 통화의 패권력 확보를 위해 많은 국가들과 정치적·외교적으로 동맹을 이루어 위안화에 대한 패권과 수요를 증진시키고자 노력해오고 있습니다. 다만 이러한 정치적·외교적 동맹은 제한된 국가 내에서만 위안화에 대한 수요를 촉발시키는 한계가 있어 위안화 부채에 대한 전 세계적인 시각은 크게 달라지지 않습니다. 그러므로 이러한 인위적인 정책보다는 전 세계 경제와 금융 시스템이 인정할 만한 경쟁적 요소를 만들어가는 것이 중요합니다.

예를 들어 정부가 부채를 발행한 이후에 '수년이 초과한 시점에는 특정한 산업의 성장률을 몇 프로 이상 증진시킨다' '수년이 지난 이후에는 재정을 균형으로 만든다'와 같은 구체적인 목표 전략이 필요한 것입니다. 결국 비기축통화 국가의 부채(채권 발행)에 대한 불신을 신뢰로 전환시키는 정책 요소가 필요하며, 이러한 정책은 '국가의 경제정책의 지향점'이 명확할 때 효과를 거둘 수 있습니다.

THE FUTURE ECONOMY

사주명리학으로 보는 나만의 맞춤 주식투자 전략

나의 운을 알면 오르는 주식이 보인다

양대천 지음 | 값 21,500원

주식시장에서 살아남기 위해서 우리는 무엇을 해야 할까? 이 책은 그 해답을 사주명리학에 입각한 과학적 접근을 통해 풀어내고 있다. 예측 불허의 변수들로 짐철된 주식시장에서 사주명리학의 도움을 받아 자신의 운을 먼저 살펴보고 그 후에 어느 시기에 어떤 주식을 사고팔지를 결정하는 방법을 소개하고 있다. 한마디로 자신의 운의 큰 흐름을 알고 그 운을 주식에서 백분 활용하는 방법을 알게 될 것이다.

'염블리' 염승환과 함께라면 주식이 쉽고 재미있다

주린이가 가장 알고 싶은 최다질문 TOP77 2

염승환 지음 | 값 19,000원

『주린이가 가장 알고 싶은 최다질문 TOP77』의 후속편이다. 주식 초보자가 꼭 알아야 할 내용이지만 1편에 다 담지 못했던 내용, 개인 투자자들의 질문이 가장 많았던 주제들을 위주로 담았다. 저자는 이 책에 주식 초보자가 꼭 알아야 할 이론과 사례들을 담았지만 주식투자는 결코 이론만으로 되는 것이 아니므로 투자자 개개인이 직접 해보면서 경험을 쌓는 것이 중요함을 특별히 강조하고 있다.

김학주 교수가 들려주는 필승 투자 전략

주식투자는 설렘이다

김학주 지음 | 값 18,000원

여의도에서 손꼽히는 최고의 애널리스트로서 펀드매니저부터 최고투자책임자에 이르기까지 각 분야에서 최고를 달린 김학주 교수가 개인투자자들을 위한 투자전략서를 냈다. '위험한' 투자자산인 주식으로 가슴 설레는 투자를 하고 수익을 얻기 위해서는 스스로 공부하는 수밖에 없다. 최고의 애널리스트는 주식시장의 흐름을 과연 어떻게 읽는지, 그리고 어떤 철학과 방법으로 실전투자에 임하는지 이 책을 통해 배운다면 당신도 이미 투자에 성공한 것이나 다름이 없을 것이다.

미래를 읽고 부의 기회를 잡아라

곽수종 박사의 경제대예측 2024-2028

곽수종 지음 | 값 19,000원

국내 최고 경제학자 곽수종 박사가 세계경제, 특히 미국과 중국 경제의 위기와 기회를 살펴봄으로써 한국경제의 미래를 예측하는 책을 냈다. 미국과 중국경제에 대한 중단기 전망을 토대로 한국경제의 2024~2028년 전망을 시나리오 분석을 통해 설명하고 있는 이 책을 정독해보자. 세계경제가 당면한 현실과 큰 흐름을 살펴봄으로써 경제를 보는 시각이 열리고, 한국경제가 살아남을 해법을 찾을 수 있을 것이다.

다가올 현실, 대비해야 할 미래

지옥 같은 경제위기에서 살아남기 　　　김화백·캔들피그 지음 | 값 19,800원

이 책은 다가올 현실에 대비해 격변기를 버텨낼 채비를 해야 된다고 말하며 우리에게 불편한 진실을 알려준다. 22만 명의 탄탄한 구독자를 보유한 경제 전문 유튜브 '캔들스토리TV'가 우리 모두에게 필요한 진짜 경제 이야기를 전한다. 지금 우리는 경제위기를 맞닥뜨려 지켜야 할 것을 정하고 포기해야 할 것을 구분해서 피해를 최소화해야 될 때다. 이 책은 현재 직면한 위기를 바라보는 기준점이자 미래를 대비하기 위한 하나의 발판이 되어줄 것이다.

성공 주식투자를 위한 네이버 증권 100% 활용법

네이버 증권으로 주식투자하는 법 　　　　　백영 지음 | 값 25,000원

이 책은 성공적인 주식투자를 위한 네이버 증권 100% 활용법을 알려준다. 주식투자, 어렵게 생각할 것이 없다! 네이버를 통해 뉴스를 접한 후 네이버 증권으로 종목을 찾아 투자하고, 네이버 증권에서 제공하는 차트로 타이밍에 맞춰 매매하면, 그것만으로도 충분하다. 이 책을 통해 현재의 주식시장을 이해하고, 스스로 돈 되는 종목을 찾아 싸게 사서 비싸게 하는 방법을 배운다면 성공 투자로 나아갈 수 있을 것이다.

경제를 알면 투자 시계가 보인다

부의 흐름은 반복된다 　　　　　　　　　최진호 지음 | 값 17,500원

이 책은 증권사와 은행의 이코노미스트로 일해온 저자가 금융시장의 숫자들이 알려주는 의미에 대해 끊임없이 고민한 경험을 바탕으로 최대한 쉽게 경기흐름 읽는 법을 알려주는 책이다. 시장경제체제를 살아가는 현대인들은 필수적으로 경기흐름을 읽을 줄 알아야 한다. 이 책을 통해 핵심적인 이론으로부터 투자 접근 방식까지, 나만의 '투자 시계'를 발견할 수 있는 기회가 될 것이다.

돈의 흐름을 아는 사람이 승자다

다가올 미래, 부의 흐름 　　　　　　　　곽수종 지음 | 값 18,000원

국가, 기업, 개인은 늘 불확실성의 문제에 직면한다. 지금 우리가 직면한 코로나19 팬데믹과 러시아-우크라이나 전쟁 등은 분명한 '변화'의 방향을 보여주고 있다. 국제경제에 저명한 곽수종 박사는 이 책에서 현재 경제 상황을 날카롭게 진단한다. 이 책에서는 인플레이션 압력과 경기침체 사이의 끝을 가늠하기 어려운 경제위기 상황 속에서 이번 위기를 넘길 수 있는 현실적인 방안을 모색한다.

쉽게 읽히는 내 생애 첫 경제교과서

경제지식이 돈이다

토리텔러 지음 | 값 18,500원

경제지식이 곧 돈인 시대, 투자로 돈을 벌려면 경제공부는 필수인 시대가 됐다. 저자인 토리텔러는 초보 투자자들을 포함한 경제 초보자들이 평소 가장 궁금해할 만한 경제 개념과 용어를 그들의 눈높이에 맞춰 쉽게 설명한다. 주식투자, 부동산, 세금, 미래를 이끌어 갈 기술과 산업, 다양한 투자상품과 재테크를 위한 기초 테크닉 등 경제상식의 A부터 Z까지를 알차게 담았다. 알짜배기만을 담은 이 책 한 권이면 경제 문외한이라도 경제 흐름을 파악하고, 투자를 통한 달콤한 수익도 맛볼 수 있을 것이다.

싸게 사서 비싸게 파는 최강의 실전 트레이딩 스킬

주식 멘토 김현구의 주식 잘 사고 잘 파는 법

김현구 지음 | 값 19,000원

'이데일리TV' '머니투데이' 등의 방송과 유튜브 '김현구 주챔TV'에서 초보투자자들의 코치로 이름을 떨친 주식 전문가 김현구의 첫 책이 출간되었다. 20년 넘게 투자자들의 아픔과 기쁨을 함께 느끼면서 진실한 주식 멘토로 자리매김해온 저자는 이 책에서 매매에 나선 개인투자자들이 알아두어야 할 주식의 기본원칙은 물론 시장파악, 종목발굴, 마인드 세팅 등 실전 매매기술과 관련된 모든 노하우를 공유한다.

무극선생 이승조의 주식투자의 기본

이승조 지음 | 값 19,800원

이 책에는 실전투자 38년의 최고 전문가 무극선생의 투자철학이 담겨 있다. 저자 무극선생 이승조는 "단언컨대 주식시장에 기본은 있지만 비법은 없다"는 진리를 바탕으로 투자를 하는 데 정답은 없으며 '기본기'가 가장 중요함을 강조한다. 주식투자의 제대로 된 마인드부터 매매법까지, 무극선생만의 실전투자 노하우가 100% 담긴 이 책은 많은 독자들이 투자의 기본을 체화하고 투자에 성공해 자신이 원하는 바를 이루도록 도울 것이다.

황족의 한 권으로 끝내는 차트투자

오르는 주식을 사들이는 차트매매법

황족 지음 | 값 19,000원

진정성 있는 주식정보를 제공해 많은 주식 투자자들에게 사랑받는 황족의 두 번째 저서가 출간되었다. 이 책에서는 그동안 저자의 투자 승률을 높여준 60가지 차트매매 기술을 총정리했다. 반드시 알아야 할 주식투자 기초 지식, 주가 흐름의 분석 기준, 종목과 수급의 고찰, 매수·매도 타이밍 잡는 법, 멘탈 관리법 등을 담아낸 이 책을 통해 자신만의 투자법을 정립해나간다면 주식시장 상황이 어떠하든 살아남을 수 있을 것이다.

40만 구독 KBS 유튜브 머니올라가 제안하는

부의 설계

장한식·정인성·송승아 지음 | 값 18,500원

누적조회수 6천만! 다양한 분야의 경제 전문가를 모시고 국내외 경제 이슈를 심층분석하는 경제 유튜브 채널, '머니올라'의 진행자들이 책을 냈다. 국내외 경제와 주식시장의 흐름, 부동산 시장 상황, 투자전략, 연금, 세금 등 각 분야의 최고 전문가들과 관련 이슈를 다뤄오면서 쌓인 내용이 고스란히 담긴 책이다. 각 분야 최고 전문가 100인의 식견이 녹아 있는 이 책을 통해 경제와 투자에 관한 기본 지식을 탄탄하게 쌓아보자.

주식투자에 꼭 필요한 재무제표만 담았다

주식 초보자가 가장 알고 싶은 재무제표 최다질문 TOP 52

양대천 지음 | 값 18,000원

주식투자자들이 필요로 하는 웬만한 자료는 재무제표에 다 들어 있다. 이 책은 복잡한 재무제표에서 오직 주가와 관련된 중요항목들을 읽는 요령만 알차게 담았다. 회계에 대한 기초지식이 전혀 없어도 쉽게 이해할 수 있도록 초보자 눈높이에 맞춰 설명하며, 재무제표에 관한 여러 가지 궁금증들에 대해 명쾌하게 답한다. 이 책을 통해 재무제표의 기초지식을 갈고닦아 자신만의 중심을 잡고 투자하는 현명한 투자자로 거듭나보자.

ETF 투자자라면 꼭 알아야 할 핵심만 담았다!

ETF 초보자가 가장 알고 싶은 최다질문 TOP 56

나수지 지음 | 값 18,000원

주식투자를 처음 시작하는 사람들에게 ETF란 낯선 단어다. 하지만 개인투자자에게 ETF는 무엇보다 주식투자를 쉽게 만들어주는 도구다. 이 책은 주식 초보투자자가 알아야 할 ETF의 정의부터 기본 운용 원리, 활용법, 종류, 투자 노하우 등에 대해 명쾌하고 친절하게 답하는 'ETF 교과서'이다. 길잡이 같은 이 책을 통해 기초 지식을 쌓아가다 보면 높은 수익률을 낼 수 있을 것이다.

이 책 한 권이면 주식시장 완전 정복!

주식 초보자를 위한 재미있는 주식어휘사전

황족 지음 | 값 17,000원

이 책의 저자인 황족은 국내 최대 규모의 주식커뮤니티 〈거북이 투자법〉에서 진정성 있는 주식정보를 제공하며 많은 투자자들로부터 절대적인 지지를 얻고 있다. 저자는 이 책에 주식 초보자들이 실패하지 않고 주식시장에 오래 남아 있을 수 있도록 꼭 알아야 할 내용들을 아낌없이 담았다. 어휘를 알아야 맥락이 보이는 법이다. 특히나 수익을 내기 위해 공부를 하고 싶은데 어떤 것부터 해야 할지 모르는 사람들이 꼭 읽어야 할 책이다.

■ 독자 여러분의 소중한 원고를 기다립니다

메이트북스는 독자 여러분의 소중한 원고를 기다리고 있습니다. 집필을 끝냈거나 집필중인 원고가 있으신 분은 khg0109@hanmail.net으로 원고의 간단한 기획의도와 개요, 연락처 등과 함께 보내주시면 최대한 빨리 검토한 후에 연락드리겠습니다. 머뭇거리지 마시고 언제라도 메이트북스의 문을 두드리시면 반갑게 맞이하겠습니다.

■ 메이트북스 SNS는 보물창고입니다

메이트북스 홈페이지 www.matebooks.co.kr

책에 대한 칼럼 및 신간정보, 베스트셀러 및 스테디셀러 정보뿐만 아니라 저자의 인터뷰 및 책 소개 동영상을 보실 수 있습니다.

메이트북스 유튜브 bit.ly/2qXrcUb

활발하게 업로드되는 저자의 인터뷰, 책 소개 동영상을 통해 책에서는 접할 수 없었던 입체적인 정보들을 경험하실 수 있습니다.

메이트북스 블로그 blog.naver.com/1n1media

1분 전문가 칼럼, 화제의 책, 화제의 동영상 등 독자 여러분을 위해 다양한 콘텐츠를 매일 올리고 있습니다.

메이트북스 네이버 포스트 post.naver.com/1n1media

도서 내용을 재구성해 만든 블로그형, 카드뉴스형 포스트를 통해 유익하고 통찰력 있는 정보들을 경험하실 수 있습니다.

STEP 1. 네이버 검색창 옆의 카메라 모양 아이콘을 누르세요. STEP 2. 스마트렌즈를 통해 각 QR코드를 스캔하시면 됩니다. STEP 3. 팝업창을 누르시면 메이트북스의 SNS가 나옵니다.